前瞻与探索

人工智能社会实验前沿问题研究

俞　鼎◎著

ZHEJIANG UNIVERSITY PRESS
浙江大学出版社
·杭州·

图书在版编目（CIP）数据

前瞻与探索：人工智能社会实验前沿问题研究 / 俞
鼎著. -- 杭州：浙江大学出版社，2024.8（2025.7 重印）.
ISBN 978-7-308-25228-7

Ⅰ. C39

中国国家版本馆 CIP 数据核字第 2024DW5083 号

前瞻与探索：人工智能社会实验前沿问题研究

俞　鼎　著

策划编辑	吴伟伟
责任编辑	陈思佳（chensijia_ruc@163.com）
责任校对	宁　檬
封面设计	雷建军
出版发行	浙江大学出版社
	（杭州市天目山路 148 号　邮政编码 310007）
	（网址：http://www.zjupress.com）
排　　版	杭州晨特广告有限公司
印　　刷	杭州钱江彩色印务有限公司
开　　本	710mm×1000mm　1/16
印　　张	15
字　　数	215 千
版 印 次	2024 年 8 月第 1 版　2025 年 7 月第 2 次印刷
书　　号	ISBN 978-7-308-25228-7
定　　价	68.00 元

前　言

　　当前,科技的创新性发展愈发具有实验性。那些可能产生社会变革性影响的新兴技术,如自动驾驶汽车、纳米技术、地球工程、合成生物、基因编辑、人工智能等,其潜在风险、道德问题与困境往往要在应用阶段才逐渐显现,很可能是前所未有的。当愈来愈多的科技风险需要在真实社会中才能识别(实验室封闭场景内无法实现技术风险的充分确证),其治理过程无疑具有社会实验的特征,原先制度化的科学容错空间正在解构,科学实验风险逐渐从实验室拓展至真实世界。前沿科技的发展呈现出至大(地球工程)、至小(基因编辑、人类增强)、至深(人工智能)的趋势,可能触及人类认知与行动的极限,直面整个生态系统以及人之为人的自然性。技术复杂性的增殖与对社会秩序的渗透、嵌入使得不确定性和风险的界定不完全是实在性的。换言之,不确定性与风险不是科技问题的本质,而是不可避免的,这将伴随着政策制定与科技研发、应用、治理的全过程,科技理性的基础作用在社会认知结构中也需要被重新定位与证明。

　　前沿科技创新性发展的风险是前瞻性治理的对象,而科技治理体系的重塑也发生在不确定情境中,这就需要透明、互动的探索过程。无论是科技研发客观条件的改变(例如试验地球工程技术的最佳场景就是现实的地球生态系统),抑或是社会秩序规则的革新(科学容错的制度理性嵌入社会带来的不可预测性、不可逆性削弱了先验理性的立法效力),人类社会的实验性作为一种现实存在,都急需反思性的审视与治理框架,在其中可以看到一种融合实验室"内—外"情境、具有共生产特性的社会实验形态:一方面,应用阶段的技术在治理上需要实验的学习,以跟踪、反馈潜在影响和完善知识品质;另一方面,新技术治理规则的形塑直接影响社会治理体系与现实秩序的重构。综合而言,直接驱动全域性的创新可能引致巨大的治理困境,而先行先试的科技发展路径更符合当下可持续发展的价值导向。这类实践在全球已经展开,比如:我国的技术试点工程(国家新一代人工智能创新发展试验区)是对未来智能社会的探索;欧盟"地平线 2020"科研规划部署的城市生活实验室(urban living lab)是对城市技术治理系统的探索。

在具体的科技治理领域,真实世界实验(real-world experimentation)或技术社会实验(social experiments with the technology)的提法最早被用于隐喻或描述,来批判性解析"社会成为科学实验室"的现象。从 20 世纪 90 年代开始,原型实验室的实验风险向公共空间的延伸有了常态化趋势,切尔诺贝利核电站事故和欧洲疯牛病事件成为西方科学哲学家与科学技术论者关注真实世界实验现象的肇端。英国社会学家、技术哲学家大卫·科林格里奇(David Collingridge)于 1980 年在其代表作《技术的社会控制》中提出的受控困境(dilemma of control),又称(更为人熟知的提法是)科林格里奇困境(Collingridge Dilemma),成为问题焦点。① 新兴技术的受控困境包括技术本身的不可控与技术对社会影响的不可控。另外,造成科林格里奇困境的一项被忽视的重要因素便是技术生产与应用的场景存在不对称性,在实验室这种完全受控场景中显现的技术特性与真实社会这种不完全受控场景中显现的技术特性是不完全一致的。因此,从科林格里奇困境来看人工智能技术的治理困境,可以从实验室内外两个阶段来审视:人工智能技术实验风险在实验室实验阶段无法得到确证,是在嵌入社会实体秩序之后才充分暴露的,但此时治理为时已晚。围绕这一困境,西方学者几乎以相似的表述从不同视角由对实验风险溢出现象的批判转向了真实世界作为科学容错空间的合理性重塑。由此,布鲁诺·拉图尔(Bruno Latour)以来的实验室研究传统——原先

---

① Collingridge D. The Social Control of Technology[M]. London: Frances Pinter, 1980.

扁平本体论视域下实验室内外行动者之间权力不平等的状态,经由科学实践观念的多元本体论转向后,得到了重新审视。在切尔诺贝利核电站事故背景下,沃尔夫冈·克罗恩(Wolfgang Krohn)、彼得·温加特(Peter Weingart)用隐性实验(implicit experiment)印证了技术实验介入现场可能得到更多的确证信息①,释放更多的创新潜力,也意味着更多风险与不确定性的社会嵌入,并进一步建构了真实世界实验理论②,来具体考察技术实验的创造性在复杂性环境中增殖的认识论基础;德国科学史与科学哲学家汉斯-约格·莱茵伯格(Hans-Jörg Rheinberger)将知识生产以及知识表象的呈现形式置于实验系统(experimental system)的实践性活动中考察,并认为后者的不断运作是对未来生境的再造③;拉图尔(Latour)后期通过批评非法现代性宪政论证了公众参与技术实验的合理性,提出了实验室之外的集体实验(collective experiment)行动框架④;荷兰学者伊博·范德普尔(Ibo Van de Poel)在真实世界实验提法的基础上又明确提出了技术社会实验及其伦理框架⑤,进一步将新兴技术的实验性与社会引入所必需的约束条件(法律制度、伦理道德、治理体系等)结合起来。

马丁·海德格尔(Martin Heidegger)曾言:"当今世界是一个技术'集置'所统治的世界;真正莫测高深的不是世界变成彻头彻尾的技术世界,更为可怕的是人对这场世界的变化毫无准备。"⑥为了应对不可预测的新兴技术风

① Krohn W, Weingart P. Commentary: Nuclearpower as asocial experiment——European political"fall out" from the Chernobyl meltdown[J]. Science, Technology & Human Values, 1987(2): 52-58.
② Krohn W, Gross M. Science in a real-world context: Constructing knowledge through recursive learning[J]. Philosophy Today, 2004(5):38-50.
③ Rheinberger H. Consistency from the perspective of an experimental systems approach to the sciences and their epistemic objects[J]. Manuscrito, 2011(1):307-321.
④ Latour B. From the world of science to the world of research? [J]. Science, 1998(5361): 208-209.
⑤ Van de Poel I. An ethical framework for evaluating experimental technology[J]. Science and Engineering Ethics, 2016(3): 667-686.
⑥ 海德格尔.海德格尔选集:下[M].孙周兴,译.上海:上海三联书店,1996:1230-1241.

险，人类社会认为"先行先试"理念的实验性治理模式是迎接技术世界的一项有效策略。可以看到，科技治理语境下的社会实验在审视取向上逐渐经历了从批判主义、悲观主义向积极主义、乐观主义的变迁，至少在科学认识论者看来，真实世界实验以及公众参与实验都可以作为知识生产的合理基础，并且实验室受控情境以及科学家共同体并非知识生产的唯一场景与主体；社会各界也逐渐意识到，人类自身不会甘心处于被实验的消极状态。不过，当代社会实验理论研究复兴的重要意义不仅限于认识论层面，而且包括作为一种新兴技术伦理治理的社会实验路径；人类在新兴技术蓬勃发展带来的负面效应面前，理应发挥主观能动性，从被实验状态转向主导实验状态，通过集体实验来消解新兴技术的道德伦理风险。

在所有新兴技术中，人工智能（artificial intelligence，AI）是迭代创新最为频繁、应用渗透最为广泛、与人类日常生活最为紧密的技术，是当前最令人兴奋的技术，因此本书也将新兴技术伦理治理社会实验路径这一研究主题的实践对象落脚在人工智能社会实验，以期通过人工智能伦理治理的社会实验研究，为后续其他新兴技术伦理治理的社会实验路径研究提供参照。在可预见的人类未来，智能科技深度嵌入社会是大势所趋。人工智能技术的巨大社会变革效应能够驱动社会结构转型与产业结构变迁，但也存在不确定性、不可逆性、不可预测性等。对此，习近平总书记明确指出，"要加强人工智能发展的潜在风险研判和防范，维护人民利益和国家安全，确保人工智能安全、可靠、可控。要整合多学科力量，加强人工智能相关法律、伦理、社会问题研究，建立健全保障人工智能健康发展的法律法规、制度体系、伦理道德"[①]。可以看到，"潜在风险研判和防范""确保人工智能安全、可靠、可控""整合多学科力量"等表述已经为人工智能治理提出了明确的目标、策略、方法等，也蕴含了"先行先试"的治理理念。

---

①   习近平.加强领导做好规划明确任务夯实基础上推动我国新一代人工智能健康发展[N].人民日报，2018-11-01(1).

　　在具体实践层面,面向人工智能全球治理的核心议题,我国学术界率先倡导人工智能社会实验的技术治理实践,探索智能社会治理中国道路。①2019年以来,国家陆续在北京、上海、深圳等大型城市建设国家新一代人工智能创新发展试验区,相应提出了"先行先试"的举措和应用牵引、地方主体、政策先行等建设原则。人工智能社会实验作为国家新一代人工智能创新发展试验区工作的重要组成部分成为政产学研关注的焦点。显然,在我国实际发展规划中,人工智能社会实验的目的还不止于探索人工智能技术的预防式伦理原则,同时也在进行社会秩序实验,即智能化社会治理体系乃至未来智能社会形态的前瞻性凝练与建构。例如:2021年7月,上海清华国际创新中心发布的《上海人工智能社会实验方案》提出将上海城市数字化转型作为实验目标;同年12月,中央网络安全和信息化委员会印发的《"十四五"国家信息化规划》明确将人工智能社会治理实验列为构建数字社会治理体系的重点工程,涉及医学、城市管理、养老、环境治理、教育、风险防范等七个领域;2022年3月,国务院办公厅印发的《要素市场化配置综合改革试点总体方案》提出要"深入推进人工智能社会实验"作为探索建立数据要素流通规则的重要路径等。

　　与此同时,从技术进化角度而言,人工智能技术范式已经发生了突破性变迁。2022年11月30日,美国人工智能研究实验室OpenAI研发并推出全新聊天机器人ChatGPT(chat generative pretrained transformer)——一款基于人工智能技术驱动的自然语言处理工具,成为用户破亿速度最快的消费级应用,一举揭开生成式人工智能(generative AI)的崭新时代,而刚刚过去的2023年更被众多媒体称为大模型(big model)元年。2024年2月16日,OpenAI发布首个文生视频大模型Sora,其能够根据文本指令或静态图像生成60秒的连贯视频,将人工智能应用从文本时代推进到多模态时代,并开启

---

　　①　苏竣.开展人工智能社会实验探索智能社会治理中国道路[J].中国行政管理,2021(12):21-22.

了一个全新的视觉叙事时代，其功能进化的极限是能够模拟真实世界。

通俗意义上，人工智能技术是对人类智能的延展，通过模仿人类智慧来分担人类智力劳动。时至今日，主流的人工智能技术已经可以分为两类：判别式人工智能与生成式人工智能。早期盛行的判别式或称分析式、决策式人工智能作为专用人工智能(special-purpose AI, SAI)的技术驱动范式，主要是对特定场景提供最优解，并且对公众应用有一定的排他性；而生成式人工智能是通用人工智能(artificial general intelligence, AGI)的技术驱动范式，具有泛化性、通用性、涌现性、对话性等特征，利用自然语言处理、监督学习和强化学习的复杂技术来理解和生成与人类生成的文本相当的文本。2023 年 7 月 10 日，基于鼓励生成式人工智能创新应用的宗旨，国家互联网信息办公室等七部门联合公布《生成式人工智能服务管理暂行办法》，这是我国首份针对生成式人工智能的规范性监管文件，要求发展与安全并重，在产业界、学术界也引发了新一轮工具理性与价值理性之争，在寻求生成式人工智能的有效加速主义与超级对齐主义的中道，更加需要生成式人工智能社会实验的探索来重新划定边界。

不过，在当前的人工智能社会实验语境中，社会实验的概念其实可区分为完全受控与不完全受控两类。完全受控实验指向经典科学实验范式，存在实验主客体的二元区分，并且是在限定范围内，这类实验是常规意义上的验证模式，目标是认识客观世界，而非改造客观世界。但事实上，即便是经历了一系列的受控社会实验来先行先试，人工智能技术最终还是要引入更广泛的、不完全受控的真实社会中，仍然会暴露一些不确定性的技术与社会风险，最关键的是这种引入是要满足社会期望和伦理可接受性，涉及对客观世界的干预，而非认识，因此人工智能技术的社会引入也可被视为一种社会实验，即技术作为一种社会实验(technology-as-a-social-experiment)，这类视域下的社会实验是将人工智能技术本身视为实验性技术；与此同时，人工智能伦理的审视框架发生了一种转换——技术社会实验理论的倡导者范德普尔将技术的内在伦理可接受性转换为关于该技术的社会实验的可接受性问题。① 简言之,不确定性的人工智能技术伦理的直接追问被间接化为人工智能社会实验伦理,在此背景下,人工智能社会实验伦理可以作为人工智能伦理的重要参照,继而人工智能社会实验伦理的建构基础与人工智能社会实验的具体实践特征紧密相关,同时人工智能的设计伦理与实验伦理也将互为参照。另外,当前的人工智能社会实验伦理研究框架存在局限,即便研究者们都意识到了"人—机"关系是人工智能社会实验伦理的研究对象②,但在提出治理对策时仍然沿袭了伦理评估的策略,缺乏对地方性、具身性场景要素的考量,以及专家与公众集体参与实验决策和承担实验风险的责任分配问题,这就无法从内部参与者的视角来提出针对性的伦理治理策略。

　　鉴于作为认知目的的社会实验与作为干预目的的社会实验并不是共享同一套经典科学实验范式,并且为将人工智能社会实验伦理的研究对象置于"人—机—场景",本书有必要系统探讨不完全受控社会实验的理论基础、实践特征与场景范型;另外,实现生成式人工智能的价值对齐(value alignment),前提是要保证价值动态(value dynamism)的稳定性与有效跟踪,而新兴技术嵌入社会迭代的新价值评估框架会反馈到技术的早期阶段,这就需要一种实验设计的伦理伴随视角来重新审视新一代人工智能社会实验的伦理治理路径。

---

　　① Van de Poel I. Why new technologies should be conceived as social experiments[J]. Ethics, Policy & Environment, 2013(3): 352-355.

　　② 于雪,李伦.人工智能社会实验的伦理关切[J].科学学研究,2023(4):577-585.

目　　录

第一章　当代社会实验的重要形态:技术社会实验

第一节　实验与社会

实验与社会的关系其实是历久而弥新的。英文中"实验"(experiment)一词源于中世纪拉丁文 experiri,其本义是尝试。在作为具体的科学方法论之前,反复试错(trial and error)的启发方式就是人类社会体验与探索外部世界的重要手段,为满足生存的需要通过朴素的尝试取得钻木取火、渔猎耕种的宝贵经验,尽管在现实生活中并没有达到系统性的规范与合理的认知,但表征了人类延展身体官能、不屈服于命运的精神追求。对于规范性的贡献出现在西方源远流长的自然哲学体系传承中,实验法则在认识论上不断得到修正,在这个过程中思想界也展开了相应的认识论与本体论预设之争,在反思与批判中理性主义、经验主义、实证主义、自然主义等观念层出不穷。不过理性思辨优位的西方哲学传统,并没有过多关注具身实践的意向性活动,实验在认知规则、技术操作与政治文化层面的发展更多是随着科学成为一种独立传统这一过程中得到实现的。当然前科学阶段的贡献也不容忽视,炼金术士与药剂师在神秘主义观念的引导下,出于对自然神性的崇拜在干预物理事实的过程中尤为谨慎与讲究,围绕炉内正中的工作台(祭祀位置)构建的实验场所,也成为科学实验室的早期原型。

17世纪理性主义和牛顿物理学的广泛传播,为实验室科学以及工业资本主义的兴起提供了一个机械性的、可控的世界观。在机械论自然观的指引下,实验概念及其方法在事实与价值二分的知识传统中有着明确的定位,致力于测试理论及其衍生命题,使用可复制的客观测量和技术,并建立了控制非随机变化的取样和量化原则,从而发展出可推广的普遍性规律。因此,一个普遍的共识是,实验被归属为科学共同体的操作系统,在隔离真实世界的实验室高墙内进行。科学家选择实验对象,拟定实验方案,制作仪器与制定使用标准和实验室章程条例,对实验结果(观察与数据)提出一致性标准来满足同行评议。伽利略和培根被认为是将自然现象转化为实验程序的发起者,对变量进行纯化、筛选并在受控情境中进行研究。培根契约将实验室制度化为独立于社会系统的科学容错空间,使科学研究得以自由进行,既为社会预防科学实验失败的影响,也豁免了外部伦理法度的审查。概言之:实验科学在保持自治的同时通过与社会的互动实现各自效益最大化。培根契约也是知识社会发展的基础框架,后者的关键特征是研究活动与创新策略之间的动态互动。一方面,知识生产不断向应用领域转移,推动研究实践拓展到了科学机构之外的场所,这些(基础与应用)研究中包括了实验活动,可以预期,将遍及社会创新的各个领域;另一方面,容纳错误和失败作为扩张与证实知识的工具的科学制度理性也被转移到了社会中。进而,在涉及社会进步的公共空间中,科学也将为研究活动的风险承担新的责任。尤其自19世纪以来,许多技术实验就已经有意无意地将研究过程从实验室拓展到了更广泛的社会。① 原因是,实验室的受控条件已无法满足复杂性技术实验风险的确证性承诺,后者往往是在应用阶段基于公众经验和现实生态中的环境资源经历交互、累积过程其风险才充分暴露。可见,这种演变中的动态互动,使得实验的

---

① Krohn W, Weyer J. Society as a laboratory: The social risks of experimental research[J]. Science and Public Policy, 1994(3):173-183.

概念已经与所谓的知识社会的概念产生了共鸣。

当代科学技术论(STS)的主题是从行为论来阐释科学。人类社会越发依赖"在场"的技术创新,像人工智能、区块链、大数据、算法、物联网、虚拟现实、增强现实技术等,以及直接介入社会与自然生态得以运行的核电站、地球气候工程、新能源勘探等,同时技术治理愈发得到公共决策领域的重视;与此共存的是公众容易对科学产生更激进的抵触,比如专家信任危机、邻避效应乃至民粹主义。综合评价上,效用是正反两方面的态度最直接的判断依据,为公众带来福利,抑或是感同身受的家园危机。但这种效用上的评判并没有涉及对实验体系与实验室制度边界的质疑,它们被认为是纯科学范式下的基本内核,不管是经历了所谓范式革命的变迁,还是实验实在论强调的实验毋庸置疑的构成性、操作性,判断成功实验的标准可重复性在科学共同体内部是不容置喙的,也是出于知识确证性作为决策依据的单一性科学决策理念;实验室作为强化秩序的权力场域,对它所强调的同质性特征的地方性情境的普遍模仿,即实验室范型的移植,如今在科学哲学内部的共识中也被认为是科学知识得以普遍化的一个基础条件。因此,元科学哲学乃至科学实践哲学、科学实验哲学,甚少会去关注外在于实验室的实验知识生产活动,甚至像古典社会学抵触实验对社会事实的干预性,也就忽视了真实世界(real-world)中的技术实验现象,比如技术实验风险拓展为隐性的社会实验风险、实验逻辑被应用于现实场景可能发生的演变以及实验室非受控形态的应用场景创新等。这也导致运用实验方法参与更广泛的社会治理时,人们对实验规则的认知是未经反思的,在方法论的运用上往往是直接移植。类似的情况也发生在科学论对实验系统的传统关注上,尽管实验一直是 STS 的中心议题,但他们以往侧重的是常规科学实验的理想化的受控空间(实验室)以及知识生成的实验模式如何在自然科学中占据主导和产生了什么样的影响。[1]　实验规则及

---

[1]　Collins H. Changing Order: Replication and Induction in Scientific Practice[M]. Chicago: University of Chicago Press, 1985.

其受控情境的标准化模式(封闭实验室)是局限在精确自然科学范式中,甚至是作为既定的前提来探究实验室科学与社会网络之间的利益协商活动。

如今实验重返广场中央的现象得到了普遍关注,是因为这项原本属于精确科学的进步手段,正在成为现代公共生活与社会治理的重要组成部分。自20世纪以来,实验室实验的话语实践对研究活动之外日常语言的影响及其制度理性在社会秩序中的嵌入,伴随着原型实验室的溢出效应有了重新被概念化的趋势。尤其在20世纪中后期,以深化改革和可持续发展为导向,通过在现实生态(地方与区域层面)中采取实验策略,或是作为一种驱动力、探索变革的种子从而引发更广泛的变革,或是对创新变量(技术、政策、制度等)引入全区域前先行在小范围内进行试错以探索潜在的社会风险,或是对未预料的现实困境进行尝试性解决,或是在应用场景生产新知识,等等。西方学者在描述社会中的实验性实践时,除了比较常用的"真实世界实验"(real-world experiment),相近的表达还有"真实生活实验"(real-life experiment)、"真实社会实验"(real-society experiment),甚至还会直接使用"社会实验室"(social laboratory),较长时间以来存在混用的情况。不过,近几年来在该主题成为交叉学科的领域后,比较统一的用法是"真实世界实验"。"社会实验室"的用法除了类比科学实验室达到直观的表述作用外,在同类主题中更多地有了特定的指向,即芝加哥社会学派在19世纪后期提出的城市实验室的方法论与认识论构想。近年来,随着实验主义治理(experimentalist governance)应用的社会普及,对于社会中实验性实践的描述不再统一为"真实世界实验"的表述,呈现出多元化的研究趋势。理论层面,像试探性治理(tentative governance)①、混合论坛(hybrid forum)②、技术社会实验、公共实验(public experiment)③、实验文化等概念指向日常形式的集体实验,应对实验室之外的新兴技术应用争议,这些制造了不确定性,带来了不可预测的担忧;除了得到科学论的积极回应外,在社会学、管理学、经济学、政治学等其他社会科学领域,近年来也加强了对实验的关注,它们会相对聚焦实验系统在具体场景中的有效应用问题,进行模型上的建构、工具性的系统开发与反思,比如转型实验(transition experiments)、草根实验(grassroots experiments)、有界社会技术实验(bounded socio-technical experiments)、城市实验(urban experimentation)、利基实验(niche experiments)等;在更进一步贯彻了实验主义治理理念,并需要基层自治、自发参与以及公众常识经验介入的实践中,全球气候治理、生态环境修复、地球工程、新能源勘探以及弹性政策构型、经济转型、公共卫生体系改革等涉及民生问题的许多领域都出现了实验性实践在社会中的介入。

　　种种迹象表明,实验是当代描述、适应与设计社会生态和实现创新、治理的重要模式之一,无疑使得实验一词在概念内涵以及字义上的界限都得到了超越。这也意味着如今科学论对实验的关注,其观念不能被局限在作为一种原型实验室内、遵循演绎逻辑和为科学家理论假设提供依据的验证方法,而应指向真实世界中技术作为重要变量参与其中,并且由多主体参与的积极、主动的实验实践。

　　① Hopkins M M, Crane P, Nightingale P, et al. Moving from non-interventionism to industrial strategy: The roles of tentative and definitive governance in support of the UK biotech sector[J]. Research Policy, 2019(5): 1113-1127.

　　② Amilien V, Tocco B, Strandbakken P. At the heart of controversies: Hybrid forums as an experimental multi-actor tool to enhance sustainable practices in localized agro-food systems[J]. British Food Journal, 2019(12): 3151-3167.

　　③ Horst M. Taking our own medicine: On an experiment in science communication[J]. Science and Engineering Ethics, 2011(17): 801-815.

第二节　智能社会治理视野中的
技术社会实验

随着人类社会步入技术赋能型社会——像算法社会、数字社会、智能社会这类概念逐渐深入人心，现代社会实体的本体论建构具有技术实体的直接介入性，并且创新社会治理与技术迭代应用密不可分。因此，在当前人类的实验性实践中，不可避免具有技术创新要素的参与，即便一系列新兴技术部署存在固有的不确定性。为了区别真实世界实验概念的广义、泛化使用，面向当前社会发展实际，"技术社会实验"的提法更具有时代性与应景性。在技术赋能型社会生态中，技术社会实验的概念并不仅限于描述性或隐喻性的用法，因为新兴技术正被广泛用于现代社会治理，即便这些新兴技术可能引发一些不确定性的社会应用风险，进而技术社会实验的当代广义用法是对技术社会治理效用的实验，这种观念尚未得到普及。技术社会实验概念的提出者范德普尔仍然是在一个非常狭隘的意义上来使用这一概念的，甚至只是在技术内在机制层面来凸显实验性，缺失了对社会性的情境关注，因此他所聚集的技术社会实验及其伦理框架实则是对一项实验性技术的伦理考量。

那么，技术社会实验究竟是如何在智能社会治理中发挥作用的？微观层面的技术社会实验，既可以在具体境遇中展开随机对照研究——这是在一个完全可控的实验场景中进行的，也可以通过向广域社会引入一种新兴技术时所体现的实验性来呈现，这种维度的技术社会实验的实验场景是不完全可控的，其实验目标不只是技术风险测试，而且囊括了境遇宽广的技术赋能型社会治理场景。在当代科技发展决策以负责任创新为价值引导下，大模型、大数据、算法、自动驾驶等智能体技术的发展，要遵循社会可接受条件和满足公众期望，因此一项新兴技术的研发、生产与应用，在现代社会是集体考量的结果,不仅要促进经济发展,也要赋能社会治理,而这里的技术治理规范如何前瞻性建构,就需要经历"先行先试"的技术创新试点过程。

技术社会实验中的核心变量是新兴技术,其作为一种干预行为,会引发社会场景的变动。当前最具代表性的新兴技术变量便是人工智能技术。技术治理要直面现实的不确定性困境,在假设前提与充分的认知和控制力缺位的情况下,该如何行事? 面向开放性的、非既定的规划前提该如何凝练? 当我们在这种语境下谈及某个场景中的社会实验,就是在试图引导某个对象发生变化,通过实验的方式对其进行干预。因此,直面当代社会不确定性治理困境的一个可行办法,就是主动对不确定性社会情境掀起波澜,这可以被理解为是有意制造出一些意外、惊喜等,创造实验学习的空间。人工智能社会实验作为一项技术治理实验,就是在开放的生态系统中引入异质性的技术变量,激活智能社会中的基层治理功能以及智能技术治理体系的规范性构建。结合开放性的实验场景与激发基层创新活力的实验目标,可以看出,智能社会背景下强调的技术社会实验是一种地方性、动态性、开放性的探索性实践。

实验室实验发生在较为封闭、边界明确、科学家为实验主体的受控情境中。而在社会实验中,不确定性的边界条件反而成为这种实践可能成功的潜在变量,并且不存在绝对的实验主体,利益相关的行动者都置身于同一个实验系统中。那么,行动者的身份有了重合态:被实验者同时也是实验者。从社会建构论的角度来看,实验室实验参与社会利益的实现,代表性的理论如拉图尔等人提出的行动者网络理论。实验室内科学家之间会发生科学利益的协商,并且通过转译实现与社会利益的联结,使更多的行动者介入同一维度中,获取更多的社会资源,这实现了实验室科学与社会之间行动结构上的网络化。不过,这里的知识研发活动依然发生在实验室内。封闭性实验遵循的是一种演绎逻辑,需要一个既定的假设前提,通过有限目标变量的选择进行证实或证伪,并且这里的实验主客体是边界明确的,因为实验的执行者是专家共同体,所制造的产品形式是编码化知识和技术人工物。

在开放的社会实验中,科学活动与社会行为是交织在一起的,介入其中的参与者与周围的一切环境要素都会发生关联，这样实验主体的认知与行动导向和目标对象都处于不确定的状态。对于一项成功的实验室实验而言，可重复性是其获得同行认可的标准，其实验过程是一项有针对性的干预行为；而社会实验遵循的是一种迭代型逻辑，这种逻辑是溯因性的，强调开放性与情境性。因此，对于技术社会实验的指导不必然遵循先决条件，反而要求对前提的修正、改善与颠覆，以达到更具适应性的状态。因此，技术社会实验的成功不必然以实现广泛的移植作为既定的规则。

我国近些年大力推进以人工智能技术赋能为导向的"新基建"工程，很多工程都经历了试点过程，来前瞻性实现顶层设计向具体实践的转变。试点、试验区这些概念中就包含了实验的一些原初含义，正因为暂时无法做出确定性的判断才需要做探索性的尝试，也正因为无法确定新的科技政策在全区域推广后会产生怎样的负面效应，才需要在区域性层面"先行先试"、总结经验，以便在全区域推广前能前瞻性地制定治理策略来降低创新的风险。这种实践区别于实验室实验及其知识生产应用从实验室向社会转移的线性模式，研究与应用的结合直接嵌入在了现实生活场景中，使得实验效果在社会网络中敏捷扩散，也易于充分暴露实验性治理过程中干预行为的潜在风险。历史经验表明，上游管理对于社会实验的工具性认知也在不断的实践中得到了深化，探索改革的发展道路从自下而上的盲目摸索，慢慢过渡到自上而下的规划干预。我国在展开社会实验过程中存在两种实践类型：一种是以自适应性为导向的改革实验，通俗点说就是因地制宜，不要求也不被认为可普遍移植；另一种就是以可移植性为目标的改革实验。通过可移植性与自适应性的区别可以看出，社会实验遵循的规则条件所涵盖的内容比科学实验规则要复杂得多，并且实验主体在身份上不是既定的，也有着基层实践经验的介入。

创新型国家中的创新理念是一种系统的概念体系，在辐射面上直指全域性的创新。这不仅是前沿科技的创新，还与推进国家治理体系和治理能力现代化紧密相连，通过创新提供改革的动力，并达到对社会治理能力的提升。直接推行全域性的创新是有风险的：一是不能真正明确创新的目标；二是尚不具备创新带来的潜在副作用的社会治理经验。可通过局部区域的"先行先试"找寻线索,归纳总结,再做全面推广。

近年来,我国在社会实验的运用上更加追求差异性、多元化的实践,体现为试点工程的数量、种类、内容以及在范围、层次上的拓展。除延续政策改革实验与制度改革实验(国家综合配套改革试验区、自由贸易区、高新技术产业开发区等的建设),还出现了城市级无人驾驶汽车社会实验室、智慧城市、国家新一代人工智能创新发展试验区等技术创新直接介入现实生态的社会实验,也就是新型的"技术—社会"实验系统。

显然,技术社会实验的发生场景开始与更广泛的生活世界关联起来,这表明对社会实验的实践进入一个新的阶段,即从自下而上的基层探索,到自上而下的顶层设计,再到如今"自上而下—自下而上"相结合的驱动模式。概言之,通过基层的先行试错总结探寻不确定情境的经验,在顶层设计中把握创新的方向与进度,两方面都须以高标准、高质量、高效率为宗旨。这是创新型国家建设对实践社会实验、推广试点工程提出的新要求,这种可持续的驱动机制的塑造需要技术创新来赋能。可以认为,技术赋能型社会实验为创新社会治理带来了新的契机。

第一,技术社会实验中的多元主体本身需要通过赋能来更好地参与。近年来,有关赋能理论的研究与应用受到了更多关注。简单来说,赋能就是赋予其他主体解决问题的能力。现代社会的紧迫性问题在认知上已不是因果逻辑,而是相关性。这是由于问题的源头是多种因素集成的结果,同样在问题的解决上也需要多元主体的介入。在技术社会实验中,人工智能促进基层创新活力的释放与公共经验的介入需要被赋予一定的自主权,通过各种基础设施和制度的保障,来最大限度发挥个体与企业的潜能,而经验的总结与向上传达以及上层对基层经验的有效获取,相比以往更需要在效率、精准度上获取能量或者说增强能力。

第二,技术的工具性本质是延展人类探索的能力。随着以人工智能、大数据、云计算为代表的新一轮科技革命的到来,新兴技术在信息的运用、收集、处理、感知等方面的能力和新生产线建设与新政策制定等领域，表现出了惊人的高效。比如，人工智能对垃圾分类试点工程的赋能已提供了范例，倘若没有人工智能的支撑，有关垃圾分类的探索性经验的总结便无法在短期内成型，成为一套规范的运作体系。

第三，公众的需求与经验的介入，是技术社会实验重要的假设前提和实践力量。比如，垃圾分类体系的试点工程如果没有公众的积极配合，是不可能顺利推行的。这契合了公众对改善生态环境的美好愿景。再比如，公众能够通过移动设备实时传输数据，实际上是被赋予了表达诉求的权利，这能够弥补因顶层设计的决策主体有限理性导致的信息不对称性和知识不完备性。类似的情形也出现在无人驾驶汽车实验，这种实验是直接在公共生活区进行的，通过智能设备跟踪公众出行的轨迹和体验，形成数据分析模型，演练适应未来无人驾驶汽车的交通规则。

因此，智能社会治理视野下的技术社会实验，其总体行动范式是面向社会治理的实验性实践，要以当下最为紧迫的问题作为实践的出发点，进入可循环的递归过程，不断对初始变量进行迭代。需要注意的是，人工智能技术创新本身就具有不确定性，比如人工智能技术的应用风险与伦理问题、法律规范的滞后等。如今，前沿技术的实验风险很难在科学实验室中实现确证，这种风险往往是在介入现实场景后才充分暴露的。这对科技发展提出了新的要求，需要在创新的同时展开治理经验的先行探索。由此，技术社会实验本质上是对创新体系与治理体系的双重实验，前提是要认识到这样一种反身性的联结机制——技术创新赋能社会秩序的重塑与改革动力的转换。反过来，重塑的规则体系与制度要对技术创新进行规约，这些是在实验性实践的过程中协同发生的。如今，重大技术创新需要考虑社会的可接受条件，如果技术创新的潜在副作用与当下的基础设施、制度保障、伦理规范不匹配，就有必要前瞻性地先行对未来的社会治理情境进行实验。在新兴技术与社会治理场景探索性融合的过程中，决策主体的判断只能基于局部的确证知识，对于新治理体系的培育与治理能力的提升，需要社会协同与公众参与，基于普遍主义的立场。与新介入的非人类行动者(新兴技术)发生的阻抗中建构起行动者网络,既有利于瞬时突现事实本身,也利于实现一种可调控的稳定状态。阻抗这一概念来自科学知识社会学(SSK)代表人物安德鲁·皮克林(Andrew Pickering)《实践的冲撞》一书①,他一方面用该词对拉图尔提出的非人类行动者体现在能动性方面的特征(制造差异、造成了其他系统的改变)进行一般性说明,另一方面强调人类主体的规训体系在与物质力量的对抗中会发生不可逆的重新组合。显然,相比较传统实验室实验排除公众参与,技术社会实验涉及人类、社会与自然因素的整合。

第三节　技术社会实验作为人工智能社会实验理论基础的局限

　　当前国内外学界关于人工智能社会实验的理论溯源,普遍聚焦在荷兰技术伦理学家范德普尔探讨的技术社会实验及其伦理框架。② 范德普尔吸收了实证主义阐释实验在认识论、方法论层面的思想理念,比如查尔斯·林德布洛姆(Charles Lindblom)的渐进决策理论、卡尔·波普尔(Karl Popper)的零碎社会工程和约翰·杜威(John Dewey)的实用主义哲学,并且注意到了负责任的技术社会实验需要兼顾认识论与伦理规范的限制。不过,范德普尔援引实证主义思想理念的目的只是限于为技术社会实验的合理性、正当性以及优先性做出辩护——为将技术风险的预防式评估策略的权重转向对技术风险社会影响的直接应对,因为在早期阶段想彻底消解新兴技术的不确定性无论如何是不可能的,而将技术引入社会场景中更有利于技术潜在风险的暴露。

---

　　① 皮克林. 实践的冲撞[M]. 邢冬梅,译. 南京:南京大学出版社,2004.

　　② Van de Poel I. An ethical framework for evaluating experimental technology[J]. Science and Engineering Ethics, 2016(3):667-686.

但他本人对这一概念阐释框架的构建并不是深刻、完善的，甚至并未关注到技术社会实验的实践形态特征作为哲学研究对象的重要性，更多时候他对于这一概念的运用还是在于隐喻或类比。在将新兴技术的社会引入概念化为一场社会实验之后就没有以社会实验的维度来考察其中的技术治理问题，或是简单将新兴技术概念化为实验性技术，将技术的固有不确定性与实验性对应，并在最后提出技术社会实验的伦理规范时也只是通过类比经典生命伦理原则（"比—丘四大原则"）来推导出伦理准则，既没有考量具体情境要素对实验场景的影响，也没有提出实践层面的伦理治理路径。

事实上，范德普尔本人已经意识到技术领域的实验伦理与医学和临床实验伦理是有所区别的，像知情同意原则在技术社会实验场景中是无法得到充分满足的——就以人工智能社会实验为例，真实社会场景中的技术实验风险的主要承担对象是集体而非个人，这就涉及多主体的责任分配问题。另外，人工智能科学家群体对智能算法自主进化的趋势也是无法做到完全预测的，也就是充满了未知——但是范德普尔未能完全脱离传统生命伦理框架来审视技术社会实验的新兴伦理问题。范德普尔围绕不伤害原则（non-maleficence）、有利原则（beneficence）、尊重自主原则（respect for autonomy）和公正原则（justice）以及自己补充的责任原则（responsibility）来建构伦理框架，细化出 16 条准则，包括：缺乏获取"风险—收益"相关知识的其他合理方法；在治理隐私问题的同时监控数据与风险；适应或停止实验的可能性与意愿；尽可能合理地遏制风险；有意识地扩大规模去避免大规模伤害并改善学习；灵活设置实验，避免技术锁定；避免具有伤害回弹力的实验；合理地期望实验促进社会福祉；明确分配实验的设置、实施、监测、评估、适应和停止的责任；实验对象充分知情；实验获得合法机构的批准；实验对象可以影响实验的设置、实施、监测、评估、适应和停止；实验对象可以退出实验；脆弱的实验对象要么不受实验影响，要么受到额外保护，要么从实验性技术中获得特别收益（或者兼而有之）；公正分配潜在伤害和利益；伤害具有可逆性，如若不能，给予伤害赔偿。① 但其中的许多准则是否具备可操作性是存疑的。核心问题在于，范德普尔提出的显见义务准则暗含的前提是技术社会实验的运用是在其他更合理方法用尽之后的选择，并且不能保证该实验是完全无伤害的，比如：如何避免实验伤害的回弹力？如何保证实验对象充分知情？实验中的实验对象真的能全身而退吗？实验产生伤害与利益的公正分配又是如何实现的？倘若这些伦理准则应用于当前的人工智能社会实验，依然会遭遇以上困境，因此对这些问题的回应，关键是要先聚焦技术社会实验的实践特征、范型，并对其概念进行溯源。然而，国内外学者在探讨人工智能社会实验伦理时，普遍借鉴了范德普尔评估实验性技术的伦理框架，并且都没有产生怀疑。

清华大学苏竣等人是我国学界人工智能社会实验的早期倡导者，主要是在狭义的实证受控实验的意义上来界定人工智能社会实验的方法论、场景与意义，并且对人工智能社会实验伦理的关注度不够，仅限于常规的研究伦理原则。② 于雪、李伦两位教授揭示出人工智能社会实验存在"伦理的二阶性"特征，即研究伦理（research ethics）与服务伦理（service ethics）的交织，本质上就是技术伦理与实验伦理的交互，但在提出人工智能社会实验的伦理原则与建议时，相对侧重研究伦理，比如跟范德普尔一样直接借鉴了经典生命伦理原则，聚焦于实验对象的个体伦理困境。③ 瞿晶晶等人关注到了人工智能社会实验具有反身性的动态过程，一方面人工智能技术本身会不断迭代发展，另一方面人工智能技术与社会的交互方式也会处于不断调整的过程中，但在综合考量人工智能社会实验的伦理规范时，仍然局限在围绕医学与临床研究伦理来进行类比④，忽视了对具体实验场景中"人—机—场景"的交互影响可

---

① Van de Poel I. An ethical framework for evaluating experimental technology[J]. Science and Engineering Ethics, 2016(3)：667-686.

② 苏竣，魏钰明，黄萃. 社会实验：人工智能社会影响研究的新路径[J]. 中国软科学，2020(9)：132-140.

③ 于雪，李伦. 人工智能社会实验的伦理关切[J]. 科学学研究，2023(4)：577-585.

④ 瞿晶晶，王迎春，赵延东. 人工智能社会实验：伦理规范与运行机制[J]. 中国软科学，2022，(11)：74-82.

能产生的伦理问题。相较而言，国外学者雅克·霍塞尼(Ziagul Hosseini)等人在将范德普尔提出的实验性技术伦理框架应用于自动化技术场景下(协作机器人、可穿戴传感器、机器人外骨骼、虚拟现实、增强现实等)的物流仓库领域(logistics warehouse sector)时，注意到了一般性伦理框架需在真实工作场景中发生转化，来重塑适用实验性技术的道德原则，以及人类与协作人工智能系统应共享责任。① 不过他们的见解也仅限于此。另外，他们对于人机的任务分配问题尚未考虑生成式人工智能的特性，如今的自主系统在人机协作关系中不只是承担单调、烦琐的任务，还能尝试更具挑战性的认知性、创造性任务。那么当同一工作场景中人机功能愈发相近，又该如何重新分配任务并做到合理的道德责任规约？

对于当前愈发复杂多变的技术社会实验伦理问题，我们在这里先来溯源该概念提出的背景片段。关于技术社会实验的提法，可以追溯到真实世界实验以及实验社会(experimental society)的概念，早在 1994 年，克罗恩、约翰内斯·韦耶(Johannes Weyer)合作了一篇文章(《将社会作为实验室：实验研究的社会风险》)，系统考察了像核电站、DDT、转基因等复杂性技术实验的实验室局限，其知识确证性不仅不可能在高度纯化的受控条件中实现，而且在应用过程中这些技术的风险才充分暴露了出来，整个社会都将面临科学错误的危机。那么技术的社会引入反而成了一个试错过程，社会成了技术实验场所。这种情形还包括了一些在小范围内可能引起波动的新技术引入案例，如水坝、发电基站、航空工业等。克罗恩、韦耶将这种真实社会场景中的技术实验状况称为真实世界实验。② 在实证科学意义上，这些技术的测试需要纳入实验室与外部环境之间的边界条件作为自变量；在社会意义上，它们与公共

---

① Hosseini Z, Nyholm S, Le Blanc P M, et al. Assessing the artificially intelligent workplace: an ethical framework for evaluating experimental technologies in workplace settings[J]. AI and Ethics, 2024,4(2):285-297.

② Krohn W, Weyer J. Society as a laboratory: The social risks of experimental research[J]. Science and Public Policy, 1994(3):173-183.

生活以及公众行为产生了关联,由此他们还提出了实验社会的概念,认为这是一种技术型社会发展的趋势。不过,囿于研究视野的局限,他们提出的实验社会对"实验"一词的指向在语法特征上是形容词性的,用于表征生态系统被实验的客观状态的描述,其实是为了凸显技术实验嵌入社会的风险性,并在文章的尾注里他们特意提到了对实验社会中前缀的实验语义内涵,称这是与德国风险社会理论学家乌尔里希·贝克(Ulrich Beck)提出的风险概念密切相关的,但是他们对于贝克风险概念的理解存在严重偏差,直接与危险性等同了起来,而贝克本人一向拒绝将风险纳入归因范畴。因此,克罗恩、韦耶提出描述性意义的实验社会是狭隘的,事实上,这从他们的标题中就已经得到了体现。不过认为可以将克罗恩等人的口号直接替换为"被实验的社会",这种观点也不妥当,因为他们所举的案例其实是一种技性科学形态的发展,顺应了社会发展的需求,这种真实世界实验兼具实在性与建构性。事实就是,克罗恩、韦耶关注到了这类实践的社会困境的解决,试图凸显实验系统的公共性,批判了原先状态背后僵化的单一专家知识决策机制,这反而对重新考察实验及其在非受控的生活世界的实践特性提供了有益的启示。可惜的是,他们并未将这种反身性联结贯彻到底,恰恰造成了对实验社会认知的偏颇之处,因为这种对社会系统实验性特征的描述,溯其本真其实是对不确定性社会情境的注释。

面对复杂性技术,原先二分的科学世界与生活世界对研究和应用的边界失去了控制。作为社会中的科学容错空间,制度化的科学实验室已难保证人类社会应用的是完全确证的知识;科学与政治无法基于此对可靠性和权威性做出承诺,对于新技术的社会引入可能产生的问题也就无法做出预测和提前的治理规划,就容易造成生态系统陷入巨大的不确定性中。通过这种溯源,可以发现,以新兴技术作为变量参与人类社会的实验性实践并不是新近的事态,真实社会实验的概念后续还在得到应用并有所拓展——社会中的技术实验,也同时是一项社会治理实验,即所谓的"实验中的实验"①。当新兴技术的社会引入成为一个多主体参与的、开放式科学实验过程,并在同时成为一项技术社会治理实验,在这种意义上,回归生活世界的实验策略也就有了积极性、主动性的实践内涵:为了克服技术创新赋能社会治理而产生不确定性困境的一种实验性努力。

在现代技术型社会,人类认知与实践所依据的构成性条件愈发嵌入不确定性的情境。面对全球性的治理困境与创新衰退的局面,有理由认为人类社会需要新的驱动力来探索可持续发展的道路。基于对不确定性的学习,在这个过程中,实验作为一种创新驱动社会改革的动力介入了现实秩序的重塑。科技创新既是社会转型的重要动力,其本身又是社会治理的对象,这种不可逆、不可预测的反身性困境是技术实验风险嵌入现实秩序的结果。因此,应对这种困境的治理体系需要在同一实验情境中基于持续性的递归机制成型,这就有必要对智能社会治理背景下的技术社会实验的实践特性、哲学基础、行动逻辑等进行规范性研究。

第四节　当代科学论对人工智能社会实验的研究启示

技术社会实验在当代最新以及最为重要的实践形态就是人工智能社会实验,而人工智能社会实验的价值导向与发展目标也将进一步引导技术社会实验的理论发展研究。

---

① 瞿晶晶,王迎春,赵延东.人工智能社会实验:伦理规范与运行机制[J].中国软科学,2022(11):74-82.

　　一项有意义的人工智能社会实验要满足现实的人类需求,这取决于当代科技创新发展的驱动力不再是象牙塔内部智力爱好者的好奇心,包括科技政策的制定都要接受公众问责、咨询甚至参与的公共事业;与此同时,人工智能社会实验的实验性相比传统经典自然科学实验的实验性有了更多内涵,前者包含了变革性、创新性的意味,核心目的是要驱动人工智能技术对现实社会的干预或变革能够满足社会期望,这就要求人工智能社会实验的实验场景是一项具体应用中的场景,并决定了人工智能技术的实用性,是与具体场景相结合的,因而人工智能社会实验的实验对象是不完全受控的"人—机—场景"。

　　那么,当人工智能社会实验的目的不仅限于开展人工智能技术本身的风险评估测试,而且更接近一项探索性实验,并在该场景中实验主体对实验客体、实验系统的控制并不是绝对的,也不是完全由实验设计者主导时,就需要把问题进一步聚焦到如何构建负责任的人工智能社会实验。基于前文对技术社会实验概念内涵的阐述,可以看到,该概念在指导负责任的人工智能社会实验时存在局限,也可以发现对人工智能社会实验的整体实践形态、范型进行阐释,才能更有助于人类社会对新一代技术社会实验形成客观性认识。在实用主义伦理学以及技术伦理的价值动态观看来,社会中的道德原则不是一成不变的,尤其新兴技术的社会应用会经常改变或塑造人们用来评估它们的价值框架,引发道德意义、价值观念的迭代、演变,因此原先的道德原则与伦理框架反而会成为新场景下、有待检验的假设性前提条件,而非既定的标准。人工智能社会实验不同于一般性的技术社会实验,源于人工智能的技术特性超越了一般性技术的功能,并且迭代迅速,会对实验场景性质以及实验参与者的行动、思维、心智等产生影响,这里还包括了迭代更新的伦理规范对实验场景内行动者的道德判断影响。因此,人工智能社会实验的实践效应不仅像传统社会实验那样是对客观世界的认识,而且是一种改变客观世界的干预行动,这就涉及了对实验范式的重新认识。

　　由认知导向的实验活动转向行动导向的实验活动,涉及对实验整体范型多样性的重新考察,也就衍生出了这样一种合理性追问:实验性实践在常规实验室封闭场景外的真实世界中是否会发生区别于经典自然科学实验的行动变化？比如：评判一项实验成功的标准必须是实验主客体二元对立？实验场景必须完全受控？实验是否只是对既定假设性前提条件的验证？科学技术论(STS)是社会科学领域提供实验研究理论基础的重镇，包括科学史与科学哲学(HPS)以及科学知识社会学(SSK)，其中的研究分支像科学实践哲学、实验室人类学、新实验主义、科学民族志等，都触及对实验性实践的多样性阐述。

从学术史的角度来捕捉实验与实验室两个概念演变的蛛丝马迹，可以发现，实验与实验室的语义及其内涵的多元化延伸，虽然不是一蹴而就的，但也一直处于与时俱进的动态演变中。实验作为系统化理论的构建和过程实践的阐述对象，一直以来受到科学史与科学哲学(HPS)的重点关注。在任何时期，英国唯物主义哲学家、近代经验哲学与实验哲学鼻祖弗朗西斯·培根(Francis Bacon)都是描述知识生产及其认识论和本体论地位新近转变时最常被召唤的历史见证者，其因关于实验的哲学起源，应用科学与纯科学的平等性，政治、社会与科学的联结性，科学研究组织化等一系列开创性阐述与探索而被认为是现代实验科学的提倡者。培根在其代表作《新工具》中罗列了实验的各种认知功能与基本原理，不仅仅强调实验在相互竞争的理论和假设之间做出判决，也包括制造惊奇与新现象的分类。另外，培根对实验的干预性、创造性及其社会价值的关联性认识，将生成真理性认知的最终目的，置于现实情境中创造有利于人类福祉的工程实践，因此培根的传世名言"知识就是力量"(knowledge is power)，其实质乃是"实验就是力量"(experiment is power)。① 后续一段时期的实验哲学研究又聚焦于实验方法论。19世纪英国归纳主义的主要代表约翰·斯图尔特·密尔(John Stuart Mill)在《逻辑、推理和归纳体系》中对多元实验的归纳方法论探讨就是一个典型，这一时期

---

① 王业飞，王大洲.实验就是力量——培根的实验哲学思想新论[J].自然辩证法通讯，2022(9)：55-62.

也逐渐形成了界定实验的固定印象,认为实验是揭示因果关系的重要手段。在 20 世纪的大部分时间中,科学哲学研究显著地缩小了对实验的考察范围。法国哲学家皮埃尔·迪昂(Pierre Duhem)拒斥任何认为实验能够产生理论的观点,在其《物理学理论的目的和结构》一书中明确提出,实验的唯一功能是对理论的验证。这种狭隘的观点,最终成为 20 世纪实验哲学的公认观点,甚至被"豁免"了思辨传统的批判性分析。逻辑经验主义柏林学派的创始人汉斯·赖欣巴赫(Hans Reichenbach)于 1938 年发表的《经验与预言:对知识的基础与结构的一种分析》,对辩护的语境(context of justification)与发现的语境(context of discovery)进行了严格的划界,也就此对实验与理论的关系划定了"边界—实验"不是理论生成的归因因素。稍后一些关于实验与理论关系的论述中,以巴斯·范·弗拉森(Bas van Fraassen)的《理论的建构与实验》和波普尔的《科学发现的逻辑》为代表,实验无论是被描述为"通过其他方式进行理论建构的延续"还是"用不同的方法推理",无非强化了公认观念,限定了实验只有在理论负载的问题域里,才有被考察的余地。在托马斯·库恩(Thomas Kuhn)的那本划时代著作《科学革命的结构》中,实验之于科学理论转换动力的讨论甚至比规则性的讨论更少,作为常规与革命变奏张力的,是学科基体构成性要素的差异性变迁,但不包括实验自主的探究作用(例如物质性铭写装置的干预)与自适应性的条件,也就影响了有关实验在系统性、功能性方面的进一步叙述。

　　直至 20 世纪 80 年代以后,实验才重新成为科学哲学家关注的焦点,这发生在实践优位的哲学转向以及科学自身发展形态与动力机制变迁的时代背景下。彼时的科学哲学家聚焦于作为一种实践的科学在知识建构中的作用,而不仅仅是处理理论和纯粹的逻辑运算。作为科学哲学新实验主义的旗帜性人物,伊恩·哈金(Ian Hacking)的《表象与介入》是第一本也是最具影响力的作品,复归培根式的实验观念,着重强调"实验有其自己的生命"(experiment has a life of its own),敦促科学哲学家们应像思考理论一样积极思考实验。与此同时,科学史家对实验的关注,涉及地方性、文化、物质、社会等方面的内容。不过,在大部分情况下这些方面非但没有得到系统阐发,反而暴露了实验领域所关注问题的局限性,对符合一种科学程序揭露事实真相认为是不证自明的,也就是说,实验在建构性、生成性方面的分析,以及与情境的关联性没有得到拓展。毕竟,实验在其相关的物质、文化和社会方面都是产生知识的核心工具。

在一篇收录在美国科学哲学家与科学史家皮克林主编的《作为实践和文化的科学》一书中的文章(《实验室科学的自我辩护》)里,哈金以辩证唯物主义的视角批判了以往文献中存在的讨论实验的不足,指出把有关实验室实验的知识和认识论的问题带回到"生活形式"的情境中,得以延展出更具基础性的框架来全方位考察并为实验作为自主的系统做出辩护。弗里德里希·斯坦勒(Friedrich Steinle)就此提出了关注实验的新的设问,比如:某些类型的实验如何与特定的情境和目标相关,这些情境应该如何定性? 问题、认知情境和实验活动是如何相互联系和塑造的? 借此作为回应,斯坦勒转向了实验认知情境的结构关系中,结合哲学、社会科学和科学史考证了一种探索性实验(exploratory experimentation),试图将理论驱动的实验也归纳为其中一种特定情境所选择的路径,以论证实验的生活形式是在认知性与情境性交汇处,在这里离不开社会的、地域的、文化的甚至是偶然性因素的决定性作用。①德国柏林马克斯·普朗克(Max Planck)科学史研究所的研究主任实验历史论者莱茵伯格在1997年出版的基于大量细胞实验的研究《走向知识物史》中,重点考察了实验的延展特性,并将其中的构成性条件概念化为实验系统。他得出结论,研究对象的形式能够可再现性地重构,可以用变化的认知实践所产生的示意系统的特征来解释这一点,这种认知实践又是与变化的实验系统的使用相联系的。从实验与理论孰先孰后这种表征体系下的探讨,转向实验作为自主的系统在稳定性与不稳定性之间以实践过程的维度来厘清构成性

① Steinle F. Entering new fields: Exploratory uses of experimentation [J]. Philosophy of Science, 1997,64(Supplement):65-74.

条件，HPS学者拓宽并深化了对实验的认知，可以大致推断出实验在更为复杂的现实情境中能够达到某种适用性。不过，不能忽视的一点是，以上综述的HPS对实验认知的演变，始终是精确自然科学意义上的实验，亦即实验室实验。至少哈金认为，实验得以保证自身稳定的自我辩护结构而存在的生活形式是意有所指的：实验室正是思想、事实与制造过程得以稳定聚集的场域。① 而原型实验室本身相比真实世界的条件已经是高度理想化的，前者是封闭的、界限分明，尤其目标变量是完全可控的，意味着当实验系统直面生活世界时，需要对实验活动相关的内容比如实验逻辑、现场实验场景形态等多元化方面的可能性在具体的科学实践与社会互动的语境中给予进一步的关注。综合而言，HPS视域下的实验概念演变，尽管没有直接联系上实验场景因素，但已经显现出实验多元化的可能性，即使像实验室这类制度化的科学容错空间，其中的实验活动表现出来的适应性及其路径选择也是在不断调整中的。

　　从学术史维度来看待实验概念的变迁，需要关注实验室研究传统。实验室被认为是现代科学的典范机构，这是源于进行科学实验活动最常规的地方。实验室与实验的重要关联在于场景因素对实验的影响，但是这种关联最初并没有受到多大关注。如前文所述，早期的科学哲学偏重理论优位，将实验界定为只是验证理论的工具，至于实验本身及其对理论生成的影响并不在探讨范围内，更遑论解构实验性实践的构成要素，甚至完全受控的实验场景被直接割裂出来，成为实验可行性实施的理所当然的前提。例如，美国科学史与科学哲学领域新生代的领军人物彼得·伽里森（Peter Galison）在《实验是如何终结的》中阐释了什么可算作实验，甚至谁是实验者，在不同的研究领域和特定的学科中是有所区别的，但实验通常被认为是检验科学假设而设置的、与社会其他部分隔离的行为或操作，其中被隔离的实验室场景直接被孤

---

① Hacking I. The self-vindication of the laboratory sciences [M]//Pickering A. Science as Practice and Culture. Chicago: University of Chicago Press, 1992: 29-64.

立了出来。发端于科学知识社会学(SSK)的实验室研究是开启科学实验微观经验研究的代表性领域，在该领域内实验活动不再被局限于认识论范畴，而且对其进行了情境化阐释，综合意义上是一种坚持建构主义纲领的实验哲学研究。实验室研究开始将传统意义上的实验室高墙不再视为完全封闭以及与社会隔绝的，而是接近于具有整体性的科学实验系统，并且实验室内外科学知识生产与科学应用之间的界限，开始被公共话语实践所逐渐消解。这方面的代表性文献包括耳熟能详的法国著名科学社会学家拉图尔以及英国社会学家史蒂夫·伍尔伽(Steve Woolgar)的《实验室生活：科学事实的建构过程》、卡林·诺尔-塞蒂娜(Karin Knorr-Cetina)的《制造知识建构主义与科学的与境性》和哈里·科林斯(Harry Collins)的《改变秩序：科学实践中的复制与归纳》。不过，早期建构主义纲领阐释的实验室研究，更多的是关注科学知识的内外"共生产"过程，而非聚焦实验活动的公共场景因素。实际上，19世纪以来，实验的概念已经成为关乎社会变革和进步的代名词。自孔德以来的实证社会学传统，尽管拒绝以实验室实验的模式来探索社会事实，甚至建制化后的社会科学在社会事实与社会价值之间何者为认知目的在内部仍然争论不休，但并没有杜绝实验这样一种尝试性的方法论。实验在社会中进行的标签偶尔用于观察生活过程中发生的事件，比如自然灾害、行政行为等，根据这种理解几乎所有事物都可以标记为实验。

真实世界作为实验性知识生产的第一现场，这种认知转向并不是一蹴而就的，而是经历了曲折的过程，这个背景就是前文提到的切尔诺贝利核电站事故与欧洲疯牛病事件两大科学事故。20世纪后期科学实验风险"溢出"原型实验室的困境，使得科学论者关注到科学实验并不仅仅局限在实验室高墙内；与此同时，实验的应用与话语实践也逐渐向社会其他领域普及。前文已经提到的克罗恩等人关于真实世界实验的研究工作，就与科学实验风险"溢出"实验室的危机直接相关。克罗恩、温加特以建构论的角度对涉及切尔诺贝利核电站事故的原因做了情境化分析。他们当时用了隐性实验这一术语来描述社会已成为复杂性技术的实验场域，并且提出了技术创新政策试点的想法，认为这需要转化为一个工业化国家正规的日常活动。① 克罗恩、韦耶随后围绕实验实施这项机制展开了研究，基于实验的递归学习可以在复杂环境中跟踪、反馈潜在的经验信息。他们除了描述社会作为科学容错空间的趋势，还强调了这种实在性，认为现代科学的建制化基础发生了转变，不能以传统的、尊重自由研究之精神气质的名义为实验室实验风险外延的合理性做辩护。②

以欧洲疯牛病事件为背景，拉图尔认为欧洲范围内进行了一场未接种疫苗的牲畜在没有暴发新一轮传染病疫情的情况下能存活多久的实验，进而指出公众被卷入了一系列的集体实验，这些实验已经超出了实验室的严格限制。在这个意义上，社会承担了一项科学实验，并且公众参与其中，不管愿意与否，但关键还是要能够化被动为主动，主导实验的设计规则。拉图尔于是提出了集体实验这一概念，并提议要在集体实验的行动框架中致力于科学风险的协商③，而以此为基础提出的实验形而上学（experiment metaphysics），将实验视作建构与联结实体要素及其之间关系性的重要实践。④ 科学实验不再局限于实验室，成为涉及我们每个人的集体实验，如果实验切实关怀更广泛的公众，则应该让公众参与。贝克在《风险时代的生态政治》中基于科学与社会密不可分的事实提出了明确论断，由于科学允许将研究从实验室传播至更广泛的公共领域，事实是科学丧失了判断实验意义的专有权利。换言之，现在公众、工程师、哲学家、社会科学家等也都有责任界定实验，这样有助于更好地理解当代社会的变化，为此贝克提出了像全球化实验⑤以及在 1998 年

---

① Krohn W，Weingart P. Commentary：Nuclear power as a social experiment——European political "fall out"from the Chernobyl meltdown[J]. Science，Technology&Human Values，1987(2)：52-58.

② Krohn W，Weyer J. Society as a laboratory：The social risks of experimental reasearch[J]. Science and Public Policy，1994(3)：173-183.

③ Latour B. From the world of science to the world of research[J]. Science，1998(5361)：208-209.

④ 王业飞，王大洲. 实验就是力量——培根的实验哲学思想新论[J]. 自然辩证法通讯，2022(9)：55-62.

⑤ Beck U. Ecological Politics in an Age of Risk[M]. Cambridge：Polity Press，1995：125.

出版的《世界风险社会》中提到的"将世界作为一个实验室"①,并用这类概念对知识社会的新兴特征进行了描述。拉图尔在文中也表达了类似的观念,意味着实验概念在实验室外的传播中,其语义逐渐发生了演变,不再是狭义的指代精确性,而且有了与发展、互动性、复杂性相关的内涵。随后,科学论关于实验作为公共生活重要组成部分的相关研究逐步增多,讨论了如何通过实验策略与实验场景的建构应对不同领域内遭遇的不确定性来重新达到稳健性的效果,试图建构一种干预主义的研究纲领。实验不再被仅视为分析的对象,而且作为社会科学知识生产的一种特殊模式,也在 STS 内部获得了发展势头,用实验性来表述一种精神气质、敏感性或是一种资源,以此促进集体对社会技术相关争议问题的理解,并且至关重要的是,能够同步地介入此类争议。

除此之外,在实验的科学性与公共性相结合的诸多环节讨论中,针对技术应用风险的社会治理实验在认识论、方法论等方面的研究是另一个得到关注的领域。这个领域主要也是围绕克罗恩、温加特提出的真实世界实验理论与范德普尔的技术社会实验理论来展开的,前者侧重对新兴技术引入社会后的潜在实验性特征的深度揭示,后者侧重对新兴技术引入社会的假设性前提的考察。这个领域近年来也引起了国内学者的关注,尽管还在起步阶段,但也引入了科学实践哲学、地方性知识、科技政策创新等不同的视角来完善和开拓这些框架的应用。代表性的文献有《社会实验:作为一种技术治理路径——以氟氯烃的社会引入为例》②、《面向真实社会的实验:负责任创新的微观解读》③、《技术社会实验的理论起源与实践应用》④等。综合以上,这些都

---

① 贝克.世界风险社会[M].吴英姿,孙淑敏,译.南京:南京大学出版社,2004:80.

② 刘玉强.社会实验:作为一种技术治理路径——以氟氯烃的社会引入为例[J].自然辩证法研究,2017(4):63-67.

③ 和鸿鹏,刘玉强.面向真实社会的实验:负责任创新的微观解读[J].自然辩证法研究,2018(8):51-56.

④ 刘玉强,齐昆鹏,赵公民.技术社会实验的理论起源与实践应用[J].科技进步与对策,2018(16):16-21.

涉及实验系统的向外移植，从传统的定义，即进行发现、证实或证伪相关事实的科学过程，拓展到更宽泛的意义上，即实验在形式上也可以多元化，验证、修补、试错、迭代等的目的是探索特定情境中真正稳健的要素。值得一提的是，《牛津英语词典》中对"实验"一词也给出了多种定义，除了常规科学程序的解释以外，还指向一种新的活动、想法或手段去尝试会发生什么或它会有怎样的效应。

第二章 技术治理背景下的人工智能社会实验:根本特性与价值导向①

　　基于实验的历史与认识论研究,可以总结规律,实验会随着科学形态演变以及社会发展阶段的不同,尤其在超脱实验室封闭场景、在其他开放性场景的实践中,逐渐发生着语义的多元化拓展,但是对实验特性的考察存在欠缺。事实上,实验特性与社会性是紧密相关的,也会发生多样化的演变。经典科学实验范式中的实验特性是一种验证性,这与公共价值无关,因为精确自然科学范式维系的纯科学神话并没有承诺对社会现实需求的满足。在常规科学研究范式下,科学知识生产是科学共同体的专属事业,因而科学家群体是实验精确性的判定主体。人工智能社会实验与以往自然科学实验的最大不同之处,在于它不只是涉及知识生产活动,而且是与技术治理紧密相关的试点工程。这就有必要在当代社会与新兴技术协同发展背景下,来审视人工智能社会实验的创造特性、技术治理特性及其反思性发展的价值导向。

---

　　① 本章第四节和第六节的内容主要发表在《科学学研究》2022 年第 12 期的文章《社会实验、科技治理与反思性发展》中。

第一节　精确自然科学范式下的社会实验语境

以 20 世纪为宏大叙事肇端,"大科学"的发展不仅体现在科技力量的扩张、突破,更重要的是科学与社会的边界不再泾渭分明。人类社会认识到科学的重要性,将科学视作第一生产力,也同时遭遇了一系列科技滥用的惨痛经历,关于科学是把双刃剑的批判性隐喻逐渐深入人心。科学对于现代社会的影响,也同时包括了科学方法论的社会传播,而科学实验无论发生在实验室内还是真实场景中,都是在社会中形成了科学容错空间。区别在于,实验室空间的制度化也起到了防范科学实验风险向社会溢出的边界限制作用。但是,随着现代科技的创新发展,科技对社会的影响中,不容忽视的一点是社会中的科学容错空间也在不断拓展——实验室封闭场景已不能充分满足科学容错的需要,这使得现代科学实验室的概念内涵可以由公共实验空间来取代。

实验活动与具体场景密不可分。历史上,人类社会对公共实验空间的描述主要有两类语境。第一类语境是实验作为一种具体行为介入社会日常生活中,这里的实验空间是由实验活动建构起来的真实社会场景,这还不是由于科学实验的风险溢出而被动造成的受控困境。社会发展与治理的不确定性,往往会激发人类的实验性、探索性行为,俗称"摸着石头过河"。实验性实践并不局限于自然科学范式,而在超脱于实验室的高墙之外,随着场景条件的开放程度逐级拓展,其概念也会逐渐超越原先的范式界限,从狭义转向广义,使得实验模式在建构上具有了多样性,这些会对应于不同的语言游戏,或者相对于知识形式构成不同的对象领域。从本体论的角度来看,实验探索的内容超越了原先设定的极限;在认识论方面,实验有助于构建在可变范围内的比较情境;从方法论看,实验探测了灵敏度的极限,以便获得不同分辨率或粗糙度等级的数据;从操作的维度而言,实验性的干预在设置上是多样的,不仅用于考验现实性,还考验社会及其风险承受能力。可见,实验作为一项实践活动,其本身是极具适应性与灵活多变性的。当然,以往哲学社会科学视域下的实验研究,关于实验的活动特性比如验证性、科学性与社会公共性之间的关联性讨论,并不多见。事实上,如何使得有关实验的诸多可能性转化为现实性,并规范这种实践,还是要以公共领域内遇到的具体问题作为起点来进一步凝练。

那么,关于人类社会探讨实验的另一类常规语境,也是最为根深蒂固的印象,便是实验的常规科学语境。实验方法论是奠定精确自然科学发展的基石,而实验的精神气质也受到了精确自然科学范式的影响,比如实验标准往往由科学家共同体来制定,实验主体也源于认知权威性获得了对客体做出干预行为的主导权,而关于科学实验成功的消息一经社会传播,就会让公众集体下意识认可一项科学研发的成功,这就是实验的常规科学语境在社会中扩散、传播的影响,使得实验的语义内涵与科学的、真理性事业的语义内涵联系起来,但又与公共语境保持了张力,也由此使得实验的工具理性与价值理性区分了开来。

常规科学语境下的实验观,刻画了主客体二元对立的实验模式,也造成了公众对于科学实验的距离感,使得实验原本属于公众的一项常规行为,似乎成了知识生产群体的专属。在工具理性、资本逻辑驱使下的近代自然科学发展,使得公众对待科学实验还增添了一份心理负担甚至恐惧。客观地讲,历史上,人类对实验的积极接受是一个相当近期的现象。前文提到的切尔诺贝利核电站事故,使得公众面对科学实验风险的溢出,无疑会陷入一种被实验的恐惧。但是将实验性实践作为集体行动的框架,致力于不确定性社会情境的探索与前瞻性治理体系的试错性建构,人类集体又做出了一种主动实验的选择。化被动实验为主动实验,这是人类独有的智识勇气。比如,当前公众对人工智能社会实验并未表现出些许排斥,而是更期许人工智能的负责任创新发展。不过,这并不意味着公众对于实验的认知已经超脱于精确自然科学范式,去除了模棱两可的境遇。他们对待实验的主客体二元对立之分,以及完全封闭实验场景的界定,仍然有着根深蒂固的刻板印象。倘若仅仅将实验视为一种验证手段,这种典型的工具性认识,显然是相对于传统实验主体科学家群体用来表征认知的任务而言的,主导实验的工具理性又是相对于被控制的客体对象,因此主客体的思维模式就在二元对立的实验框架中。在20世纪的一系列人类危机中,实验的目标知识就遭遇过社会集体的抵制;公众对于实验室实验越界到现实生态极为抵触,连带实验程序一度被视为现代性的阴暗面:通过实验获得的知识被认为是带有意识形态色彩的,代表了一种纯粹的科学程序,向权力甄别关于自然的真理——包括人性。因此,社会规范中的实验观念很大程度上被视为一个伦理问题,而公众对实验的认知也普遍表征着工具理性,通过对实验方法论特征的借鉴比如计算仿真、建模、测试等来解决现实的问题。可见,实验系统在现实秩序中遭遇着事实与价值二分的诘难。不过,也正是在后续对这种诘难的正面回应中,自然界之于实验的认识论价值,随着社会整体观念的变迁得到了重新评估;实验作为科学的纯粹的程序性力量,其经验延伸也遭遇了阻力。可以认为,实验室空间向公共实验空间的延伸,或者说社会中科学容错空间的拓展,在人类集体的传统观念中并不是被普遍接受的,人类集体对此抱有极高的警惕性,这是受制于常规科学语境下的实验范式,也源于科学实验室与社会之间有了早期培根契约的划界,界定了原型实验室高墙作为科学实验风险的社会容错边界。

第二节　社会实验向社会化应用的转型

公众对待社会实验的直观心理感受从一种被实验的反感状态以及抵触情绪,到主动采取社会实验开展社会治理,接受公共实验空间的拓展,经历了一段曲折的过程,涉及对精确自然科学范式的渐进超越,关键的一步是公众参与科学运动，促进了科学实验方法的社会化传播。

20 世纪中期之后，生态环境的恶化被视为技术傲慢与制造反事实的科学进步意识形态的后果。思想界展开了去中心化的批判思潮，斥责传统科学的还原论立场具有破坏性，技术对社会与自然生态的非预期影响不再被视为现代性可接受的结果。与此同时，环境运动上升为主流政治叙事，公开质疑"硬科学"的知识生产模式，提议一种能够承诺更和谐、整体性的"软科学"方法，重塑审视自然的认知框架。尽管，替代性的方案没能超越原先方法论与知识论的还原主义倾向，但政治主张介入科学方案与沟通边界的开放性使得科学在社会中的研究条件发生了变化；并且，科学与公众之间就危机时期可行性方案的选择以及如何采取行动展开了辩论。科学共同体的自治与自律空间必须回应他者的反馈，这个过程在一定程度上加速了实验方法在实验室之外的传播。科学需要重新赢得知识生产的公共合法性，而作为纳税人的公众要求参与科学，就实验策略的流通及其效力进行评估。事实上，公众经验的介入对于保障公共领域里展开的实验性实践的有效性是至关重要的。总体上是进行着这样一种集体实验：协商标准的制定应要求利益相关者通过现场实验拟定有关的立场和期望。这使参与者在未来的审议过程中都能够证明或质疑这些立场的连贯性，并为意外学习提供了一种来源。这就有必要把问题的讨论进一步切入更具体的与生态情境更为紧密的层面，也就是说相对于公众生活世界而言，采用实验策略究竟面对着何种不确定性的现实困境。

科学实验方法的社会传播，也促进了实验室理想向现场实验理想的重大转变。后常规科学、后学院科学推动的范式演变，其中的核心是科学与社会原本各自演变的路径，如今需要协同进化，包括了科学方法论的社会化应用，在政策试点、生态修复、医疗改革等民生工程以及航空航天、水坝、核电站、转基因农业、气候工程等开放场景中的知识生产，典型的特征就是实验发生在了公共场景，并且逐渐有了公众经验的介入。回溯历史可以发现，人类将研究活动与社会实践相结合，通过公共领域的检验以及公众经验的介入来驱动改革。这种观念从 19 世纪后期就有所浮现。20 世纪伊始，许多领域尝试将新获得的知识应用到社会中,并设计将知识直接反馈到社会决策。典型的代表便是芝加哥社会学派,其提出了"城市作为实验室"研究方案,集中探讨社会场景中移植实验方法论的可靠性。社会科学领域的实验性干预将知识获取和社会应用直接结合,从中进行知识迭代,并将实验在社会中的应用概括为"学习""干中学""学中干"等,这些表述是实验社会科学的重要贡献,也带动了实证自然科学与社会交互的含义演变,逐渐与社会相关性改革联系起来。在实验主义集大成者杜威看来,物质世界和精神/道德世界之间是没有什么本质区别的,在这两个世界中,既没有必要拒斥任何过去的经验,也没有必要将任何过去的经验作为既定不变的准则(从罗素鸡中可以得知)。并且,在杜威倡导的实用主义方法论基础上,实验成为一种解决特定情境问题的常规方法,发现的模式涉及对环境的干预(并导致有机体对环境的重新适应),需要经历一个动态协商的过程,这与当代社会治理的核心理念有着契合性。

不过,彼时主导设计社会实验的专家群体,在实践层面推进实验活动介入社会边界的同时,关于指导社会实验的理念并未与时俱进,仍然桎梏在精确自然科学范式的框架下。作为从自然科学领域借鉴而来的研究手段,社会科学家在现实场景中对实验法的运用,不自觉地会前置设定封闭的受控场景,忽视了真实社会场景的复杂性、边界的模糊性以及干预行为后果的不可预测性,面对不完全受控场景的实验设计,理所当然需要新的指导理念。以西方社会科学界的实验方法论治理为例,自 20 世纪中叶以来,专家阶层的地位在社会中进一步崛起,愈来愈多的社会科学领域的学者们关注到了社会改革实验方法。彼时的背景是,城市衰败、大量失业等社会问题的治理,很多是在专家学者的参与下进行的,技术专家制在治理社会问题的设计、监测与评估方面的作用日益凸显。作为其中的典型,进化认识论与社会心理学交叉学科的学者坎唐纳德·坎贝尔(Donald Campbell)提出了不同于前文克罗恩与韦耶版本的另一类实验社会(experimenting society)的概念。① 为了保证社

---

① Campbell D. Reforms as experiments[J]. American Psychologist,1969(4):409-429.

会改革实验融合公共性以及评估结果的公正、有效,坎贝尔提出以精确实验规则的量化手段来屏蔽意识形态偏见,并且对于现实实验场景的范型的认知也局限在纯科学范式,也就是以原型实验室来规约。这个领域的后续研究还吸引了其他从事交叉学科的科学家,代表性成果有:生物医学与社会心理学专家亨利·利肯(Henry Riecken)、罗伯特·布鲁奇(Robert Boruch)的《社会实验:计划和评估社会干预的方法》①,计量经济学与社会行为学专家杰瑞·豪斯曼(Jerry Hausman)、大卫·怀斯(David Wise)的《社会实验》②。问题在于,坎贝尔提出的概念所指向的其实是一种指导社会改革实验的方法,从他用 experimenting 一词来作为前缀就可以看出他是把真实世界中的实验系统当作了被实验的对象。这就导致了双重受控困境:一方面,坎贝尔将准实验设计误认作真实验设计,反而加剧了指导实验设计的意识形态偏见,让技术官僚主义占据了主导地位;另一方面,对真实世界中实验系统的建构直接移植了原型实验室的范型,忽视了现实生态的情境条件具有复杂性、流动性、不可预测性等特征。从结果来看,他们的社会改革实验法在后续的发展遇到了阻力,结合具体的社会发展背景,双重受控困境的发生并不意外,甚至是彼此勾连的结果。

工业资本主义的扩张与技术理性的延伸限制了社会的理想范型——满足标准化与量化的要求,以福柯的知识型观点来看,在当时对认知对象的最佳表达无疑是满足一种机械客观性的立场,这也反馈到了政府决策理念与手段中——信任数据而非个体,将"真实验"的措施当作"准实验"应用于现实生态。然而,也正因为坚持机械客观性的辩护,这种容错空间中实验系统的运行是按照常规科学的验证论模式——实验规划者、执行者与实验对象是分离的;主客观的泾渭分明使得实验主体是外在于社会实验系统的,这样单一的专家决策机制主导了实验规划的假设前提,包括了决策议程和具体干预,这

① Riecken H, Boruch R. Social Experimentation: A Method for Planning and Evaluating Social Intervention[M]. New York: Academic Press, 2013.

② Hausman J, Wise D. Social Experimentation[M]. Chicago: University of Chicago Press, 1985.

在后来的一些社会改革实验中加剧了环境恶化与利益争端，由此反映了当时实验的实践与理念之间的鸿沟——实验的社会化应用不是以社会公共价值的满足为导向的。

第三节　智能时代拓展公共实验空间的合理性

早期科学实验方法的社会化传播，并不意味着公众会轻易接受科学实验场景在社会中的拓展。实验室科学研究向真实世界的经验延伸，表现为社会中公共容错空间的拓展，可以称之为公共实验空间。这种空间的拓展又呈现为两种趋势：一种是显性的，表现为实验室实验模式的向外移植，促进了生态学、经济学实验运动、循证政策需求以及探寻解决紧迫性问题的创造性方案的发展。另一种是隐性的，表现为实验室内的技术实验风险向外扩散为社会实验风险，对现实的社会秩序也构成了威胁。复杂性技术的实验风险在封闭实验室中得不到确证，往往是移至现场、嵌入社会生态后经历与外部资源信息的交互、累积过程，其风险才充分暴露，这就是实验室科学的受控困境。因此，原型实验室的受控困境向社会的进一步扩散，就会引发公众对科学实验风险的抵触。原型实验室是隔离现实生态、封闭的反事实空间，生产的也是反事实知识，这里的实验程序表现为对理想实验情境的构建、目标变量的筛选与演绎链底端的证实或证伪，因此复杂性技术转出实验室的过程本身就是在向社会直接嵌入潜在的、异质性的不良因素。"科林克里奇困境"是对这一现象的最直观描述。另外，复杂性技术还涉及研发费用与生产周期的制约。前沿技术的研发需要大量的资源投入，但是激烈的市场竞争会要求缩短技术创新周期、降低成本，就不可能毫无节制地进行各项性能的测试，那么一项不确定性的前沿技术进入应用流程有可能意味着提前结束实验阶段，这种不确定性会造成使用者与应用生态都成了被实验的对象。可以认为，技术实验风险的受控困境是现代技术型社会治理困境的重要来源之一。

不过，也有一些科学论者前瞻性地认识到实验室封闭场景无法满足未来知识生产的现场条件，而真实世界可能成为知识密集型活动的第一现场。克罗恩、韦耶提出的隐性实验概念，就是用来描述大科学工程项目的研发与验证的，在真实社会场景中可以获得更好的有效性以及实现知识的增量迭代："现代技术研发被进一步拓展到了实验室外来检测原型标准以及由此产生的安全假设，在这个意义上，社会成了实验室。"①科学实验容错空间的拓展是科学与社会深度交互的重要佐证。以一种"本体—历史"的框架来审视，科学与社会的交互结构存在着反身性联结：一方面，这种联结涉及自然观的演变，科学看待问题的不同认知标准会影响目标事物的重塑和相应行动模式的更新；另一方面，问题对象也会随着政治、经济、社会等文化因素对它的解释与实践方式的改变而成为不同的对象。正如，诺尔-塞蒂娜所指出的，"文化实践既不是方法论的也不是社会组织性的，而是某种需要概念化的、包含了一些未曾被科学的社会研究所明确地注意到的活动及其条件"②。任何一个层面的变革都是与异质性规范的构成性要素耦合的结果。由此，20 世纪后期以来，原型实验室实验的经验延伸至真实世界的交互边界，逐渐趋于成为公共商谈空间。

21 世纪以来的创新驱动战略以及人工智能、自动化、算法等新兴智能体对公众生活的全面介入，导致公共实验空间的成型与扩张有了不可逆转的趋势。科技创新政策与科学自身的演变，是促成科学发展动力转换的基本条件。在全球倡导创新驱动战略的背景下，新兴技术创新成为经济转型的主要动力，反过来新的经济需求又会对科学进步的动力机制提出新的要求。当下科学的进步是以熊彼特式的创新机制来驱动的，涉及市场秩序对科学自主性

---

　　① 　Krohn W，Weyer J. Society as a laboratory：The social risks of experimental research[J]. Science and Public Policy，1994(3)：173-183.

　　② 　贾撒诺夫，马克尔，彼得森，等.科学技术论手册[M].盛晓明，孟强，胡娟，等译.北京：北京理工大学出版社，2004：112.

的强势干预,导致科学与社会的原有边界被不断调整,也就提供了重塑科学规范的新契机,但也会遭遇新的瓶颈。创新是科学与其他行动者结合外部情境开展的系统性活动,其中的混合属性决定了从任何单一主体的视角去对科学的后果做出判断都是徒劳无益的。《真科学》的作者约翰·齐曼(John Ziman)认为,后学院科学的特征性描述比明晰存在的构成性条件更为重要,同样的情形也适用于迈克尔·吉本斯(Michael Gibbons)对模式 2(强调知识生产的应用语境)的阐释,对这类观念的质疑反而被认为是在走启蒙理性的老路,也因此自然主义的路径更契合对具体实践中的互动生成的辩护。它认为科学尽管发生着剧烈的演变,却是合理的、连续性的,不存在时代的断裂,在这种框架下像共生主义、互构论开始被更多地提及,随之实验研究场景伴随实验方法论的传播,延伸到科学机构之外的境域变得顺理成章。当然,这种动态互动本身也是众所周知的知识社会的重要特征,这种社会形态源于知识溢散的社会结构,其内在驱动力还在于研究与应用异构情境的创新融合,促使了实验场景向公共领域的拓展。

人工智能技术作为社会生产力,促进了人类社会与数字世界的融合。人工智能技术不同于其他新兴技术的重要特点,就在于该项技术具备泛化、通用、自适应能力,能够全面渗透公众生活,并为社会发展决策提供统计、推测、部署等智力层面的支持。人工智能体的社会学习过程,存在适应社会情境的"自实验",在预测假设与实际经验之间展开调准和验证,以生成新的假设前提来指导下一次决策行为。智能社会的发展要赋予新知识生产的合法形式,由于嵌入应用领域的还有科学的制度理性,那么反过来社会不再豁免科学的治外法权,后者需要承担公共空间中的实验风险责任,而公众也将承受这类实验风险。尽管,原型实验室外的科学实验活动并不是 20 世纪与 21 世纪才有的现象,不过,正是 20 世纪以来人类集体正视了技术理性无限张扬制造的生存危机,在科学与社会边界消解的同时,意识到了要对发生在非科学机构的实验赋予新的认知地位、制度上的支持以及特定的修辞形象,在这样的过程中真实社会作为科学容错空间逐渐具有了合法性。

　　可见，人工智能社会实验制造的公共实验空间及其扩大得以合法化，一部分原因是伴随着精确自然科学范式向后精确自然科学范式的变迁，为人工智能技术提供了该技术能在社会中自实验的小生境。另一方面，科学范式的演变也涉及科学观的演变，这就要对人工智能技术涉及的实验性概念进行重塑。当代人工智能技术的发展同样需要"软科学"即生态科学观念的指导，而非视作一项单纯的"硬科技"。"软科学"对于实验观的重塑，强调了自然整体之于实验主体的认识论价值，是在和谐共处的意义上允许人工智能技术的实验活动在社会中发生。但是，公共实验空间在获取合法性的同时，作为实验场景的特征性分析，仍然是缺乏的。简单来说，实验在完全受控场景与不完全受控场景之间，由于构成性条件的不同，存在着实验的多元化谱系，相应地会改变实验的实践特性，这些将在后面章节进行解读。

　　综合而言，实验的概念、特点、语义、方法、逻辑等，会随着与时代变迁、境域条件的交互而发生相应变化，并且在社会场景中制造出公共实验空间。人工智能社会实验具有的创造特性、技术治理特性与人工智能自身的技术特性对人工智能时代的公共实验空间产生了建构作用。人工智能实验室实验的"风险溢出"效应使得人工智能技术的引入导致智能社会具有了实验性。这种"实验性"又可以细分为三个维度：第一维度是由人工智能技术固有的不确定性带来的；第二维度源于人工智能技术的社会参与影响，会制造不确定性，比如人工智能技术赋能社会治理引发的伦理、道德与法律困境，是在应用过程中逐渐暴露的，事先并没有办法洞悉所有可能出现的后果；第三维度在于这种实验性具有探索性、实验性治理的特征，源于当代社会的深度科技化，使得技术治理成为推进基层社会治理现代化的主要手段，因而人工智能的社会引入所生成的公共实验空间兼具精确自然科学意义上的实验性与治理意义上的探索性。

第四节　人工智能社会实验的创造特性

技术与社会交互视角下的实验观,涉及了自然观、科学观在本体论、认识论方面的重塑。新的科学与交叉科学视野,比如承认环境问题是同时作为政治、伦理和科学问题而存在的,促成了一种趋势,即实验系统可以凭借情境化的实践得以展开。问题是,应用于不同情境中的实验规则及其实验境域的认知要做出相应改变,仅就生态学内部的共同体范式而言,即使真实场景是没有实体边界的,生态学家也会在认知思维中设定一个虚拟实验室边界的存在,也就是受控情境,然后继续按照传统的实验程序来研究,这导致了研究活动融合社会创新实践的进一步探讨的停滞。现实生态中的容错场域与原型实验室的边界条件有很大的区别,因为前者的边界条件是开放性的,充满了偶然性与未知的变量,这正是所要探索的不确定性边界,并且不必然受限于可重复性标准。真实世界中的实验性实践显然不能满足于现象的描述,就其作为基础的构成性条件而言,介入社会中的实验与整体科学的规范间仍然保持着适度分离的连续性。倘若只是工具意义上的实验方法在现场的运用,就不存在科学规范的演变介入社会情境中会产生的效应与新的问题,无助于对公共实验空间的深刻认识,而这种认识对于本书所要探讨的更具规模的、真实世界中的人工智能社会实验而言,是一个重要的起点。

基于技术社会实验与创新驱动战略的视角,人工智能社会实验可以被视为人工智能技术向社会的引入,并且准许社会引入的科技政策目标是技术创新驱动经济社会结构转型,因此,从实验效果来看,人工智能社会实验的根本目标是改变客观世界,这种改变需要释放实验的创造性。那么,当社会实验呈现为一种规模性、地方性的介入行为,这类致力于创造性的实验范式与精确自然科学范式下的验证性实验又有何不同? 在这里,首要的是区别理性驱动的实验的工具主义认知立场。

众所周知,以埃米尔·迪尔凯姆(Émile Durkheim)为代表的社会学传统就社会领域可否移植科学实验范式存有争议。不过经典社会学家们普遍抵触直接干预性的实验,他们认为社会事实是情境化的,与主体的行为和事实本身所置身的特定环境紧密相关,那么介入性操作是对原初态的破坏,不可能甄别关系性知识,要排除实验者的任何控制,比如迪尔凯姆以社会事实能否按照观察者之意人为地再现为标准,对社会科学实验适用性进行划界①,这是在非受控领域内设置了受控的、遵循演绎逻辑的实验边界,而对边界之外迪尔凯姆却无可奈何。不过社会学中的社会与真实社会有着区别,直接介入社会的科学实验也不局限于既定的实验方法,社会实验的合理性并不取决于是否在由意义、意图、反身性和制度构成的社会关系领域中揭示因果律,因为不同的实验情境与逻辑会产生不同的实验效用,除了对目标对象的证实或证伪之外,更重要的是创造性。释放实验的创造性,就要认识到实验的不同效用与地方性条件的关联,对于普遍性知识需要强受控的封闭场景,因为这种地方性条件是可以普遍移植的,而对于特定的知识,是行动与特定规范的结合,约束它们的是特定的境域。

自新实验主义倡导实验的自主性以来,实验范式的阐释与其发生情境变得密不可分。实验室"内一外"实验的最根本区别在于受控情境的转换,像封闭实验室是强控制的,而真实世界则是弱控制的,根据已有的实验类型按照受控程度可以建立一种空间谱系——从思维、虚拟、实验室、田野、生活实验室到真实世界。本质上,以往科学论内部就理性与实践二元视域对实验的比较,都是认知导向的,即便哈金提倡的"表征—干预"模型也是为了揭示建构性认知表象的机制,这是对实验的目标结果先验预设了对既有自然世界的认识,对规律性知识的确证要求可重复性,限定了它对实证范式的遵循,也就不难理解一般性科学哲学主要是对实验的科学传统的关注。不过,早在后期路

---

① Durkheim E. The Rules of Sociological Method[M]. New York: Free Press,1982:147.

德维希·维特根斯坦(Ludwig Wittgenstei)哲学对规则主义与规律主义的驳斥中,就证成了反基础主义的规范主张,这在库恩的历史主义科学观里已经构成了对知识还原论立场的消解,同样实验的语义与效力基于特定境域中的实践也可以满足自洽性。

历史地看,"实验的起源既不是学术性的,也不是好奇心驱使的。相反,它在社会上广泛传播,由实际需求驱动"①。科学哲学家斯文·汉森(Sven Hansson)提供了历史证据,证明早在现代科学出现之前,土著人民和手工艺者就对农业与技术问题进行了系统的实验。为了区别认知导向的科学实验传统,他总结了一种认为是作为起源的、人类社会在实践中更多运用的、直接行动指引(directly action-guiding)的技术实验传统。汉森认为理论负载问题属于认知实验的议题,并不能作为与技术实验传统的唯一区别,后者还需要基于两个特征:一是有一个与人类行为的期望目标相一致的结果衡量标准;二是实验设置旨在实现我们的初步假设,即哪种类型的行动或干预最能达到预期的效果。②

综合而言,行动导向的实验是对现实问题的解决,其结果的合理性有着社会因素的考量,并且这种结果不必然存在终点,因为行动效用之于规则的遵循是受境域的影响的。比如,历史学家考察史前工具所做的实验与原始人就有着不同的旨趣,前者是为了认知,后者则是为了实际效用。不过,在人类社会的发展中,科学也是解决现实问题的重要手段,无疑在纯科学研究范式外的认知实验传统也可间接地被认为是行动导向的。那么,汉森简单以科学性与技术性来区分实验传统,在当前的技性科学观中就失之偏颇,尽管向科学哲学领域揭示了实验传统不必然遵循某种意识形态。另外一个问题是,当

---

①　Hansson S. Experiments before science. What science learned from technological experiments [M]//Hansson S. The Role of Technology in Science:Philosophical Perspectives. Dordrecht:Springer, 2015:81-110.

②　Hansson S. Experiments before science. What science learned from technological experiments [M]//Hansson S. The Role of Technology in Science:Philosophical Perspectives. Dordrecht:Springer, 2015:81-110.

下的社会治理困境与科学自身的不确定性密切相关，作为决策基础的知识并不一定能帮助集体产生初步假设。显然，行动的概念更趋于实践理性。对于社会中的探索性行为，其效用要符合公共的价值导向，但允许认知上的期望偏差，促发创造性，这里的惊喜、意外等传统的非认知因素应成为新的认知导向。进而，实验语境的社会性与探索性行动境域的互构，使得作为一种社会实践来满足现实效用的实验具有了合理性，最终目的不是揭示普遍性的自然运作机制，而是对产生了效用的潜在行动路径的建构，这是一种实践导向型知识，因为不确定性条件构成的非受控情境不能实现充分的控制，更是地方性、特殊性的。

第五节　人工智能社会实验的技术治理特性

　　不同于精确自然科学范式下的社会实验遵循了一种工具理性意义上的验证模式，人工智能社会实验作为实验中的实验，涉及对技术治理模型及其社会治理生态建构的实验。

　　由前文可知，社会实验的技术治理语境，可以部分追溯到早期科学研究活动向社会创新实践的延伸与结合。当科学成为社会改革的主要力量时，研究活动与社会实践的互动也会越出实验室的边界；同时，公众也成为实验的积极参与者。因此，从技术社会实验的视角看，新兴技术的社会引入概念化为社会实验实则是再次回应了科技治理的议题：社会作为科学容错空间要求集体以更具包容性、信任度的方式重构实验模式。回溯社会实验的源起，可以发现与科学实验、实验室空间的制度化过程紧密相关。当培根在 17 世纪提出"知识就是力量"，知识的效用与生产不外乎是依赖并嵌入了特定的社会情境，而科学实验就在社会实验的规范结构中，但做了方法论与意识形态上的隔离。在这里认知导向与实践导向有了严格的区分，实验室实验要维护学院科学的自治规范,同时是一种预防科技风险涉入社会的策略。显然,培根的社会实验理想是在实验室内由科学共同体实现的;知识生产驱动社会改革是一种线性模式。培根的理想设计在 19 世纪、20 世纪依然盛行,但也暴露出了局限性;也在这个时期,实验从实验室移至现实世界进入了社会科学领域。

社会实验理念的后续发展逐步趋向科学的研究活动与社会改革之间的范式整合,总体上是将实践导向型实验作为建设性地治理不确定性的一种治理策略。比如,实验是实用主义哲学的核心议题。杜威明确提出实验性知识生产受到了社会改革的引导。唐纳德·舍恩(Donald Schön)将杜威对实验的理解概述为:"从最普遍的意义上来说,实验就是为了观察行动会导致什么而行动。最基本的实验问题是'如果呢?'"①在这里,社会实验的哲学基础即是对不确定性作为公众集体不可避免的生存条件的深刻理解②;社会实验概念的正式提出始于 20 世纪早期的芝加哥社会学派,他们认为社会结构有自实验(self-experimental)的特征即是为了发现自身规律而自发的实验③,这种实验理念的社会化阐释开始融合了科学实验范式与现实的异质性要素;还有波普尔的渐进社会工程、坎贝尔的专家知识主导的社会实验模式④等,尽管缺少方法论的讨论或许存在认知导向上的局限,但在如今看来,这些在传统技术批判视域中被忽视的公共性、地方性、试错性等实验要素,对于技术增殖的破坏性、决策知识的非确证性、事实知识的非正义性等科技治理议题提供了有益的启发,尤其是公众参与实验的必要性,不仅需要他们提供公众日常经验,也要求分配责任。

公众参与实验事实上是为公众参与科技治理提供了新的实践框架,一定程度上助推了社会实验视域下技术治理的语境传播与扩散。21 世纪社会实

---

① Schön D A. The Reflective Practitioner: How Professionals Think in Action[M]. New York: Basic Books, 1983:145.

② Bromley D W. Volitional pragmatism[J]. Ecological Economics, 2008 (1):1-13.

③ Gross M, Krohn W. Society as experiment: Sociological foundations for a self-experimental society[J]. History of the Human Sciences, 2005(2):63-86.

④ Campbell D. Reforms as experiments[J]. American Psychologist, 1969(4):409-429.

验的技术治理语境传播与扩散,主要是伴随着新兴技术创新的不断突破,驱使科学知识生产的第一现场逐渐从实验室高墙内移至了公共的生活世界。最显著的特点是,原型实验室已无法实现对新兴技术潜在物理风险、伦理困境的确证。技术复杂性的增殖及其对社会秩序的无缝介入,使得不确定性与风险的界定不完全是实在性的;换言之,不确定性与风险是科技固有的结构性特征,是不可避免的。这些伴随着科技政策制定与科技研发、应用、治理的全过程,而科技理性在其中的角色不再是经验与事实知识的坚实基础,自身的批判性视域达到了一定的极限。进而,科技创新驱动发展的过程向社会涉入了实验性,而涉入社会中不确定性的实验性,也是技术治理的对象,因为实验性的概念内涵中包含着不确定性,对于完全确定的客观事实就不需要再经历实验的过程。

面向实验的不确定性风险,人工智能技术本身的治理,就对既有科技治理规范构成了挑战。人工智能技术在社会应用中的自实验特点,是技术本身适应环境的功能显现,但必然带有不确定性,这可能引发前所未有的社会治理问题,带来新的技术伦理困境。类似"科林格里奇困境",人工智能技术在社会中才可能显现的自实验特点,无法在受控实验室环境中得到充分确证,可能引发的道德困境与问题也在介入社会应用场景后才逐渐显现,进而涌现新的偶然性、不确定性,这导致现成的科技治理方案难以被广泛移植,传统单一维度的科技治理模式亟待改变。科技治理需要新的理论范式以及实践路径。

那么,人工智能社会实验该如何回应新兴科技治理范式的重构?首要的工作是探究人工智能社会实验具备技术治理特性的构成性条件,这存在内外两方面的来源。

一方面是外在指导性观念的规训,要求实验回应社会治理的困境。当前,具有显著波动性、不确定性和探索性的治理困境并非只发生在科技领域,也是全球治理领域的重大挑战。国际社会兴起的全球实验主义治理(global experimentalist governance)的决策理念,是对不确定性全球治理困境的正面回应,也为重新认识科技治理提供了新思路。实验主义治理源于欧盟应对公共政策领域出现的监管失灵,本质上是现代性西方社会对于以往先验立法秩序出现失效的一种纠正策略,具体来说,是"有意地建立起临时性的行动框架,并根据不同环境下实施效果的递归评估来对这些框架反复加以阐释与修正"①。概言之,实验主义治理的特点是在面对不确定性、棘手的问题但又缺乏明晰的治理规则情形下,通过边摸索边商谈的动态治理模式,来辨别可接受的变革方向,其实质是"通过实验的思维、理念和方法来提升治理实践的科学性和有效性"②。根据一般定义,实验是行为主体对研究对象有意识的控制与干预。历史地看,实验科学在人类文明进程中的辉煌成就,在人们的集体观念中形成了一种刻板印象:科学实验是实验的理想形态。由此,人们就科学实验的技术过程制定了严格受控的可重复程序,对其功能、价值形成了明确定位,但当实验的理念、方法可能成为集体参与的社会治理模式时,这一思想传统受到挑战并迎来了革新的契机。

另一方面是源于社会实验的实验性内在具有的技术治理特性。由前文可知,自切尔诺贝利核电站事故发生后,社会实验的概念就被 STS 学界纳入科技发展领域,来隐喻复杂性技术在社会中的应用,需要从社会实验的视角来看待。③ 但在随后的讨论中,这类实验并没有与精确自然科学意义上的实验展开区分,以至于学界也长期忽视了存在不同类型的实验形态的可能性。科学社会学家拉图尔在欧洲疯牛病事件等一系列科学事故背景下,提出过拓展实验范畴的紧迫性,认为如今公众都参与了一系列超出实验室严格限制的

---

① 　Sabel F, Zeitlin J. Experimentalist governance[M]//Levi-Faur D. The Oxford Handbook of Governance. New York: Oxford University Press, 2012:17.

② 　刘太刚,邓正阳.实验主义治理:公共治理的一个新路径[J].北京行政学院学报,2020(1):34-42.

③ 　Krohn W, Weingart P. Commentary: Nuclear power as a social experiment——European political "fall out" from the Chernobyl meltdown[J]. Science, Technology & Human Values, 1987 (2):52-58.

集体实验,已不需要媒体报道来提供更多的证据。① 人类集体不可能被动作为科学的实验对象,却可以反过来有意地设计社会实验来提高科技治理的能力。实验性地驱动技术创新与治理发生在实验室之外的不完全受控场景,其实验风险呈现动态集成性的特点,有必要将现实的社会可接受条件作为前提变量。同时,在社会实验过程中,科技治理在基层的创造性将得到释放,面向规则性框架进行反复迭代与重构,不仅带来新的认知,也促进了社会治理秩序的革新和重构,这就契合了全球实验主义治理的哲学理念与实践目标。

至此,我们可以对人工智能社会实验的概念做出初步界定。实验主义治理贯彻的实用主义哲学与渐进主义观,对当代科技伦理与治理语境中的社会实验概念进行了重塑,在这里可以做双重诠释:一是在微观层面统称了一类实验性技术②,这是对当代一系列变革性技术共性特征的概括,像人工智能、地球工程、合成生物、认知增强的潜在社会风险、道德问题与困境在实验室条件下无法得到确证,需要在真实场景下显现出来;二是指代宏观层面的科技伦理反思性框架,将新兴技术的社会引入概念化为一种社会实验③。应用实验性技术的过程也将不确定性与无知引入了社会,因而人工智能引入社会产生的实验性也构成了智能社会的一个根本特征。综合而言,人工智能社会实验的概念首先指向一种客观现象,是对不确定性的人工智能技术引入社会形成了一个社会技术系统的描述;其次是创新驱动意义上的,人工智能引入社会的目的是驱动社会结构转型,这就决定了人工智能社会实验的目的是改变客观世界,不同于自然科学实验的目的是对客观世界的规律性认识;最后是社会规范意义上的,规约人工智能的创新过程需要建构负责任实验的伦理、法律与政策框架。

---

① Latour B. From multiculturalism to multinaturalism: What rules of method for the new socio-scientific experiments? [J]. Nature and Culture, 2011(1): 1-17.

② Van de Poel I. An ethical framework for evaluating experimental technology[J]. Science and Engineering Ethics, 2016(3):667-686.

③ Van de Poel I. Nuclearenergy as a social experiment[J]. Ethics, Policy & Environment, 2011 (3):285-290.

第六节 反思性发展:人工智能社会实验视角下的发展观

人工智能社会实验的目标是负责任地向社会引入人工智能技术,并在这个过程中参与智能社会秩序的建构。人工智能技术创新在赋能社会治理的同时,反过来受到了新规范、新制度的约束,意味着实验性地治理不确定性社会情境中的可持续发展困境,需要维持一种创新发展与社会治理交互建构的反身性动力机制,还要求倡导新的科技发展理念:一是对启蒙以来现代性秩序的规则条件保持反思,二是尝试展开面向这种反思的实践。在这种背景下,首要的就是对结合了知识生产与治理效用的新型社会实验展开诠释,这在前文部分已有所讨论。在这里,以一种技术与社会交互建构的观念来看,21世纪以来的新兴技术显现出对人类主体性与生态系统的渗透性干预,引发了两方面的社会困境:一是科技创新性发展向社会涉入了实验性,打破了知识生产与知识应用的线性两分法,对此应倡导知识生产与治理效用的结合,重塑面向科技治理的社会实验范式;二是科技的不确定性削弱了现实秩序建构的稳健性,理性立法的优先性与经验知识作为决策基础的权威性受到挑战,传统的行为规范在新社会情境下的行动效力受到约束,需要通过高效率的探索性社会实验寻求人类可持续发展的新机制,为此也需要倡导一种新的发展理念来作为当前任何一种技术治理策略的价值导向。

随着生成式人工智能、Sora、Gemma等新一代大模型产品的迭代演变,人工智能的进化阶段逐渐从弱人工智能转向强人工智能的门槛,注定再次引发"人—机"交互形态的演变,这是当下人类社会紧要关注的议题,有必要基于建构论与马克思主义的批判立场,重新审视人工智能与社会的关系。社会发展秩序与经济结构是需要不断得到纠正、调整与变革的,但这并不是西方社会启蒙以来自觉倡导的进步观,当时的普遍观念是现代性所重构的秩序只有建立在先验主义基础上才能维系普遍的有效性,才能告别传统社会的纠缠,这样一种进步纲领缺乏反思性、可纠正的机制。

20世纪下半叶的生态危机使科学的线性进步观及其边界的讨论成为公众关注的焦点,在诸如蕾切尔·卡逊(Rachel Carson)的《寂静的春天》和罗马俱乐部编辑的《增长的极限》等技术批评主义作品中,这些问题尤为突出。进步的局限性起初是被作为本体论上的界限来讨论的,被认为是简单给出和不可协商的。这种本体论的解释逐渐被遮蔽,由一种认识论的解释所取代,根据这种解释,界限是相对于知识、社会组织和技术的特定状态而言的。为了追求良序的美好生活,人类社会对于现代性进程的拯救,标志性的转折是20世纪后期全球倡导的可持续发展战略。可持续发展谋求的就是一种动态且根本性的变革,通过调整结构性变迁的障碍来转向更可持续的生产与消费模式。

可持续发展观在意识形态上的张力表现为价值理性对工具理性的批评性反思,主要涉及人类社会对自然禀赋的价值关怀。工具理性驱动的科技既是受约束的客观对象,也是实现自然资源高效利用的重要手段。在彼时的许多国家,科学知识还没有被作为重要的公共资源和要素禀赋,相应的分配性、代际性、稀缺性等价值问题也未被纳入社会公平正义的商谈语境。进入21世纪,可持续发展的时代主题悄然发生了变化:一是科技的创新驱动成为社会结构转型的重要引擎;二是知识资源成为经济竞争优势的重要生产资料,像大数据、区块链、大模型算法等智能技术物是重塑生产关系的核心。在全球倡导创新驱动战略的背景下,工具理性与社会结构的冲突愈发紧张。相比自然资源枯竭、环境污染的显性风险,技术的创新风险不仅变得隐蔽且更具渗透性。如今,人工智能技术的社会引入带来的实验性招致了知识非确证性的持续争议。在容易涌现不确定性的智能社会中,知识的效用不唯是经济价值,必须反馈科技治理规范,而智能技术效用与治理效用的发挥更依赖实践境域以及多元的价值与文化观念。人工智能技术作为新质生产力的重要生产要素与自然资源作为要素禀赋都能创造利润增长点,不同的是前者能够高效地赋能社会治理体系的建构。在这种背景下,人工智能社会实验作为驱动可持续发展的新引擎必须以反思性发展为导向。这可以从以下三个方面来呈现:一是考量地方性要素;二是倡导多元的证据文化;三是实施混合型治理。

第一,人工智能社会实验的实践目的,有着显著的创造特性。实验性地改变客观世界,是为了达致更稳健的新秩序。人工智能社会实验作为智能技术迭代进化与技术治理效用的结合是通过对不确定情境的干预来达到一个稳定事态,这种状态受到实践境域的约束,区别于认知实验的地方性可以通过实验室场景条件的整体复制来达到普遍性。自然科学实验的成功标准是可重复、可预测,在社会实践层面对应的准则是可移植性,国外的许多科技试点项目像生活实验室、监管沙盒等并没有取得理想的推广效果,原因在于可移植性的实现要求更高的受控程度。人工智能社会实验要实现有效性目标,必须考虑场景的地方性特点,因为场景驱动是智能体进化并与人类交互、智能体与智能体交互的重要条件。所谓重塑现实秩序,实则是一个再造生境的过程,促使现有社会技术制度的转型,其中人工智能的研发与应用必须考虑社会可接受条件作为实验的假设前提,并且这样的过程没有终点,因此人工智能时代社会技术系统的稳定状态很大程度上是以自适应性为标准的。另外,社会技术系统的演变与其他单元的组合会产生规模化效应。

第二,倡导多元的证据文化是对遵循强自治法则的认知文化的批判性反思。在传统语境中,认知文化与科学文化并没有严格的区分,而通俗的科学文化指向了表征主义认知观的精神气质。默顿学派曾经主导的基于纯粹理性的制度设计内在辩护了新康德主义逻辑实证家们推崇的价值中立观,于是科学文化就有了明确的边界,是在科学共同体内部生成、以强自治的规范原则来维系自我与抵抗他者的封闭文化,这使得知识与证据的话语实践存在于不同的制度背景中。简单来说,知识的可靠性是自证的,而知识的证据性效用却与知识的生产背景无关。当代科学论已经揭示了知识生产的文化特性,所谓知识的自证模式其实是多元化、异质性的,决策语境中的证据冲突就源于认知文化的差异。认知文化作为一个家族相似概念反映了科学与社会关系的整体演变,为了细化这种文化结构中不同的辩护情境与策略,斯特凡·博森(Stefan Böschen)借用了哈里·科林斯 (Harry Collins)提出的证据文化(evidential culture)概念来审视认知文化的不同类型,区分了四种证据文化:限制性证据文化、整体性证据文化、工具性证据文化、评估性证据文化。① 简单来说,不同的证据文化提供了知识生产的不同规则,都有着对应的、产生证据性效用的政策情境,这就导致了决策主体之间不可调和的冲突。倡导单一的认知文化向多元证据文化的转变就是要正视知识基础的异质性,而社会实验的过程就是要辨析知识生产的不同证据文化并且透明化彼此之间的差异性,进而重构可以达成集体共识的情境。

第三,混合型治理是人工智能社会实验参与社会秩序重构的重要实践形式。设计理性与试错经验之间是反复迭代的,这可以观照当下欧美发达国家兴起的民粹主义、逆全球化思潮,先验理性的立法原则在应对更频繁的社会生产力更替、经济结构转型以及突发性重大公共卫生事件时,表现出了僵硬,因为契约式的规则体系中缺乏灵活的调整机制。"人为自然立法"的社会治理模式已然过时。社会实验的新旨趣是面向科技发展与社会治理的紧密结合,这里的治理效用需要同时反馈技术性、社会性、自然性,而社会治理也需要技术创新的赋能,显然科技发展在社会治理结构中不再是对象化的客体。如今,人类社会对新兴技术的价值设计遇到了前所未有的困境,像人工智能技术既会干预人类的主体性,也在生成自主性,不断突破人类理性的认知边界。社会秩序的重塑周期不断缩减,执着于纯粹理性的宏大设计反而成为盲目的行为,因此新兴技术治理规则的制定需要"先行先试"的过程。人工智能社会实验除了界定或透明化知识基础的异质性、行动的不确定边界,还需要设计临时的规则性框架,这是为了谨防另一种盲目,认为治理规则会像弗里

---

① Böschen S. Modes of constructing evidence: Sustainable development as social experimentation:The cases of chemical regulations and climate change politics[J]. Nature and Culture, 2013(1):74-96.

德里希·哈耶克(Friedrich Hayek)所认为的,基于集体行动历史地凝练出来,因为人工智能技术与社会的交互产生的风险是不断演变的,实时的设计与探究是必要的。这样,设计与实验都是共享境域中的行为,这要求利益相关的实践者共同探究规则性框架;另外,在设计与实验之间也不是演绎链的展开,反身性行动的创造性所表征的现象是期望偏差的出现,将惊喜、意外等非认知要素迭代到设计初态,再重新介入生成中的社会技术系统。因此,"设计—实验"之间循环往复的混合型治理模式更符合社会实验参与现实秩序的适应性建构。

第三章　人工智能社会实验场景下的新知识社会契约[①]

原型实验室作为社会中制度化的科学实验容错空间,源于早期的培根契约。遵循精确自然科学范式,科学实验与社会应用情境无关,其中的实验结果是由社会自主来选择的,并由社会独自承担责任;实验室享有豁免权。大科学时代的科学实验风险溢出效应已不可避免,并且在深度智能化、数字化的背景下,社会技术系统嵌入了人工智能技术的自实验特性。与此同时,人工智能社会实验作为技术治理社会生态实验需要不断拓展真实世界场景,纳入多元主体的共同参与。为适应这些崭新的变化,STS 研究有必要重塑社会中科学实验容错空间的规范,回应新知识社会契约的建构问题。

第一节　社会技术系统的自实验性:缘起与演变

自启蒙以来,人类社会将如何更好地把握自身的命运,提升为一项重要的公共议题。不过,先行作为新世界叙事主线的是理性主义彰显的祛魅过程,三次科技革命的不期而遇以及工业化生产模式的蓬勃发展,推动世界文

---

① 本章第四节中的部分内容主要发表在《科学学研究》2022 年第 3 期的文章《基于"集体实验"的新兴技术治理研究》中。

明进入了辉煌的现代性时期。西方思想界普遍用现代性这一颇具历史感的概念来宣告与旧世界秩序的分别,围绕着理性主义建构起新世界秩序的基本纲领以保证确定性的进步,当然这个基本纲领本身是可以得到不断整顿、修正的,这既是启蒙的愿景,也是理性应有的反思维度。不过对于理性及其反思性的自觉审视并没有想象中的那般顺利,一度因为资本主义工业化和技术理性的延伸带给古典工业社会在整体改革上的高效性与震撼性而被短暂搁置,启蒙原则反而在以科层化的控制和规划为制度体系的现代性进步纲领中形成了一种约束机制,一般意义上的观念是认为现代性所重构的秩序只有建立在先验主义基础上才能维系普遍的有效性,才能告别传统社会的纠缠。

透过这种间隙,可以顺理成章地归纳现代性的两大成果,一是通过科学革命揭示了自然秩序,二是通过政治革命重构了社会秩序。人们基于理性原则去追问规范性的条件,并通过规范的重构建立了基于共识与契约的规则体系。[①] 人们遵循这套立法原则形成对自我的约束,同时规则体系为稳固权威性与合法性需要向集体的契约行为提供回报,这样的秩序度甚至演变为了一种希望得到传承的文化观念。在这种文化中,人们被许诺终有一天会过上美好的生活,不过在此之前他们被要求能够容忍矛盾的生活,在这里现代性的好处将远大于它的损失。问题是,20世纪发生的一系列危机(战争、污染、经济衰退等)超出了人类社会能够容忍的极限,暴露出了高度工业化的技术文明对于在其政治与生态环境中遭遇的突发变故是多么的脆弱。

然而,现代性的出现相较以往一系列的文化反思有了新的特点,不拘泥于对传统框架本身的再阐释,而是以未来为导向,塑造现实秩序的立法原则并不是颠扑不破的,一切都是为了兑现更美好生活的承诺。不同于后现代主义者对"无重构的解构"感兴趣,那些宣扬反身性现代化的人期许着"解构并重构"的愿景,不难理解贝克、吉登斯提倡风险社会对社会状况不确定性的界

① 盛晓明.常规科学及其规范性问题——从"小生境"的观点看[J].哲学研究,2015(10):109-114.

定,正是为了溯源已经改变了的现实条件。在他们看来,现代性并没有消失,而是已经开始使其自身的基础现代化——也就是说,它已经成为反身性的。在贝克那里,反身性现代化的概念消解了现代性自认为是理所当然的前提,与以往的最大区别就是规范原则制定的瓦解和个人不愿意遵循这些原则,这意味着群体化认识论一种新的转向,对现实世界的控制是不可能的。吉登斯甚至将第二现代性描述为一头难以驾驭的猛兽,只能部分地由社会集体操控。① 对他来说,现代世界的不可预测性和不可控制性使其成为一个"充满错位与不确定的世界",一个"失控的世界"。② 这就要求认清并对称地看待这一矛盾的存在:个体行为与规范体系之间发生冲突,不必然完全是个体的失范行为,因为规范体系本身有可能是成问题的,它不是一劳永逸的,需要不断地修正、完善甚至被更替。

显然,承认现代性的意想不到的后果对于强调社会改革的重要性是必要的。当约束个体的先验法则制定的契约频频引致难以预料的困境时,回归生活世界重新找寻线索,探究重塑社会规范的基础是明智的策略。个体总是由境域所塑造,当我们试图对现状做出改变,与之相关的一切要素构成反身性联结的现实基础,就已经存在了。需要正视的现状是,第二现代性带来了科学情境化演变潜在的不确定性所内在的、不可预测的性质,而与此同时,科学作为一股强劲的力量几乎拓展到了社会的所有领域,这意味着越来越多且复杂的现象属于科学实践的范畴。于此观之,20 世纪以来一系列新科学观的提出显得尤为必要和及时。像吉本斯提出的模式 2,西尔维奥·福特沃兹(Silvio Funtowicz)、杰罗姆·拉维兹(Jerome Ravetz)的"后常规科学"以及齐曼提出的"后学院科学"等就多有重合之处,这些概念宣称科学已经从好奇心驱使的、学科为母体的研究转变为受市场秩序约束、以解决现实问题为导向,也就是说科学是一项公共事业并且应用知识及其决策的效力必须在公共领

---

① Giddens A. The Consequences of Modernity[M]. Cambridge: Polity Press, 1990:139.

② Giddens A. Runaway World: How Globalization is Reshaping Our Lives[M]. London: Profile Books, 2000:3.

域得到检验,从这个意义上讲,就是实验性的。一方面,科学本身的规范性基础存在着抽象或者说表征的规范化与实践的物质性之间的张力,这意味着揭示科学的现实反而是一个需要不断被检验、证实与修正的过程;另一方面,科学与外界的互相涉入必然是基于一种稳健性(即发现的语境与辩护的语境是重合的),在这里知识与社会情境是互构的,但是随着这种动态过程的常规化会延伸出更为复杂的隐含情境,并且这种"隐含情境始终超越眼前发生的应用情境"①。对于隐含情境的提前感知,一种经验性的学习是必要的,也就越来越多地需要基于探索性或启发性的方式,在情境化的生态位中诸要素之间也不存在任何先天的排序,因为无知、惊喜、意外等也成为摆脱困境的重要内容。显然,应对不确定性和突发事件与预测并预防它们有着根本不同,面临的挑战是如何在不丧失信誉或科学权威的情况下有意识地并且越来越多地公开处理未知的事物。那么,传统的实验概念让位于一种观点,即将社会发展和进化理解为一种实验性表现,这种表现除了保证公共空间对无知与未知的开放以积极地应对,还需要合理化实验室之外真实世界中发生的有意的干预行为。

　　面对不确定性困境,在假设前提与充分的认知和控制力缺位的情况下,该如何行事? 对开放性的、非既定的规划前提该如何凝练? 一个可行的办法就是主动对不确定性社会情境掀起波澜,这可以被理解为是有意制造出一些意外、惊喜等。如今,当我们引入一项新技术来驱动社会生产力转型,抑或是引入一项新的政策、制度来深化改革,目的都是对问题的尝试性解决,因为这些变量本身以及对问题关联性的认知并不是充分完备的,需要经历一个反复试错的过程来发现不足,同时需要将与干预对象的周边环境交互产生的异质性信息再反馈到变量设计的假设前提中,这样一种持续性的递归过程意味着现实与期望之间总会产生偏差,这种偏差源于实践实验的干预性效果,也是

---

　　①　Nowotny H, Scott P, Gibbons M. Re-thinking Science: Knowledge and the Public in an Age of Uncertainty[M]. Cambridge: Polity Press, 2001: 176.

实验学习的经验源头。正如实验历史认识论者莱茵伯格认为的，使实验的物质性、技术性和程序性基础起作用的，正是它有意被安排来"产生惊喜"，因为这里包含了"额外的可能性"。①

社会结构趋向于一种探索性形态的调整，事实上，这个过程一直在演变中。

20世纪下半叶的全球生存危机使进步的局限性以及有关边界的讨论成为公众关注的问题。进步的局限性一开始是作为本体论上的边界/界限来讨论的，被认为是简单给出的和不可协商的。这种本体论的解释逐渐被遮蔽，由一种认识论的解释所取代，根据这种解释，局限是相对于知识、社会组织和技术的特定状态而言的。为了追求良序的美好生活，人类社会对于现代性进程的"拯救"，标志性的转折之一是20世纪后期以来全球倡导的可持续发展战略。可持续发展谋求的是一种动态性的且根本性的变革，通过这些过程既定的社会技术系统转向更可持续的生产与消费模式，还涉及价值观以及社会秩序的改变。可以认为，可持续发展研究纲领的核心问题就是探寻引致社会技术系统发生根本变化的驱动因素，这就有了关于国家与区域创新能力的讨论以及创新型社会理念的提出和兴起。公认的是，要使社会向可持续发展道路转型离不开技术创新，更关键的是，还需要新的实践形式和组织结构，以充分应对社会生态系统的机能和局限性。在奥裔美籍经济学家约瑟夫·熊彼特(Joseph Schumpeter)里程碑式的著作《经济发展理论》中，创新作为一种经济现象成为技术变现社会生产力的重要机制，同时熊彼特还提到了创新的效应具有破坏性。知识经济与创新活动之间的互动是一个必须介入现场的过程，也是不可逆的，并且创新要素的重组与整合会衍生出新的驱动力向外扩张与辐射。许多观察家认为，在21世纪，进步和危机的潜力同样巨大，因为许多创新过程只有通过超越风险评估和合理性的限度才能进行下去。《反思科学：

---

① Rheinberger H. Consistency from the perspective of an experimental systems approach to the sciences and their epistemic objects[J]. Manuscrito, 2011(1): 307-321.

不确定时代的知识与公众》一书中为我们揭示了这样一个基本悖论:"对创新的热情与不确定性的恐慌如影随形。人们既期待新奇事物的出现,又害怕由于无法事先预测其发展路径和发展结果,而造成失控的局面。"①如今,我们的生活世界是一个极易涌现不确定性的生态系统。经验知识和技术的建构也并没有失去其反复实验的性质。一个变量直接介入更大规模的复杂性环境中,其潜在的副作用会得到强化,变得更为隐蔽也更难以治理。可见,预防全区域内发生过度创新同样需要探索性实践,也意味着,创新变量在大规模移植前需要有试错和包容失败的社会空间。

事实上,早期关于反身性现代化以及知识社会的大量讨论中,所陈述的科学知识的应用性与循环性以及在真实生态情境中各类新知识的产生与重组,在这样的意义上,社会结构趋向一种积极主动适应探索性的社会形态就已经在塑形了。由于新知识总是产生新的问题,因此知识的应用与新的不确定性的产生有关,实验过程在知识与无知之间来回游走。这样,不确定性成为知识社会的重要标志之一,在这种不确定性情境下进行实验,将是未来社会决策的最显著特征之一,即使决策的环境不是传统的科学领域,无疑社会系统的实验性和不确定性是科学与社会长期互动涌现的结果。当下,现代知识社会的创新形态与治理形态的建设都需要不断深化,其规模与任务的艰巨性更胜以往。不确定性并不能完全控制,但可以尝试进行局部的控制,比如先对地方和区域的现实情境进行主动干预,以实现更可持续的交流,后见之明并不能扭转不可逆的趋势,尤其是在情况复杂和公认的无知无法根据明确定义的概率和经过认证的专家知识做出决定的领域。与观察不同,作为情境对象的真实世界,是人类与之积极互动的产物,那么对习俗、惯例等的程序性补救、修正等就是一种社会中的"自实验"行为。这样一种观点,不是去指涉实验过程就是精确自然科学意义上的、去验证一个假设性的客观事实,而是

---

① Nowotny H, Scott P, Gibbons M. Re-thinking Science:Knowledge and the Public in an Age of Uncertainty[M]. Cambridge: Polity Press, 2001:202.

说这样的过程应该为更广泛的社会学习创造条件，以应对不可避免的无知、意外等，这也伴随了对二分法的消解——公众参与实验在社会中重要性的提高，归根结底，是因为"自实验"的特性在社会中生成。因此，人工智能社会实验作为当代技术社会实验的典范，不只是被看作一项发生在有限封闭场景内的精确科学实验，更是一项开放性的、集体探索智能社会秩序的实验性活动，适应智能社会的公约和规范越来越多地基于局部确证的知识和具体境域中的经验决定。情境对象只能部分地得到建模，在结果上是不可预测的，也不以确证性为终点，但会促发持续性的调整动力。从对局部的不确定性情境的主动干预开始，基于这种学习以一种持续性的递归机制展开对新社会规范的逐步凝练。这种社会自实验的形象并没有消解对社会的其他理解，对于社会系统和社会行为越发具有的不确定性而言是妥帖的。显然，社会实验在当代有了新的含义与特点，新的实验观不局限于精确自然科学范式，而人工智能社会实验的前沿问题研究，核心主旨之一正是要探讨如何规范社会技术系统中实验性的驱动力。

第二节　精确自然科学范式制造的社会实验局限

社会实验的缘起是哲学社会科学基于实证哲学纲领区别于思辨哲学的重要标志。但是，作为一项实验性治理（技术与社会治理的应用程序）以及公众参与其中的实践框架，这个意义上的社会实验区别于实验室中的科学实验，甚至有别于广义的自然科学实验。在探索可供分析的实验框架过程中，有关社会科学实验的认知论、方法论一直存在着分歧，对于它的批判性反思，有助于为公众参与社会实验提供合理性依据。另外，公众参与社会实验需要直面当前遭遇的失范现象，以此为基础来论证，对人工智能社会实验的诠释不能以科学实验来直接套用，应该被视为一种现代技术治理的体系框架。

　　我们首先来展开对社会科学实验的批判性反思,这里需要回应一个长期处于争议中的"历史悬案",即社会能否作为一个实验室? 意欲何为? 倘若以历史原因、道德困境的观念来审视,这类实践并不允许发生,而作为一种方法论的探讨与社会秩序的规律性为导向,这种尝试同样充满了坎坷。关于后一种争议,社会科学首先提出的问题是自然科学实验范式是否能够充分确证社会事实的研究。当然,对于这种探讨的视域并不是小规模、可人为复制的社会学实验。恰逢其时,无论是从遵从思辨传统的新黑格尔派还是对立方的实证主义,抑或是后来新实证主义的调解来看,经典社会学达成的一致意见是试图避免将获取实验知识的策略拓展到社会领域,尤其是在人为制造受控的环境展开对社会现象的拷问。在更广泛的社会中,对自然科学实验室之外的实验方法最常见的反驳意见有以下两点:在由意义、意图、反身性和制度构成的社会关系领域中找不到因果律的论点;社会现象排除了实验者的任何控制;社会学的主题对于实验来说过于复杂。

　　自孔德、杜尔哥、斯宾塞以来,社会改革的进步观倡导了实证精神及其方法作为社会科学合理性的基本框架,在迪尔凯姆的推动下,社会的概念从思辨主体的集体表达中脱离开来,与作为物的自然趋同。不过,这种趋同导向的仅仅是一种客观实在性的立场,社会事实与自然事实之间反而产生了认知上的分化。迪尔凯姆认为,前者相比后者更为复杂,这种复杂性表现在对社会现象比如交往行为的有效认知是事实与构成性条件的集合。因此,他认为社会学解释的关键特征在于它们通过将现象及其成因或具有一定影响的成因联系起来,方能构成对一种因果秩序的确证,于是他又回归到科学理性主义推崇穆勒五法中的共变法,并且明确表态"社会现象显然是排除了实验者一切控制的"[①]。简言之,只存在变动情境之中的事实。社会事实存在于整体的社会有机体内部,对于它的阐释是一种系统性的认识,那么对社会事实进行任何控制与干预则是对真实性(原初态)的破坏,也就不可能像自然事实一

---

　　①　Durkheim E. The Rules of Sociological Method[M]. New York: Free Press,1982:147.

样可以通过实验手段在隔离情境中进行纯化与分解。这种观念也得到了芝加哥社会学派内部反实证派的认可,被作为驳斥城市实验室方案的根据。不过,社会学传统坚持着对支配社会的规律何以是的追问,支持外在实证法的一方始终困惑于倘若物理学、化学能够如此不言而喻地成为实验室科学,凭借其更大复杂性与自然科学相区别的社会科学何以不能? 他们忽略的是,实验方法的规则并不是一成不变的,就社会现象无法摆脱复杂性特征而言,狭义实验的关键条件——精确性,是始终缺失的一环,这就不能以完全控制为标准,也不一定有事先待验证的假说。就所洞悉的某种社会规律而言,它作为结果不会直白地显现,因为无法人为制造实验环境,而是依赖社会中其他相关现象的出现,这可以说是社会自发的行为。因此,两方面的观念需要转变:一方面是社会本身回归到与现实同义的社会,而不是社会学视野中的社会;另一方面是以往置身实验外部的观察者、设计者都存在于现实的社会系统内部,这也包括了其他的行动者。这就类似法国反社会学学者勒内·活尔慕斯(René Worms)所得出过的结论,分析可比较案例在原则上与分析实验是相同的方法,因此社会实验是存在的,即社会本身为了发现社会规律而自发的实验。①

我们还需要关注的一个问题是,当前公众参与技术社会实验存在范式缺位问题。在实验形而上学理念推动扁平化的社会实验本体论观念转型中,可以看到后者的框架发生了根本性改变,其中呈现了一种身份的叠加状态:传统的实验主体、实验的规划者与执行者本身也是被实验的对象,那么,反过来在传统社会实验中不具备专家知识及其知识权力、作为实验对象的公众,如今也有了同时作为实验行动者的权限。不过,这种转向的来源之一,是新兴技术风险难以充分预测评估促发的,可以说公众必须作为社会实验的行动主体,而不是拘泥于知识权力,并且公众会意识到实验实践和假设推理,需要与

---

①　Worms R. Wesen und Methode der Soziologie (Lateinisch/Deutsch)[M]. Saarbrücken: Verlag der Societas Latina, 1991:129-137.

社会的可接受条件联系起来,但又会发现在公共实验空间中无所适从,缺乏行动规范的引导。

一方面是原型实验室与社会之间豁免实验风险的边界失效。技术理性与产业化科学的现代性延伸,导致了有关风险的建构主义观与不确定的实在论立场。风险成了公共磋商的内容,也是一种辅助工具,但不确定性作为集体认知的盲区,很容易被单一性的专家知识所误导。以核能的产业化为例,存在三重不确定性:一是核电站发生事故的概率是不可能在封闭的实验室中测算的,事实上核泄漏并不那么容易发生,但发生的源头很难预测,除了核电站系统设备的排查,还要考虑所在区域生态条件的异动,并且一旦发生意外导致的突发情况更难预测;二是核能发电相比其他燃料的优势是巨大的,在可能发生的毁灭性事故与社会可持续发展的需求之间,如何抉择是无法由单一主体决定的;三是铀资源的利用、核废料的释放与未来代际之间存在代际正义的伦理问题。① 可见,核电站的运行相当于一个持续发生的社会实验,与之纠缠的是络绎不断的反核运动,于是,诸多难以治理的不确定构成了一个无法划界的区域,变得任何主体都可以在其中无序地行动。

另一方面是科技治理观念中出现民粹主义与精英主义的分歧。公众自发参与设计、监督社会实验原本符合多元主体参与治理的要求,但也可能出现民粹主义的趋势:一是源于公众在新兴技术的社会引入中对作为实验对象的反感,二是对精英主义面对全球紧迫性问题——像制定气候治理框架协议——争执不休的分歧表示失望。技术实验风险的社会嵌入前提是原型实验室中无法满足对实验风险的确证,也就出现了前文提到的公共实验空间的受控困境。尽管如此,大多数复杂性技术在原型设计阶段离不开封闭实验室情境。问题在于,这样的空间是由技术专家制管辖的,甚至像后 STS 的实验室研究直接将此作为论证科学建构的前提。后 STS 的实验室研究停滞的重

① Van de Poel I. Nuclear energy as a social experiment[J]. Ethics, Policy & Environment, 2011(3): 285-290.

要原因在于他们过多关注事物本身是什么的描述，并不是实验室网络结构本应是什么的不同愿景的说明。也就是说，他们认为更重要的是阐释实验室的功能以及将技术转移出去的能力，回避了对科学价值问题的反馈。20 世纪 80 年代以来，人类社会面临了科技未来发展规划的反复辩论以及直面了一系列大规模生态危机——切尔诺贝利核电站事故、欧洲疯牛病事件、"威望号"漏油事故等。公众对实验室的封闭世界里、技术专家制主导的未来提出了问责的要求。然而，原型实验室作为规训力量早已向其他机构渗透；内外系统间的质量标准差异趋于同化，潜移默化地在社会中制造了实验容错空间，并被错误地利用。公众逐渐意识到自己在毫不知情的情况下，被动参与了某些技术社会实验，直面可能失败的实验风险，却不清楚如何捍卫自身的权益，以至激烈地拒斥专家知识，抵触实验，加剧了专家信任危机。

良序的理想是，公众参与主导技术社会实验，成为技术治理实验的重要行动主体，并得到相应的权限保护以及承担相应的后果责任。技术社会实验过程与引入革新技术和实践相关联，以便有目的地重塑社会和物质现实。在当前，公众参与社会实验将有一种不可避免的趋势。在理论层面，拉图尔等人在行动者网络理论与人类和非人类交流社会学方面的贡献，已经合理化了打破实验室内外之间的界限，以此作为公共协商的空间。无论是基础研究还是应用研究，大多数技术创新都是为了在社会市场中通行，因此它们可能从来就不是纯科学的，由于它们的应用后果会影响到日常生活，因此社会可接受条件是必须考量的。但是，公众与专家缺乏可共同审视和交流的框架，长此以往的结果是精英主义的垄断决策与民粹主义不假思索的直接拒斥，这就有了近年来全球倡导的负责任创新理念，但它的有效性需要满足前提条件，包括公众参与决策的合理性、可适用的技术治理原则以及分配正义的考量等，整体上属于社会治理的范畴。

前文已经探讨过当代社会实验的治理特性，这里需要引出社会实验的外部治理需求，这是展开技术社会实验的重要假设性前提。技术社会实验的治理过程包括治理措施的建构，这是基于对技术潜在风险的反馈，也涉及了对公众日常生活习惯的假设,由于不可编码的隐性要素与显性要素都在递归式的探索过程中,因此这类实验的目标知识也不仅限于形式知识。常规的知识概念是理性的构造物,可以说是理性所要呈现内容的形式化表达,而如今需要的是现实的直接效果,也就要求社会实验产生的新兴技术治理效果,能够回应公众与自然生态的需求。不仅如此,除了形式知识,传统知识类型还包括了技艺性知识,以往的递归实践正是用于对后者知识生产过程的阐释。递归是一种迭代性实践,这种实践会产生阶段性的成果,并在某一利益维度的相关方之间不断传播,从而使得实验过程可以达到科学结果与社会认可的稳健性。技术史学家爱德华·康斯坦特(Edward Constant)曾对技术生成性视域中的递归特征有过精辟的论断,他认为,递归性实践的特征是"基于操作中的选择与确证的交替阶段。其结果是强有力地证实了基础知识:它们隐含在数量众多、种类繁复的设计中,这些设计又具身在更多的设备、人工制品和实践中,并被递归地用于产生新的知识"①。基于此,可做出的一种拓展性说明是,如今在技术开发与基础研究的受控情境之外发生的实验递归实践,就不仅仅生成了技术性知识,而且参与了现实社会的发展过程,以达到稳健的效果。

第三节 培根契约及其风险溢出效应

实验发生的情境或逻辑以受控还是非受控为前提,并不是纯粹的理性设计,一部分是基于科学与社会之间的规范性契约,也就是说实验情境的置换不是任意发生的,需要公共决策赋予合法性。因此,公众参与技术社会实验

---

① Constant E. Recursive practice and the evolution of technological knowledge[M]//Ziman J. Technological Innovation as an Evolutionary Process. Cambridge: Cambridge University Press, 2000: 219-233.

需要回应一个新问题:实验是在何种意义上具有直接介入真实世界的权力? 基于实践的建构视角,实验情境始终处于自反性的演变中,是纯科学范式指引下科学自主发展的结果,维系这种平行秩序的源自 17 世纪的培根契约。可以说,实验科学的发展使得实验的社会性从一开始就有了契约式的制度性框架。

如今很明确,原型实验室中生成知识的不完备性与引入社会中技术风险的不确定性之间存在着一定连续性,并且实验活动嵌入社会应用的创新过程加速了潜在不确定性的扩张,这些构成了科学与社会互动的共享情境。公众也理应参与对技术实验风险权责分配这一新的政策议题。当然,技术实验风险的权责分配与它所需要治理的问题一样,都具有不确定性,能够确认的是存在一个公共实验空间,在这里技术实验和应用及其风险的扩散与治理共同经历着持续性的递归过程。以上现象表明,社会实验本质上也指向了一种基于集体探索的社会关系,与之对立的是工业资本主义逻辑下实验和社会之间基于事实与价值二分的反身性困境,正是后者制造的风险塑型了前者得以行动的空间。显然,科学与社会、研究与应用之间的互动方式当下是以实验驱动的,作为一种重塑规范的方向,在这里有必要审视前文中一直提到的培根契约(早期的科学与社会契约)及其对现代的风险溢出效应,以勘探其局限性。

对于社会中科学容错空间的扩大化趋势,人类集体表达了抵触情绪,但又对实验作为探索可持续发展的可行性尝试存有希冀,两种情绪之间呈现出的胶着状态,揭示了这样一种公共意识的普遍缺失:一是实验观念及其方法介入社会的合理性,并不是人类社会进入工业化发展阶段才出现的;二是实验室作为特殊的制度化空间是被公共权力赋予的,原本(从 17 世纪开始)就存在于社会结构之中。实验室高墙在当时语义上也符合实体性的意图:集中容纳实验性失败与假设推理的错误,预防社会受到危害,以此为前提,科学共同体得以自治,并在机构内部扩张对自然的探索、检验事实知识的基础以及人工物的建构。

另外,以现在进步性的科学实践观(应用研究)与认识论范式(相关性)来回溯性地审视,经验主义预设的客观实在性与因果性的认知逻辑在具体的在场实践中都已被颠覆,而当时社会的规范结构允许科学对自然物体做因果秩序上的干预,可见,培根契约是基于这样一种结构性类比:实验活动之于自然生态存在的方法论隔离与实验系统之于社会生态存在的意识形态隔离。因此,除了理性认知的局限外,培根契约的规范性基础无疑包含了大胆假设的主观设计。

历史上的契约论普遍具有实验性。契约是为了缔约不同行动主体、基于协商利益的一项设计性协议,存在的目的在于保证一种可持续的状态与续签的权力。协议的前提一般在于初始状态,比如约翰·洛克(John Locke)、托马斯·霍布斯(Thomas Hobbes)的自然状态、约翰·罗尔斯(John Rawls)的原初状态,这些本质上属于思想实验,总体上介入社会中的是一项基础性框架,需要通过行动来弥补未涵盖的领域。那么契约论的推广本身就是一项社会实验,谁也不能保证能否实现预期的良性秩序,并有着方法论的指导意义。培根的科学与社会契约也同样如此。

培根式科学观常被引述为科学的功利主义观。库恩就曾用来折射可能作为一种新常规的产业科学,不过库恩并没有深究,证明了他对培根科学的理解存在模糊性。纯科学与产业化科学在培根所畅想的科学复兴计划中是并行发展但分立的,前者属于所罗门宫里研究者的事业,而后者的主导权由对纯研究的买单者来决定。科学家的工作除好奇心驱使外,还需要保证不确定性向确定性的动态转换,知识产品对社会的无害性,也就是说,得以在社会中通行是技术创新的一个重要标准。那么,历史上的培根契约其实可以细分成契约1和契约2的解读。培根假设了一种理性人与经济人并存的二元框架。契约1维系的是科学(实验室)与社会的关联,分别以预防性原则与经济自由主义为指导,这与第二次世界大战之后突出单一维度的"布什契约"和熊彼特创新模式有很大的不同。契约1明确了基于人类福祉的共生关系,科学需要为社会服务,不过这不是受制于民族主义与国家意志或者市场秩序。培根说服公众的理由是:科学实验固然有失败的风险,但放弃这项事业必将一无所获,倘若成功,得到的收益将远大于成本。另外,为了达到实验风险与公众信任之间的平衡,需要建立一个包容审慎的容错纠错空间,在这个背景下实验室这一自治的人工世界得以合法化。

从培根对后来笛卡尔世界观的影响来看,实验者的世界与实验对象的世界是分开的。探索知识是用实验的方法干预自然来纠正人性的过程,从而使不确定的情境转向确定性,这是培根认识论的核心。他认为,自然世界是本真的,但是否可以被完全揭示是存疑的,因为人类的感知有赖于自身存在的本质,但是,例如种族假象,所导致的偏见是无法根除的。从认知偏见出发,可以把实验理解为预防性的工具,实验室则是预防实验失败和假设推理错误向社会渗透的隔离区,并且承诺从实验室转移至社会的知识产品是得到确证的。社会没有干预实验室研发的权力,但有权根据效益最大化选择后者研发的产品。社会作为应用主体,独自承担技术在应用领域中的责任,这意味着集体默许了技术风险向自然生态的转移,那么社会与自然之间也签订了一份契约 2。结果就是,科学间接干预了自然,却不需要对自然的反馈进行回应。在这里,根据情境的隔离可以区分两类实验类型:实验室领域代表了显性、主动的科学实验;技术进入应用领域产生的效应则是一项隐性、被动的社会实验。可见,早于科技的规模化发展与知识社会的成型,人类社会就不自觉地进入了被实验的状态。而对这种溢出效应最为感同身受的,是生存环境遭遇一系列科技与工业事故的民众,关乎自身安危,受害者们往往会提出最尖锐、最具试探性的问题,也试图提出公众日常经验,却发现自己在培根契约的主体层面还没有话语权。

不可否认,科学与社会之间的动态互动不管基于何种模式,彼此之间的联系性予以制度化的原型都可以追溯至培根契约。这份契约的理想是为了保证科学与社会在互动中仍能实现各自效益最大化,这也传承了一个基本框架,当认知挑战与社会需求共同发生时,需要以并置的方式反映在同一维度中,倘若基础研究单纯为了市场利润,这份契约的约束力就会出现像库恩提出的拨乱反正式的革命,不难理解当熊彼特线性创新模式出现后,很快遭遇了"巴斯德象限"系统创新方阵的抵制,这是典型的向培根理想的复归。但是,当这种互动性越发是在同构性层面发生时,即科学实践与社会创新的互相嵌入,培根契约的约束力就失效了。如今,科学研究活动与社会创新实践紧密交互的契约关系是基于两方面的要素:一方面,社会现场成为主动开展显性实验的场域;另一方面,社会的可接受条件成为实验的假设性前提必须考虑的要素。

另外,可以看到,由契约1(科学与社会)与契约2(社会与自然)相并立的设计构成的实验室与自然系统相分离的制度性设计,隐现了单一、线性的科技发展观。实验室为社会阻挡科学实验失败的风险,也促成了专家知识主导未来的空间延伸,自然与公众一样无法为参与实验发声。不过在这里,涉及基于培根契约的另一种实验室溢出效应,除了实用主义的价值观驱使之外,培根契约的通行推动了一种合实验工具主义或干预主义的行动理论的兴起。

第四节　基于集体实验的新知识社会契约重构

基于以上分析,对社会中科学容错空间的不断拓展以及实体化,可以进一步做两个层次的深度解读:一是作为技术实验场所的社会空间,真实世界成为知识生产的第一现场;二是作为技术治理实验场所的社会空间,技术治理的模式及其新型治理观念需要在社会实践中实验出来,这项治理技术需要保证所有的利益相关者都参与了集体实验。显然,集体实验行动的第二层次相比第一层次更具决定性、基础性。这里的首要问题是,新的实验主体在真实世界场景中如何获得合法性?

人工智能的技术特点及其对社会应用的影响,无疑满足了形成社会中科学容错空间的构成性条件。人工智能技术既要在社会场景中验证技术风险,还需要探索新的技术治理模式,这是其他许多新兴技术无法同步实现的。因此,智能社会背景下真实社会中的科学容错空间是做上述两个层次解读的典范。地球工程、转基因、核电站、纳米等新兴技术,对社会生产力以及社会秩序的影响,并不能与人工智能技术相提并论,尤其在技术的覆盖面、渗透性、公众日常的接触程度、政府决策应用等重要维度,可以说人工智能技术是深度科技化社会最重要的技术支撑。因此,本节对于集体实验视角下的新知识社会契约构建,是在智能社会背景下讨论的。

如今,显而易见,实验发生的情境以及相应的逻辑以受控还是非受控为前提,最重要的是能够回应现实的需要。以人工智能为代表的新兴技术在社会中的重要性,不仅源于对形式知识的日益增长的贡献,更关键的是它建立在将实验性实践转移到创新实践的设计、监测与评估的基础上。如今,科学与社会在互动中实现各自效益最大化的基础条件发生了改变,这里的条件集合是以一个新的研究需求为导向的——面向社会治理的基础研究,而不是纯粹出于好奇心的基础研究,这意味着集体性的创新实践构成了新契约关系的基础性条件。创新过程本身展现了确定性与不确定性、已知与未知之间变奏的张力,促发越来越多的惊喜与意外,也是激发实验驱动的认知起点。在这里,实验呈现了整合所有资源的力量,探索潜在的可持续发展动力,不可避免的是基于多元假设性条件的协调,这就必然涉及了新技术想象、公众可接受的生存方式以及自然生态的回应。

以往,关注技术社会实验合理性的学者只考虑到了公众的诉求——鉴于技术实验风险的引入涉及公众的切身利益,但是这种考虑却是一种主观性立场,还不包括公众的具体行动以及公众经验知识的介入,因此流于形式。他们事实上是将公众与社会实验的主体区分了开来,试图客观化。前文已经提到,技术社会实验的概念在早期只是局限于考察公众是在何种意义上接受技术实验在社会中发生,其实是停留在了第一维度的技术社会实验内涵上。社会中的技术实验得以推行的决策者与执行者是技术专家,基于公众利益诉求的标准来源于对普遍性伦理的挑选,这种划界起不到互相监督、问责的作用,也阻碍了地方性、偶然性、特殊性的嵌入。他们所忽略的更关键的问题是,技术社会实验的多主体参与关系是如何联结维系的?

　　培根契约无法回应两个问题,即对干预自然的后果如何进行回应以及对这种回应的诠释是否正确,这些不确定性恰恰构成了技术在社会"自实验"的情境,这需要所有利益相关者参与协商。因此,技术社会实验中的所有参与主体概念在这里类似拉图尔提出的"行动者"(actant),包括了人类与非人类。不过在这种框架中,行动者们应有着特殊的双重身份:既是实验者也是被实验者。

　　由此,我们正式引出法国哲学人类学家拉图尔提出的集体实验概念("这是一个由我们共同进行的实验")。在1998年的《科学》杂志上,拉图尔发表的文章(《从科学的世界步入研究的世界》)给出了"集体实验"一词①,随后此文又被作为他在1991年出版的法语作品《我们从未现代过:对称性人类学论集》2010年中文版的序言。这样一种衔接,恰好有助于我们更好地理解拉图尔提出的集体实验概念,比如集体的含义变得不难揣测,就是人类与非人类在内的所有行动者,并在此书的结尾处有关"物的议会"的混合本体论讨论,正是对这种集体如何召集以及联结的问题的回应②,暂且不论这种叙事对于具体的公共治理模式而言是否流于空洞。作为这种启程的后续,在1999年面世的《自然的政治》中,拉图尔对集体概念给出了一种定义,即"能够说话的存在者议会",并通过三个分野来讨论如何克服召集集体的障碍。③ 另外,集体不是一个统一性的单数概念,在数量上是不成问题的;不同于旧宪政的两极划分,而是处于杂合状态。这样,回归生活世界的集体议政取缔了先验要素的立法秩序,知识、决策与治理本身都被视为各方行动者共生产的结果。那么,在行动者集体获取了重置权力分配秩序的合理性后,实验又该如何做解释? 精确

　　① Latour B. From the world of science to the world of research? [J]. Science,1998(5361):208.
　　② Latour B. We Have Never Been Modern[M]. Cambridge:Harvard University Press,1993:142-145.
　　③ Latour B. Politics of Nature:How to Bring the Sciences into Democracy[M]. Cambridge:Harvard University Press,2004:62-82.

自然科学意义上的实验活动成为集体行动中的一部分，但作为一种拓展也指涉了探索性实践与政治的、文化的实践的融合。熟悉行动者网络理论的人可以获知，拉图尔是将实验室实验作为集体行动的最佳模式，通过扩张实验室空间得以纳入更多的行动者，而集体参与的实验有利于推动转译过程的实现，能更好地汇聚网络之外的资源来稳固事实的客观性。类似的，或者说更为深刻的阐述可以追溯至杜威的实用主义哲学。

严峻的问题是，仅仅是涉及共同利益的所有相关者的介入，并不一定能导向一个成功的集体实验。对称性方案在方法论与本体论上给后现代对于现代性的批判提供了一种可行的进路，但在实践层面更多的是一种描述性贡献。人类与非人类在事实问题面前的平等，不代表所涉入价值的平等，这容易导致集体实验沦为空洞的公式，被虚假的科学决策观念所误导。一个典型的案例是 2001 年席卷全欧的疯牛病，拉图尔认为危机的根源是英国政府组织了一起波及全国畜牧业的、非法的集体实验，技术官僚集团在不确定的农业经济效益与公共卫生、农民福利的权衡之间，选择了前者，于 1992 年开始取消了对牲畜口蹄疫疫苗的接种。

该项计划之所以被称作一场实验，是因为其中涉及了两个未经验证的变量，一是注射口蹄疫疫苗的牛肉是否会对食用者的身体造成伤害，二是不注射口蹄疫疫苗的牲畜是否会在新一轮疫情中传染疯牛病。事实是除了政府机构，其他各方出于伦理、生态保护和现实的操作条件，都无力进行大规模的实验性探究，谁也负不起这个责任。但是，英国政府不认为这项计划有着不确定性的情境，并且做出了是与否的主观判断，并以此作为社会实验的确证性前提。卷入这场实验中的消费者、农民、兽医、病毒学家与牲畜、疫苗等所有的相关者都经历了全盲实验。后果是英国的牛肉出口贸易至今还没有复苏的迹象。

作为集体参与的社会实验如何合乎自发的秩序？对于这个问题的关注源于近年来一些培根哲学的研究者重新发现拉图尔建构论与培根实验建构主义的契合性，但这样的见解是有局限性的，因为他们没有注意到拉图尔这样是为了批判培根契约背后虚假的现代性宪政。拉图尔早期对集体实验的关注是对法国肌肉萎缩治疗协会(AFM)的考察,描述了一种公共意向重返经验事实结构的现象:贯彻在病人群体的政治意向与基因决定论的勾连推动了基础研究,作为辩护广义的行动者集体的本体论的合理性的一个例证,所要批判的正是作为现代性常规内核的第一性与第二性的区分。在《我们从未现代过》序言中,他提出过一个描述现代性视域中科学与社会关系的"果核"模型①,这也是对批判现代性造成的事实与价值二分的一种隐喻。科学共识不仅隔离于社会共识,所谓的公共善即使以后者的标准来裁决也是临时的,这些标准像柔软的果肉一样随心所欲地伸缩。理性与经验事实在社会规范层面正在丧失发言权,那么一个极端的后果就是事实知识陷入了洞穴深处,与意见相混淆,而非法宪政成了超验的存在。不过当时,拉图尔对集体实验的理解还是片面的,将集体留在了对称性的描述框架,也就忽视了更深刻的何为集体以及如何召集的问题。

　　20世纪后期以来,集体实验有了不断实体化的趋势,即科学实验已经超出了实验室的边界限制,使得社会参与了研究活动,正如拉图尔所言:"由于当下所有人都参与了新兴的集体实验,涉及气候、食品、景观、健康、城市设计和技术交流等各种各样的问题,作为消费者、激进分子和公民,他们都可以被视为共同研究者。"②与此同时,拉图尔在2000年初再次提及集体实验,并给出了一个替代性表述,即社会技术实验(socio-technical experiment)。他通过演讲和媒介的方式向公众传达一种警惕,随着实验室契约边界的失效,虚假的现代性宪政正在非法主导社会技术实验,"我们现在都参与了同样的集体实验,将人类和非人类混合在一起,却没有人负责。那些在我们身上做的实验,是由我们自己做的,对我们来说是没有协议的。没有人被明确赋予监督

　　①　Latour B. We Have Never Been modern[M]. Cambridge:Harvard University Press,1993:2-4.

　　②　Latour B. From multiculturalism to multinaturalism:What rules of method for the new socio-scientific experiments? [J]. Nature and Culture, 2011(1):1-17.

这些问题的责任"①。

　　不同于自然科学实验,其假设被证实或证伪,必须事先准备一个精确定义的情况,以便随后能够判断到这种精心设计的系统的行为,而像拉图尔描述的人类与非人类杂合的,等于集体对在自己身上所做的实验,没有代理人来对此负责或被明确赋予监督他们的责任。然而,拉图尔对集体实验构成性条件的阐释中,部分还是以实验室科学的程序来类比,这就要询问由谁来撰写实验报告,谁来签订协议,并且提出通过组建"物的议会"来界定主权,也就是说拉图尔认知的集体实验仍然会不自觉地要求按照实验室实验得以可重复性的一些规则性的先决条件。这就出现了矛盾,"物的议会"如何召集集体? 在拉图尔"物的议会"中,是由科学家、政治家、经济学家还有与他称之为道德主义者的群体来作为代理人共同决定那些代表了自然的事实和价值的定义与创造。科学实验是科学对实验的理解,要事先确保精确定义的对象以及可重复性为实验成功的标准,但集体实验的情境是不确定性的,目标结果也不一定是可普遍适用的,比如当下不同地区的公众会自发组织应对气候变暖的治理实验,区域间的生态条件是不同的,其复杂性也要基于试探过程,也就是说集体实验具有具身性、地方性、动态性。众所周知,拉图尔所称的行动者,必须是通过行动对网络产生了变革的代理人,没有引发此类效应就不能算是行动者。

　　于是,更现实的问题是,这样的集体实验尽管保留了人类与非人类的对称性,但依然会被非法的观念所误导,也就是说集体参与的实验在实践上不一定能够发挥主导性,反而成为实验对象,显然,一味地停留在建构论描述性的立场上强调人类与非人类必然对称性地保持在一起,或是自然与文化之间的先验对称性如何由行动者不断磋商而来,无助于集体的结合状况及其实验性实践能够在稳健的状态中对问题的治理产生真正的有效性。这种情况很

①　Latour B. From multiculturalism to multinaturalism: What rules of method for the new socio-scientific experiments? [J]. Nature and Culture, 2011(1):1-17.

快发生了转变,自2004年《自然的政治》出版以来,拉图尔主要关注现代性视域中原先二分的上下议院之间如何合作决策的过程,也就是在确定的价值与事实和不确定的价值与事实之间的差异中,作为探索新的社会稳健性的基础,在这一过程中,自然应当通过某种特定的代表形式获得代表自己说话的权利。从后来拉图尔逐渐放弃"人类与非人类的杂合""行动者""物的议会"这样的高谈阔论可以看出,他注意到了集体只与旧秩序概念科学、社会背后隐藏的稳定事态有关联,这是行动者们追踪不到的,也就难以像对称性框架那样被人为建构陷入先验与相对主义的误区。通过对真实世界中稳健性与惯性的重新考察,拉图尔借用了斐迪南·滕尼斯(Ferdinand Tönnies)的社会作为联结的概念和格奥尔格·齐美尔(Georg Simmel)的社会化概念,表达的意图是将社会的理解在现实社会本身中去阐释,即社会是与生物有机体和外部自然之间融合的,同样适用于对集体实验如何产生的理解,来明确参与集体的重组形式,这就导向了一种关系实在论以寻求重组秩序。拉图尔认为集体的理解很简单,就是一幅可以包容一切的宇宙图景,但对它的召集之所以如此困难是因为科学与社会都在从事一种净化杂合性的工作。旧秩序背后的混杂本性使得不同的认识论者依赖于对一种性质的可获得性的信念,作为描述与决策的资源,以至于谁都是用"洞穴"工具无效地定义自然。

　　集体作为现实中发生的不是以专家与非专家、人类与非人类的抽象对称来维系,而是更为本质的、特殊的事实与价值向达成普遍共识的事实与价值之间的动态转换来实现的,两者之间的偏差即令人惊讶地意外促发了这种动力,这个过程本身即是在形成集体,而这片偏差区域就是潜在的惊喜与无知的集合构成了涉入不确定性的实验情境,需要通过实验的学习,把无知的意识转换为非知识(未知的知识),这将是实验取得成功的先决条件,这样实验性活动就能与现实问题联系起来。在稳健性上,新集体内部也需要重建一种信任,以往主客体之间的划界,使得主体之间的信任更容易有凝聚性,这里的主体是理性人的集体,基于共识就可以达成行动上的默契,这是以确定性为起点的,但忽略了对客观文化的回应,酿成了现代性的危机。众所周知,新兴知识社会的特征就是新的知识带来了更多的无知,一部分原因是对知识的应用有了新的期待,这种期待愈发依赖作为这种应用发生的客观情境做出的回应。可见,客观文化在现代社会的发展中总体上的特征是对知识的无知程度有所提高。那么,新的预测之外的潜在副作用会通过已知与无知之间的裂痕扩大而显露出来,这就要求人类主体与非人类世界之间基于信任而加强互动。集体实验也不怎么困扰于边界问题:将更广泛的社会背景介入科学实践,曾经引发的普遍担忧是,科学是否变得不再是科学? 集体实验是一个生成过程,尽管缺乏对边界条件的控制,但不代表没有边界,它会被实验过程的递归机制和创新周期中的制度性步骤所吸收和补偿,例如频繁的公众参与以及参与者集体对惊喜、意外的开放,重要的不是去做预测,而是进一步考虑谁应该被邀请参与实验的定义和实践。拉图尔对此的看法是,"我解决了集体数量的问题吗? 没有,当然没有,因为历史并未结束,而且除了通过无人能够省略步骤或预见结果的实验所发现的一种意外之余,并无意义。要解决这个问题,我已经做得更好;我让它敞开……"①

尽管,拉图尔提出了集体实验的概念,将社会和自然因素关联起来以实现稳健性,但主要是在抽象的、繁复的隐喻中来论证的,终究需要脱离出来,才能作为一种可操作的方法论得到进一步的关注,否则,关乎集体实验的讨论就变成了一个空洞的公式,充其量不过是表明了一个艰难而又不寻常的参与过程的同义词。显然,集体实验的实践所进行的就是将对自然实体干预所获取的回应纳入社会决策过程,采取一种将自然和人类之间的互动转移到中心舞台的立场。这种回应就是干预效果产生的期望偏差,也就是意料之外的事件,这些有关实验的失败、错误等曾是现实生态空间中极力排斥的,但如今需要审慎对待这些意外的惊喜。整合这些意料之外的自然元素需要的是面向真实世界的干预性介入,这个过程中不同的参与者之间持续性地进行对实

---

① Latour B. Politics of Nature: How to Bring the Sciences into Democracy[M]. Cambridge: Harvard University Press, 2004:109.

验过程的重新协商,让所有的利益相关者作为积极的共同决策者和共同研究人员参与进来。干预过程中产生的惊讶,无论被归因于自然的还是社会的,开始局部地处理为关于自然或社会现象的新知识,这些知识将在未来有用。

结合一些面向真实世界的实验性生态干预案例,通过总结可以发现,集体实验几乎总是在经历复杂的磋商过程,科学家或其他特定的社会团体只能部分地加以控制或指导。面对目标情境(涉及当下生态环境恶化的主要困境)的不确定性进行尝试性干预来进行经验的积累,这里的干预者包括了科学家与不具备专业知识的公众;如果干预的结果出现了与预期的偏差,比如异常的环境现象,就要展开关于处理这种偏差或矛盾影响的沟通,这被描述为一种惊讶,将导致重新磋商关于已探测到的现实部分的知识储备,而日常生活中的经验性惯例构成了预期范围,在传统的科学实验领域中这些就是通常所谓的假设前提。如果没有一个明确的预期范围,就有必要在现实干预的迭代循环中凝练出一个预期范围(这些预期范围可能会被归因于某个特定的行动者群体),否则有意产生的惊讶就不可能以任何有意义的方式被记录下来,相反它也是一个行动者网络中的干预者,这个干预者建立起一个偏离预期的状态。

对这些预期偏差的感知,在拉图尔那里被描述为一种新事实,他用新事实的概念来与既定事实(比如万有引力定律)做了区分,后者在共享的现实世界中已经有了牢固的地位,这些是有关事实知识的传统理解,在未来作为面对不确定性时构成预期范围的一部分。新事实是让行动者集体感到惊讶,其原因、效果和意义在磋商的过程中仍然会引起惊讶。在人类与自然的互动中,不断重启的尝试性干预是作为自发的动力而存在的,这反过来可能被认为是自然的,因为愈发复杂的自然状态会抵制任何有意的人类控制,这些新的阻力来源必须作为新事实来处理。在拉图尔的方案中,一个惊讶和一个被公认的自然法则被置于他的上下两院中,以便把它们与另外两个包含特殊的(不确定的)和被接受的(确定的)价值的议院联系起来;作为一种方法论框架,在真实世界中,尽管来自自然界的回应引致了非知识,但令人惊讶的事实和关于是否应继续进行实验所涉及的价值观的交流应一起进行协商,即在做出一个令人惊讶的干预之后,不确定性经常被磋商为感知到的惊喜或非知识(新事实)。

那么,就如何保证集体实验持续性运行而言,一方面,要对局部确证的事实知识进行重新评估和重新磋商;另一方面,参与集体实验的行动者群体的利益随着对任何可能出现的新价值和事实的磋商而发生变化。也就是说,在进一步对不确定性情境的任何干预之前,需要对先前获得的知识进行调整,并与相关的利益集体相协调,这既不是被动适应,也不是随意做出改变的;相反,它是关于集体参与转译和探索的过程,只有在那之后才能决定是否对不确定性情境进行下一步的干预。这种干预的后果,也就是对自然回应的进一步反馈,可能会再次感知到(有意或无意)新事实。这就形成了一个闭环,在这里干预会影响先前感知到的新事实,所产生的新反馈反过来又会影响干预的设计,从而导致循环圈的进一步运行;与此同时,这种实验性实践的过程中可能会达到一定的稳健性,这种稳健性来自实验性的、基于学习的设计,因此稳健性反过来验证了实验程序的稳定性,即使不可预见的事件会产生意外,这就对应了拉图尔所强调的并不存在一个稳定的实体性社会,有的是不断变化了的由人类和非人类组成的联结。

另外,如上所述,真实世界中的干预行动可以解释为因果性和交流性两种属性在其中的交替出现。当科学家与其他的参与者不得不等待并观察他们对自然有什么影响或自然会如何回应时,他们进行的磋商可以被称为交流性的。他们发现自身处于这种双重不确定性中,因为他们既不清楚自然会如何回应他们的干预,也不知道他们对这些回应的诠释是否正确,于是通过特殊的事实与价值和公认的事实与价值之间的偏差作为动力源的实验性实践就成为应对这种不确定性的程序化的动态过程。

综合以上,以实践的建构视角来看,技术社会实验的情境会处于自反性的演变中。实验科学的发展使得实验的社会性从一开始就有了契约式的制度化设计。以更具规模、涉及更多主体参与的人工智能社会实验场景,为防止其中的个体行动陷入了无序、盲目,就要重新考察人工智能社会实验场景内的科学与社会契约关系。随着基于社会治理的基础研究的创新实践构成了新的行动空间的构成性基础,可以发现新的知识社会契约在以实验驱动的方式成型,行动者们都是有着双重实验身份的利益集体。集体实验概念中包含了新知识社会契约需要维系三个组成部分:实验主体、实验行动与实验空间。这同时意味着实验的规划理念、设计原型以及前提假说都需要在实验情境内部经历动态互构的过程得以凝练。将拉图尔的集体实验概念从抽象烦琐的隐喻中脱离出来,配合案例作为一种操作性的框架,可以发现,这种实验模型与相关领域中的,如适应性管理、公共生态学的概念以及真实世界实验的一些方法论探讨,甚至就其基本特征而言,也与杜威的经验学习理论密切相关。这些多种多样的组成部分的特点是经验和行动、知识应用和知识生成的联系,而集体实验又强调了事实和价值的联系。一方面缺乏技术专长的公众以及非人类的自然也都被整合到了同一实验性实践过程,另一方面也要求加速公众参与技术社会实验的进程。

第四章　人工智能社会实验行动网络与合作治理主义

　　人工智能技术的"自实验性"在大规模引入社会后,这种维度上的人工智能社会实验将对社会行为结构产生影响。因此,本章将进一步探讨技术社会实验视域下人工智能社会实验的行动网络及其行动指导理念,并对这种视野进行适当拓展,将考察的人工智能社会实验置于更大规模、更多主体参与、纳入更多复杂性情境要素的智能社会改革实验:一是不断深化对人工智能社会实验的实践生态位或者说基本行动单元的认识;二是持续推进实验性实践与公共场景及其共享价值的融合。另外,本章将人工智能社会实验的实践目标定位于社会治理领域,即人工智能技术赋能下的社会改革实验,主要通过回溯历史案例,揭示传统规模化社会实验的认知缺陷,以助于提高人工智能技术的社会治理能力及释放通过人工智能技术深化改革的红利。

第一节　坎贝尔的社会改革实验方案及其缺陷

　　人工智能社会实验的技术治理实验内容,涉及人工智能技术创新政策的凝练与验证评估,可以视为智能社会背景下的社会改革实验。科技复杂性的增殖与市场创新竞争压力的增加,使得科技本身的有效性无法在实验室封闭系统中得到保证,提前进入社会系统在应用中得到测试和反馈成为无法逆转的趋势,这个过程本身在介入真实世界后产生的效应也是无法逆转与预测的,因此技术作为治理工具本身也是治理的对象。那么,技术参与社会改革的有效性是存疑的,如何让风险得到保障,如何使技术得到正确的运用成为棘手的问题,同样对于社会改革的认知也需要发生转向:从倡导某一项具体的改革或者说一项社会工程,转向对紧迫性问题的关注。社会改革是一项基于社会系统整体的复杂性实验,因此真实世界中的实验场域存在实验要素与社会因素不断交互的建构,无法实现与实验室内一样的受控条件,因此评估结果只能作为阶段性的反馈信息,改革过程即实验过程本身需要得到持续性的纠正,而无法一劳永逸。

回溯到工业化时代的社会改革实验案例,可以看到,科学实验规则被直接移植运用到社会复杂性场景,被视作纯粹的方法论来保证公共决策方案的科学性与公共性,这是基于一种价值中立的科学观,认为无价值偏见、保持客观中立的科学实验方法论,可以实现政策创新评估的有效与公正。原本是出于改革成果有效性的公正检验评估——这一度在 20 世纪 60—80 年代的美国社会改革领域得到了显著的成功而大受推崇,直接体现在当时对实验社会(experimenting society)的构词上——却出现了集体的行动悖论。社会改革成效具有直接的现实意义。单一的专家决策机制为推行一项新的方案,往往会事先声明改革的有效性,而公众也会对此产生新的期待,这就出现了集体反而会很难容忍发生期望偏差的现象,尽管现场实验本身就存在着不同于实验室的复杂性情境,但是当时的群体都忽略了这一点。也就是说反事实结果的可能性条件一开始就存在于未经考察的设计构想中,社会也就无法真正从社会改革中学习。为了充分发挥社会改革试点的示范效果,需要客观接受成功或失败的有效数据,并且要真正保证改革过程的科学性与公共性,设计源头上需要多元的经验来源与公众的参与,也就是需要这样一个框架系统不仅适应多元主体的参与,涉及赋予基层自由裁量权、自由尝试各种解决方案,还可以同时对目标与前提条件进行修正和量化,在现实的社会实践中形成能够提供标准的实验系统成为这样一种实践的可行方案。

　　改革在社会发展中起着至关重要的作用。通过改革可以实现社会发展动力的换挡升级，并且改革策略要有一定的前瞻性、创新性，不能一成不变，也不可能一劳永逸，因此政策试点是社会实验方法论在探索改革创新实践中的重要应用。示范区、试点、试验区等往往指向对改革变量、区域、目的的选择，倘若成功就会希望作为模板移植到其他领域或地区，而对于改革实验设计、过程和评估标准的修正，凸显了现实需求与政治权力、权宜之计之间的某种张力，这本身已经意味着实验规则多元化发展的可能性。

　　历史上，人类集体也在自觉探索提升改革有效性的新颖方法。不同的时代背景下都需要创新改革策略，但所遭遇的困境在变得不断具有复杂性。与此同时兴起政策文化，技术专家制以权威姿态进入了公共领域成为理所当然的决策依据，使得单一的专家决策机制作为一种广泛的管理策略也参与了社会改革，以应对诸多现实问题，这些都是在对设计、观察和评估有影响的知识专家的帮助下进行的。

　　在这个背景下，进化认识论与心理学、公共政策学交叉学者美国西北大学教授坎贝尔，在20世纪60年代提出了实验学习策略，目标是给社会改革提供方法论上的评估框架，认为社会改革的效应必须得到公正的判断。在坎贝尔提出实验学习策略之后，相关的研究者以外在主义视角，把它作为不同改革工程的比照对象并在实验主义治理及其逻辑框架的建设中进行探讨，而忽视了内在于社会系统的实验性实践，因为社会实验学习的目的不只是获取新的知识与经验，更需要在实验效果上保持内外环境的一致性。社会改革实验作为一种实验干预，是要对客观场景做出改变，释放新的活力与动力。当然，坎贝尔本人也不是从内部主义视角来探讨社会实验策略，其理想主义的设计理念也存在着显著缺陷，不过仍然提供了许多可挖掘的有益洞见。

　　在《作为实验的改革》一文开头，坎贝尔指出："美国和其他现代国家都应该为社会改革的实验方法做好准备，在这种方法中我们尝试新的方案来治理特定的社会问题，通过学习的过程，基于多个不完善的显著标准来判定有效性,并且做出决定保留、模仿、修改或放弃它们。"①探索改革发展的可行性方案,有必要将现实社会整体纳入实验过程,这是坎贝尔支持的改革愿景,问题在于社会实验结果有效性的承诺往往是基于单一的专家决策机制背后的虚假性。"鉴于常规提供与给予的手段进行重大改善的固有困难,以及承诺与可能性之间的差异,大多数决策者明智地倾向于将评估局限在他们能够控制的结果,尤其是就已公布的结果或新闻而言。"②这样事实上改革实验的合理性受制于主导意识形态的偏见而非真实测试的确证性,预先承诺改革的效果:一是实验设计从一开始就偏离了公正评估的轨道,二是解决问题的几个选择方案受制于同一个框架中,三是试点实验的终点是达到预期的目标为止。

实验性方案替代纯粹理性设计是为了充分释放改革的活力,实现包容审慎的容错纠错机制,具体的要求是提供评估改革成效的公正标准,这至少需满足以下三个方面的前提性条件:社会改革不能是纯粹的垄断设计,要保证对意识形态偏见的制约;改革过程要遵循公平与正义;改革的成效在认知上要保证客观实在性,以便可以量化真实的结果。由此,坎贝尔将倡导实验社会的合理机制落实在如何实现真实验(true experiment),这种真实性是由科学实证程序与集体审议来保证的。在坎贝尔那里,社会改革中"真实验"的理解纯粹是精确自然科学意义上的,也就是说他描述的社会实验室就是对科学实验室的模仿,以经验科学的模型来量化现实社会中的事实。另外,实验过程涉及样本的选取与实验资源的稀缺性,这在现实社会层面会触及阶级秩序不平等与分配正义的问题,比如发达地区或上层阶级与落后地区或下层阶级谁为实验组与控制组,或者单以某一地区或阶级内部作为实验对象;将有效的紧缺型资源用于何种阶级层面的改革实验,都会遭遇伦理上的质疑。于是在总体上,坎贝尔将随机对照实验(randomized controlled trial,RCT)的设计视为实现改革实验社会化的黄金法则。一方面,倡导改革实验的随机化操作

① Campbell D. Reforms as experiments[J]. American Psychologist,1969(4):409-429.
② Campbell D. Reforms as experiments[J]. American Psychologist,1969(4):409-429.

使得改革成效的评判标准建立在客观事实的基础上，失败或者成功都能够得到公平与有效的评估；另一方面，随机化契合了实验资源公平分配的愿景，体现了实验组与对照组选择过程中的程序正义。"随机化是分配稀缺资源的最公平和道德的手段（和稀缺的危险职责），再加上进一步利用随机化的道德必要性，这样社会才能真正了解所承诺恩惠的真正价值。这种意识形态使得在一大类社会改革中进行'真实验'成为可能。"①因此在坎贝尔看来，在社会改革中实现"真实验"，关键是科学性与公共性的契合：一方面是希望社会科学家参与改革，在方法论上能像自然科学家在实验室中一样实现纯粹的随机化操作。另一方面是保证公平性价值在社会改革实验中具有实在性。随机化操作需要选择实验组与对照组，从评估标准有效性与公正性出发，大样本的随机化组合在统计学上有利于提升事实的确证性，而这种选择本身的随机化是对于社会公共价值的尊重。

坎贝尔对随机化实验的认知充斥着实证主义与自然主义之间的张力，比如他提出了"准实验"的概念与设计。这一点与同时代的社会科学中显著的实证主义派别有着区别。坎贝尔对待随机化实验，在设计有效评定改革事实的标准上与一般科学实验、实证主义社会学实验研究无异，对待开放的公共实验设计是通过将实验室实验逻辑拓展到不完全受控的真实环境中。坎贝尔首先罗列了一份针对理想的实验系统内部有效性的威胁清单，这包括了历史、成熟度、不稳定、测试、仪器、回归伪影、选择、实验对象亡失、选择与成熟的交互作用。在真实验设计与准实验设计的比较中，威胁清单在特定的复杂实验环境中并不可信，随机对照实验被认为可以有效避免错误，"我们将允许实验无效的唯一一对有效性威胁的是那些承认经验法则的地位比涉及干预法则更可靠、更合理的"②。不过区别于科学实验对待自然对象上更为稳健的客观性标准与简洁的模型化操作，现实社会中的随机对照实验涉及主体性，比

---

①　Campbell D. Reforms as experiments[J]. American Psychologist，1969(4)：409-429.

②　Campbell D. Reforms as experiments[J]. American Psychologist，1969(4)：409-429.

如行动者主动提出改革方案以及实验对象、实验变量、对照组等的选择与考量,这种主体性与政治实践目标紧密相连,因此势必考虑具体、互动的应用情境;进而,对完全的实证实验条件的受控性大大减弱,边界地带会与各种各样的社会因素发生显著的交集。于是,坎贝尔将社会改革实验的威胁又对准了外部性:测试的交互作用、选择与实验处理的交互作用、实验安排的反作用效果、多重实验处理的干扰、措施的无关反应性、不相干处理的可复制性。由于社会实验最终是希望实现普遍性与扩散效应,而外部性的威胁清单归根结底,涉及预测试阶段遗留的不相干效应对后测试或其他未处理对象的干扰,甚至是遗失了有效性的成分,这样作为最终结果的社会改革方案并不能反映真实的情形,因此地方性、互动性、历时性是显现改革实验有效性的必要条件。在这样的基础上,坎贝尔又提出了公正评估特定社会改革成效的设计方案:中断时间序列设计、控制序列设计、回归不连续性设计等。"这一顺序是从一个薄弱但普遍可用的设计到需要更多行政远见和决心的更强大的设计。"①总而言之,一意孤行的主观偏见是阻碍随机化实验的最大障碍,而使用后者的目的正是为了消除狭隘的人为性,鉴于这种社会建构性的主观偏好难以隔离于具体的情境,因此准实验设计或许是更为适用的社会改革方案。

为了进一步说明准实验设计中的随机化所提供的评估标准的有效性,坎贝尔列举了当时典型的社会改革案例予以佐证。在这个过程中,社会改革实验的方法论指向了与特定改革环境的交互性与必然面对的政治决策的反思性。单一专家决策机制本身缺乏对政治困境的有效回应,或者说有意回避了这一点,这在选择社会改革的设计方案时会忽略主观偏见的考察,比如政治动机、决策能力、办事风格等也是属于实验的自变量。作为20世纪最卓越的警务改革家,美国芝加哥市警察局局长奥兰多·威尔逊(Orlando Wilson)对警务系统的重塑(档案指标转向公开的社会指标)表明,单一导向的决策动机改变使得实验系统内部性威胁的激发变得不可避免。随即坎贝尔又论述了

_____

① Campbell D. Reforms as experiments[J]. American Psychologist,1969(4):409-429.

外部性威胁同样是不可避免的,他认为对社会实验有效性的评估最直接的威胁是测量的不相关反应(irrelevant responsiveness of measures),结果改革的终端不是解决社会问题,而仅仅是替换了衡量社会问题的指标,这就要求审查主体与方法论上的多元化来保证客观性。坎贝尔对改革成效客观性的保证借鉴了波普尔对科学方法论客观性基于主体间性的解释,进而提出评估方法的公共性、竞争性与评估群体的主体间性能够对实验设计中的偏见形成制约。

在强调多元主义方面,坎贝尔更重要的目的是表达对在社会改革中真正得到学习的期许,这是促进真实社会实验的目的。在贯彻改革实验多元化来源的进程中,尽管会面临资源的浪费与不公正的现象,例如区域性的成功不代表就能强行移植到其他区域以及在全局性层面得到推广。不过在多样性真实呈现的场域内,坎贝尔强烈主张社会工程师必须基于多样性进行规划的设计前提,以便提供最佳的实验判断:“更重要的建议是……应该有意识地来倡导多样性……如果没有这样的基本规划,统一的决策安排会降低现实测试的可能性,即真正的社会实验的可能性。”①

当然,多元化在坎贝尔的认知中是多维度的,不仅仅是生态系统的现实性,除了保证改革事实的客观性与改革结果评估的有效性,还倡导了社会公平正义的价值观念来纠正单一的专家知识主导的治理观念。随机对照组实验并不能做到任意发生,这是由社会资源的稀缺程度决定的。鉴于某项改革实验在苛刻条件下只能在某一实验组内进行,而无法选择对照组,那么在同一项实验过程中遇到的困境,随机化可转换为公共决策,甚至公众抽签决定是否重新选择试点;另外,新决策变量的介入有利于实现阶段性创新,这是针对单一性专家知识的管理决策陷入瓶颈的局面,通过介入公共决策实现破坏性创新,即使失败也有了集体承担风险的承诺,这样“大型政府机构内部和私

---

① Campbell D. Reforms as experiments[J]. American Psychologist,1969(4):409-429.

营垄断企业内部的决策权力下放可以为效率和创新提供有益的竞争"①。

可以看到,坎贝尔倡导系统性的"实验社会"策略,不像芝加哥社会学派专注于单一的城市实验室计划,超越之处是对真实世界中的实验的理解要深刻得多。大多数社会科学家对实验条件的认知是基于必须遵循情境的受控性,尤其强调在社会生态中实现"隔离实验"的能力,这是类比科学对自然对象的纯化而言,新古典社会学家经常就这种能力的可行性展开争论。为了更好地实现科学标准上的实验结构与社会规范的协调,考虑到面对紧迫性问题可能遭遇的社会资源的稀缺性,完全的随机对照实验是有条件限制的。当给定情境中的随机化存在明显的不公平现象,真实验的企图必须得到遏制,革新的突破口需要准实验设计的强势介入,对实验方案按照社会分配正义进行主观调整。相比精确自然科学实验,准实验设计更加强调地方性并要求降低控制标准,以保证准实验设计的有效性。基于真实的社会背景做出实验设计的调整也是坎贝尔重视实验外部有效性威胁的逻辑出发点。

显然,在坎贝尔的实验社会构想中,社会是政策试验田。这里的实验场景与实验概念是与精确自然科学范式下的实验观念相一致的。决策者扮演了科学实验者的角色,所引入的政策是实验的自变量,实验室实验的演绎逻辑移植到了现场的非受控实验环境中。不过坎贝尔倡导的实验社会又是高度理想主义的,在实践中也无法得到可行性的验证,论证上的自相矛盾之处也难以自洽。

其一是坚持单一的专家知识主导。作为实验的改革是以实验性实践作为探索社会可持续发展的动力的,这要求公共领域转向探索性的调整是自生自发的,也意味着社会改革实验贯彻的价值理念应是多元化的。但是,坎贝尔坚持的指导实验社会的理念始终是技治官僚主义,他提出随机对照实验的目的事实上是对这种意识形态的辩护。在这里,代表技治主义专家知识的是社会科学家,坎贝尔提出的方法论也是为社会科学家参与改革实验而设计

---

① Campbell D. Reforms as experiments[J]. American Psychologist,1969(4):409-429.

的,并且由他们来代表公众参与中立评估的需求。相比之下,公平正义的社会价值实在性并不具有指导观念的优先性,反而只是一种修正意义上的方法论。随机化与公共性的同构是在单一专家知识主导的框架之下发生的,尽管坎贝尔倡导实验社会的目的看上去是促进实验性改革的社会化进程,也就是放宽实验标准,问题在于真实验与准实验优先性上的错位。随机对照实验可分为真实验与准实验两大类(随机对照实验在真实验标准内部又可作两类区分,不过坎贝尔忽视了这一点),这种区分是依据改革实验资源的稀缺性来定的。在现实应用中,真实验标准具有优先性,但是作为改革实验变量的假设性政策条件却不是随机对照实验后的结果,倘若这种政策条件没有考量区域资源的均衡性,缺少公共审议,那么随机对照实验的结果也是无法保证公正客观的。

随机对照实验的逻辑出发点旨在提升改革成效评估的真实性与公正性,只有面临失败的结果,才可能需要通过集体审议来重新商议实验过程与方案,这种事后补救以期集体承担风险的策略能否有效是未知的。另外,如果公众普遍对涉及资源稀缺性的改革实验表示担忧,就可能拒斥一项改革的发生,产生邻避效应,或者通过公开游说、抽签等活动自行设计实验系统,这被认为很容易偏离常规的社会秩序,导向一种民粹主义。当然,也不能对官僚技治主义持彻底否定的态度,干预手段的强势介入仍然是解决争议问题、统筹分配的有效手段,但并不是唯一。

其二是实验方法论与实验逻辑的单一验证论模式。实验社会倡导的科学性与公共性的协同,在单一的专家知识主导下,本质上是单一的专家知识与真实验标准的对应,而不是社会的多元化结构与真实验、准实验之间同时具备协调性。坎贝尔在改革评估与策略选择上的认知仍然是实证主义,要求对结果的确证与量化,认为现实社会中的实验不过是科学实验室范式的移植。这样在实验逻辑上是单一的演绎秩序,随机对照实验在坎贝尔看来是遵循科学实验标准,最理想的社会改革实验就是能够按照纯粹的随机对照实验展开,而准实验设计中进行的随机对照实验在修正意义上,是为前者的意图服务的,因此坎贝尔提出的实验体系只是一种单一的高度抽象的验证论模式。坎贝尔没能认识到在更大范围的社会系统中所对应的实验场域是一个无法实现纯化变量的非受控场域,因此严格的科学实验标准与操作是不可能充分有效的。准实验设计更适应现实世界的复杂性与多元化特征,但它仍然不能以量化目的为终点,常规的准实验设计也只是在局域性的受控情境中得到有效应用。坎贝尔对待实验方法的高度抽象性也体现在他没能注意到真实验标准内部的随机对照实验设计形式存在着两类区分——解释性随机对照实验(explanatory randomized controlled trial,ERCT)和实用性随机对照实验(pragmatic randomized controlled trial,PRCT),前者关注干预有效性的普遍法则,后者追求最佳干预决策。坎贝尔实际上是以 ERCT 为导向,但在不确定情境中,这种实践并不能取得理想结果,普遍性法则是否有效以及能否移植都是存疑的。

坎贝尔在单一的专家知识主导视域下提出的社会改革实验策略所暴露的短板,提供了两点经验启示:一是要对指导社会实验的价值偏见进行合理规训。这是说,指导实验的实践观念需要多元化、去中心化,以达到高效、灵活、可调控,以应对不同的实验主义治理困境,才能真正满足公众参与实验的价值诉求。二是要对社会中科学容错空间的具体行动结构有进一步的认识。公共实验空间从被动的、现实场景下不同边界的集合地带,转化为积极主动的、作为行动单位的社会实验,具有内在的复杂性结构与多元的行为主体。

第二节　社会治理视域下智能社会实验行动网络的异质建构逻辑

基于上述经验启示,人工智能社会实验作为技术赋能下的社会治理实验,同样要以内在主义视角来审视实验行动网络的组建逻辑,避免抽象化、简单化、片面化的认知缺陷所造成的单一、单向的实践观念,而是要转向多元、去中心化、泛众化的建构主义观。与此同时,作为一项技术治理实验,人工智能社会实验又是在社会治理、国家治理的范畴中进行考量的,因此不可避免地会遭遇价值冲突,因此如何规范智能社会实验行动者网络的建构、消解多元实验主体的价值冲突是本节考察的重要内容。

我们已经知道,坎贝尔的方案高度简单化、抽象化的原因,有出于便利量化的考虑,不仅主客体边界明显,对应框架是单一、单向的;实验结果也是可完全预测与可控的,这与它所处的时代背景有着密切关联,不可避免地存在认知短板,这就不足以揭示出影响实验性实践得以规范的更多障碍,因为现实社会关系嵌入的价值冲突有时是不可避免的。本节考察了一个大型集体实验的反面案例——海湾战争——来进行这项工作。选择这个案例来论证的主要原因是,它提供了规范人工智能社会实验发展、调解实验行动网络中价值冲突所需要谨防的诸多困境,它们自身在结构、驱动力、系统目标上有许多相似之处。

海湾战争是在武器装备创新策略与科学实验共同作用下发生的,产生的实验结果超出了任何主体的控制。产业化军事科学需要现场实验来调节性能,吸引客户,但又往往掩饰自身真实的意图,导致了一种拉图尔所说的行动者网络中不对称的权力分布。在对这种缺陷的分析与批判中,同时深化对人工智能社会实验运行结构的认知,提出一种社会实验行动网络。并且,针对行动者网络理论功能性的补充,本节将提出反身性缺陷的审视视角,作为论证的框架。

技术复杂性的增殖与知识创新竞争压力的倒逼,尽管在显著的位置凸显了人类社会面对着无法逆转的科学规模化的风险趋势,但公众更为担忧的还不是进化中的技术本身的不可控,而是现代社会调节系统对于技术风险的控制或干预的能力的进阶已然大大落后。对此,韦耶认为至少可以罗列出三种不足:一是政策失灵,这关系到不良政治的技术控制所带来的日益增加的风险;二是组织失灵,这将社会技术系统的设计缺陷视为灾难性事故的主要原因;三是沟通失灵,这里涉及通过社会沟通展开的社会风险建构。①

　　系统性失灵问题的产生可以理解为一种网络化主体互动的结构性缺陷,既有价值观念上的诸如道德伦理困境,也有实质性的破坏效应,而问题的解决又反过来依赖社会网络生成的技术参与治理,这使得紧迫性问题的定性与治理都是不确定的,也意味着新的治理技术与新的风险困境是共生的。显然,单一社会维度的审视并不足以说明问题本身,也不可能依此制定完备的治理策略。这里涉及行动者网络理论优势,它可以对复杂性问题进行批判性描述,但面对行动者的单一价值偏见主导的社会行动网络,并不能提供规范指导,甚至忽视了利用社会行动网络进行不可控实验的现象。我们将此称为反身性缺陷,当然提出的目的是对行动者网络进行论证上的阐释性补充,用于更对称性地审视探索型行动网络结构的实质。

　　在元科学哲学中,实验是对理论优位模型的检验,目的是获取经验信息以评估命题集合与真实世界的相似性,以期证实或修改模型。代表性的理论见解就是汉斯·赖欣巴哈(Hans Reichenbach)在《经验与预言》中对两种语境的区分,典型的是在近代知识论的框架中对科学的事实性证据做出逻辑分析,那么实验的解释甚至在科学的哲学叙事中处于边缘位置。实际情形是,现代科学的发展模式已不是学院科学的自治范式所能主导的。20世纪以来,科学问题的复杂性(和平、气候、贫困、改革等)使得一项研究议程的确定更多地需要经历多元主体磋商的过程,也不再是科学所能独立解决的。显而易见,复杂性问题以及社会进程中的技术性特征并不是问题本身,而是构成性条件集成系统的某一面的表征。这也推进了认知科学结构的转向,毕竟实在论与反实在论的本体论之争并不能指导现实问题的解决,作为一种实践现象的科学,是在批判性互动中构建的。实践作为20世纪学术界关注的潮流概念,影响了20世纪80年代科学哲学家的关注焦点。他们开始重新审视知识

---

① Weyer J. Actor networks and high risk technologies: The case of the Gulf War[J]. Science and Public Policy, 1994(5): 321-334.

生成中的构成性条件。在这个过程中,实验室研究与新实验主义引领了新实验哲学研究领域,直接的结果是实验具有了同理论相一致的基础性地位,但共同的问题在于他们审视的是原型实验室情境中的实验,比如仪器设置或者说铭写装置之于对象实体重要的建构性作用,从拉图尔(促甲状腺素释放因子)、迈克尔·林奇(Michael Lynch)(轴突生长的神经解剖)、诺尔-塞蒂娜(植物蛋白)、莎伦·特拉维克(Sharon Traweek)(粒子探测器)等人选取的案例就可以说明,都是基础性学科的实验案例。尽管实验室研究关注的焦点是超科学场域,是以原型实验室的延伸情境作为知识生成的第一现场,但最终要回归到实验室中的科学事实,可以说实验相关的方法论与操作工具其实是作为证据的;新实验主义考察的直接就是实验室受控条件下的实验实在论问题,他们都忽略了真实世界中探索性结构演变的现象。

20世纪的科学实现规模化发展与组织模式转型的重要动力之一,在于知识与权力的联姻具备了整合科学与政治权力的能力,在现实的生态域以及为构建新的社会秩序而进行实验。过去,在谈及科学发展模式的演变与规范性问题时,典型的案例是20世纪以来出现的大科学和产业化科学,要点在于外部性介入了科学秩序的重构,极大程度地推动了科学事业的进步。对于科学的解释也不再仅限于表征主义为核心的分析性事业,政治学、经济学、社会学、心理学、生物学等不同维度的范式框架对科学做出了说明;科学与社会的伦理问责之间也制定了新的契约。令人遗憾的是,忽略了当时的研究实验越出科学边界的考察,问题在于看似价值中立的科学也有被滥用的风险,往往以研究的名义使得科学实验合法化,来规避外界对其正当性的质疑;而科学在外部力量的推动下得以从事不受实验室条件局限和公共伦理制约的现场实验。

"大科学"的显著特点是外部力量对科学自治的强势干预。军方借助科学实现政治企图,这种趋势并没有随着新世界秩序的到来而促使学院科学的范式回归。在这个过程中,精确自然科学意义上的实验的对象范围不再局限于自然事实,介入场域也不再仅仅是实验室,而是任何可能的现实对象与维度。人类社会对于突然扩张的实验范围与实验能力的制约显得束手无措,因为实验现象本身需要在一个异质性因素耦合的、实践中的社会网络中得到解释。行动者网络理论的立论依据是对以往的强与弱的二元对立结构提供对称性的描述,但这种对称性并不涉及中立价值的调和。拉图尔的对称性方案中贯彻的单线模式,与传统科学研究的发现情境转向社会中应用科学的辩护情境这类线性创新模式如出一辙。存在的明显问题就是对于反身性联结的无法贯彻。这影响到了认识论上的非对称性现象,有知与无知。知识的确证性在信念上得到了可靠的保障。知识论者将确证性作为知识应有的本性,倘若一种知识得不到确证,那就不属于知识的范畴,它可能不是善的、无意义的、无效的,尽管评价的标准因时而异,但这种信念却是长期先验地存在的,对于它最普遍的表达即是真理。当然,真理的信念与理性的认知能力之间不可能等同,不存在信念的加强有助于认知能力的提高的说法。西方认识论哲学更多的是柏拉图传统,还衍生出了许多其他信念,比如确证性的高贵和给人可信赖的感觉,导致人类社会很多时候面对无知与不确定性心生恐惧,畏缩不前。

尽管行动者网络理论的提出是对科学的建构提出更对称性的解释:科学与社会是互相建构的,可以概括地称之为社会网络生产的社会技术系统,但这种对称性实质上只是局部的对称,倘若某类科学的建构是出于非正义的目的,这样的社会网络反而是需要遏制的,需要另一种良序的社会网络去制止。像去中心化、去人类中心主义的实现是在共同利益维度支撑的社会网络之中,公共价值无法涉入。可以发现,行动者理论框架下对现实案例的分析是对哪些实体、如何参与的机理的揭示,最终又产生了何种特征的事实,而不会去说明网络主体之间是否还具备制约对方行动的机制。社会网络及其产生的社会技术系统是现代化进程的基本要素,但同时涉及符合与违背集体愿景的目的,性质上却不是可以完全预判的,也导致了治理上的滞后性,因为社会行动网络的捕捉是基于共享的游戏规则,涉入其中的政治决策与科学认知谁也不具有治理上的优越性,而网络的结构性缺陷仍然依赖网络生成的技术参与治理。当然,行动者网络的反身性缺陷,不是说不存在解决问题的可能,而在于问题性质的定性与治理路径在原先的社会技术系统内部都是不确定性的。

现代社会基于行动者网络建构的视角,可以发现不确定性问题产生的重要原因在于行动者网络能够被实验性地构建,而实验后果的巨大风险却是由网络之外的成员来承担的。那么借助反身性缺陷的透视,我们可以去解释发展到 20 世纪后期的大科学模式,导致实验的话语实践陷入了失序的社会情境中。突出表现之一是行动者联盟对社会网络进行实验的能力提升了,这一方面是源于不同行动者力量的耦合而成的网络本身就具备强化那些行动者力量的效应;另一方面是由于科技的进步,实验室条件无法继续满足大科学的需要,同时政治意志的贯彻更依赖科技的力量。简单来说,制约实验的伦理会被科学借政治意图比如新民族主义名义来化解,而政治意志的不正义竞争会以科学认知的真理主张来掩饰。韦耶基于行动者网络理论对 20 世纪 90 年代海湾战争的分析,指出基于共同利益的科学(军事)实验与政治实验是利用社会网络达成实验目标的。比如,这里的军事科学实验意在验证后续部队打击(follow-on-forces-attack)这种新的战略理念,依据的是高科技武器(战斧巡航导弹、电子干扰系统)首次参与人类战争的边界条件测试。目标达成的标准是精确性(解除敌军第一次打击能力)而不是过去的毁灭性(核爆破),而精确制导又是建立在不同军事人工物组建的社会技术网络来实现可传导性(conductibility)的基础上。社会网络系统性功能的实现有其必要性的条件,就是在大规模的复杂性条件下。因此,这套体系只有在真实作战条件下才能获取有效的经验与数据信息,在小规模层面至多是对单个技术系统功能的测试;另外,科学的行动逻辑部分地塑造了现代战争技术形态,使得将武器装备创新视作一项实验,其中一个方面是科学实验在语义层面得到了延伸,比如战时、实地、验证、反馈等影响了传播战争事实的陈述。

在将武器装备创新视作一项实验的理解中,相对的对称性视角无助于充分解释战争与科学研究耦合的网络化特征,而是需要强调同构性。在同一个社会网络结构中,武器装备创新与科学实验的相互建构性拓展了各自原有的边界,共享了同一种游戏规则:武器装备创新发展使得科学实验脱离了原先规范契约的束缚——战场成了实验场所,但不是原型受控实验室条件下的,一个直接的结果是社会伦理的失效,使得士兵与平民都成为被实验的对象;战争因为对科学进步性的依赖增加了新的功能维度,要去为对方的合法性集合更多的资源。作为一种误导性耦合的结果,这样一种事实陈述不可能得到所有(内部与外部)行动者主体的确证,因此倘若被一种虚假观念误导,真实性不再是现实结构性实验的目的,也就不需要强调传统实验的验证功能,除非其他行动者网络能够覆盖这种网络进行监督,但这种更强大的网络往往是先前实验的结果,很难预料是否会反过来约束前者的行动。

科学与政治的耦合既符合科学自身发展动力转型的需要,也是现代理念实现价值目标必须依赖的工具,但这并不表明政治对待科学的态度始终保持着足够的尊重。我们需要注意的是,行动者网络提供的对结构性问题的对称性回答,乃是偏离现实的一种理想化状态。科学事实与政治事实的互相建构基于描述的立场是普遍存在的,但作为一种指导美好社会愿景的规范是很难成立的。也就是说,两者之间互构影响的程度或者说共生的效力是不对称的,有时候政治事实的确证是以牺牲科学事实为代价的。较之而言,实验之于科学共同体是惯以熟悉的方法论体系,会为实验制定统一的评判标准,如可重复性与可逆性,基于此的科研成果才会得到同行评议的认可;社会规范需要完成对实验的价值认证,才能决定一项科学实验是否能够介入公共与生态领域。对社会技术系统的实验是无法完全控制的,成功与失败都存在很大的偶然性,即使成功也是地方性、暂时性的,而产生的风险以隐性的方式会不断向网络结构内部以及其他的行动者网络渗透。

当然,实验建模的社会网络总体上不可能由一种中立价值观引导。交叉性的游戏规则总是属于局部性的遵循,不同行动者之间既存在利益的共谋,也不可避免地存在博弈,但力量强弱的交替性并不存在可循的历史规律。科学与政治在社会结构系统中总是相对存在的,不过交集处的规定性可以视作某种社会秩序的强化,所获得的结果在外界看来不一定是良序秩序的典范。在大科学体系中表现为政治对科学的强势干预,科学利用政治决策去检测不可能通过实验室实验确证的知识主张,这种意想不到的机会有可能是常规条件下非法的实验,如今市场秩序对于科学自主性的干预也是同样的情形,只不过不像军事科学实验存在的威胁那样显著。

　　一般科学实验是对现存事实的验证,而对于通过行动者网络本身的实验来达到不同行动主体的目的,其结果是产生更大规模、任何主体都无法控制的行动者网络,这里的前提假设或设计是在持续性的过程中发生迭代,但为了保证进行会使用误导性前提,当然,任何一项系统性风险都不是单一组件能起决定性作用,局部性的优势或者缺陷也往往是多元目的纠缠的结果。显然,社会探索性结构所存在的一个启发性的洞见是社会网络作为系统风险的基础性地位。在社会实验网络语境下,我们仍然需要加深行动者网络作为实验系统的理解。在这里,我们对社会实验网络的基本行动结构进行揭示——可以认为社会实验网络是由一个个实验中的行动者网络构成的。拉图尔等人提出的行动者网络理论强调了不同行动者具有不同的利益导向,尽管采取了符号学上的转译概念,但不代表这些行动者组成的行动网络是一种扁平化的现实结构。行动者网络便于揭示科学实验室的议题置于社会背景中考察,也就是情境的置换效果,但是实验空间、实验规则与实验的操作者仍然属于实验室科学及其维系这个场域的专家共同体,事实上社会网络的实验性是存在的,却被认为是实验室的溢出效应而作为网络结构的隐性部分,因为风险本身没有被作为网络中可以磋商的内容。对行动者网络的实验,即社会网络实验,就将实验性在扁平化的结构中铺陈了开来,任何行动者都可以按照对方的行动逻辑来实现自身的目的,显然这种错位实践是他们先前从未有过的,在这个意义上,行动者自身在进行实验,那么耦合的结果就是同时对社会网络进行集体实验。

　　社会实验行动网络的耦合以不同主体所维系的利益为前提,很可能是在从未被证实过的假设前提下直接开展。当然,实验模型的社会网络化建构的缺陷表征着一种结构性的、不可避免的特征,整体上表现为对社会风险效应不确定性的强化:一方面,社会网络的形成本身就存在激发风险的效应,因为行动者主体力量的强化会趋向突破自身原有的边界,会给个体带来额外的风险,同时对其他社会网络主体的行动构成威胁,这是在向外部转移风险;另一方面,实验建模本身也会激发风险,社会网络化结构的重塑是对从未实践过的新假设的实验,目的是在越发无知的基础性社会网络中坚持贯彻自身的意图,达到系统性学习与持续性反馈,这样实验设计项来源的复杂性增加了误差率,另外真实环境中的目标结构的不可预见性使得这种建模(不同于在实验室一级对简化条件的完全控制)始终是不充分的。对边界条件的无知更是支持了对社会网络进行实验的合理性,这甚至是在更一般意义上的,网络化结构边界的极限只有经过尝试性的探索才能感知。

另外,在社会实验行动网络中,实验的实践性体现了作为动力机制的一面,这能保证网络结构可持续地维系下去。社会行动网络的生成本身就是一项风险事业,因为相对原先的生态而言是一种新结构的嵌入,但是社会网络又有其稳健性的特征,否则就不足以维系一项社会技术系统的生成,也不会呈现真实社会的结构性。行动者基于不同的行动逻辑其实有着内部的矛盾:一方面是集成效应,也就是自我增强(self-reinforcing)的需要,这表现为对他者行动逻辑的实践,通过网络结构来强化自身的力量,拓展自身的范式效用,比如大科学的稳健就是得到了政治的干预,巴斯德实验室的成功离不开当时法国社会卫生运动的支持;另一方面是自维持动力(self-perpetuating),没有自维持动力的范式会被彻底消解,比如熊彼特的创新机制是以耗尽原始创新为代价的,这就要求基础研究与社会基层的创新能够始终保持活力,相对地就是说自我得以增强的集成效应中还存在一种牵扯力。这样问题就变得明晰起来,为了使得这些内部性的动力能够导向积极、良序的方向,就需要重新找寻集体实验的起点。行动者联盟在贯彻各自的意图时往往会以对方的可行性或可及性假设作为参照,这本身没有任何问题,但是如果以背后的意识形态偏见作为掩饰违背原初约束的挡箭牌,这样不同社会主体都有了传统批判者无法做出有力回应的空间。网络结构中的集体一旦开始了行动,就要保证网络结构的稳健,关键是需要前提假设的稳健性,在社会实验网络中这样一个前提本身是一种持续性的递归过程,将信息反馈到前提条件中去不断完善,再回馈到后续的实验。那么,不同的价值偏见需要允许对方来揭示,共同完善集体的行动情境,这需要行动上的合作与互动地位的平等。需要注意的一点是,构成假设性条件的基础同样是一种社会网络情境,只不过这样的社会网络是更为规模化、复杂性的存在,因为是先前不同社会网络生成的社会技术系统集群耦合的结果,就好比俄罗斯套娃里更外部的套娃对内层的嵌套。基于此的行动者主体在假设战略构想与行动方案时面临着逐渐扩张的认知暗区,但为了目标的实现就需要实验性的学习,来触底边界与收获反馈性的经验信息。显然,实验在这里体现出了强化社会网络节点的力量。伊姆雷·拉卡托斯(Imre Lakatos)曾提出实验确证性的首要功能是维持科学纲领的韧性,那么实验在现实秩序中的运用是为了保证行动者结构的稳固,也同时会对单一主体进行力量上的强化。那么需要预防的就是单一的思维观念和价值偏见,以此来强化聚合资源与对外渗透风险的力量,这就提出了积极倡导合作实验的要求,这将在下一节进行集中探讨。

在这里,还需要澄清的是政策试点并不能与科学实验进行绝对类比,对待实验的理念也存在一些偏差。在此之前,我们先来说明不同实验类型的共性特征,在于实验的功能要保证类似拉卡托斯所说的科学研究纲领的韧性,这一点对应的是建构社会网络的基础性条件集合,这些条件包括了价值观念、科技水平、社会公正、经济条件等。拉卡托斯基于历史主义对批判理性的修正,得出了理论的系统性结构是以硬核和与之维系的中间带为限,在这里实验的限制性条件拒斥了一种坏的经验主义,即实验无法区分出不同纲领的优劣,但也做不到轻易证伪本身的纲领,很大程度上是为了对抗竞争纲领。相应地,社会网络中的实验首要的就是保证系统性结构中的程序能够持续运行,因为需要进行不确定情境中的信息的反馈,来重塑作为前提的假设性条件或者是开始凝练这样一种难以设计的前提,这就需要持另一种利益维度的社会网络对竞争社会网络中的实验有效性进行质疑。一方面,精确自然科学意义上的实验通常被视作一种方法。实验的经验主义与建构主义分歧并不影响方法论标准的遵循,对于科学共同体而言,践行一致性的实验操作规则是其范式成立的重要构成性条件,并且要求方法可行、可靠;而政治意义上的实验首要目标是保证所建构社会网络的运行,这与拉卡托斯提出的科学研究纲领要求的韧性相似。社会网络实验要压制其余立场观点,稳固自身战略的保护带,调动足够的合法性资源。另一方面,现代政治相比科学甚至更依赖实验。政治实验关注的在于创造政治事实,并不会深究方法论上的逻辑,也就是追求直接的效果,如新的全球秩序会趋向多元共享还是动荡不安,不直接推行开来贯彻现场的实验过程是无法定论的,而基础研究以借助演绎体系维持理论的优先性。然而,在现场秩序的实验中,科学实验与政治实验的耦合共同面临的是难以预期的后果,并且这种后果会架构成超越原先耦合的行动者网络,也就是原先的网络结构力量无法控制它们制造的结果。从认知上的无知,转向行动上的无知,但不同行动逻辑的主体依然有实验的自信,这种自信又从何而来?

进入现代性历史进程以来,有知与无知之间有了全新的阐述方式,就是风险与不确定性的比较,后者的地位隐隐有了上升的趋势。在当代哲学观念中,风险秉持了一种实在论立场,而不确定性更多是在建构论的视野里。可以说,技术官僚主义更多的是立足于风险提供的概率统计数据及其辨别的事情性质来做决策,而前文已经提到了干预行为的潜在效果会引发越来越多的不确定性,作为一片汪洋,它又可以是任何行为的新起点。不过,当风险在现代社会有了近似工具性、规定性的表达时,"这个系统的行为基本上是众所周知的,可以通过对机制和概率的结构性分析来定义和量化不同结果出现的偶然性"①,对于不确定性概念的辨析似乎变成了一件越来越困难的事情。福特

---

① Wynne B. Uncertainty and environmental learning: Reconceiving science and policy in the preventive paradigm[J]. Global Environmental Change, 1992(2):111-127.

沃兹、拉维兹将无知定义为三种不确认性类型中——不精确性、不可靠性与无知——最深刻的不确定性①,这样的认知其实是把不确定性客观化为了行动者的无知程度,比如说尚不为个体所知的对象,或者在利益相关者中尚未做出的决定。不过,韦恩认为谈论不确定性的情形是在获取了对系统参数的一定了解但不清楚概率的分布。因此与福特沃兹、拉维兹不同,韦恩否定了从风险到无知的客观尺度上存在着不确定性的观念,他认为风险、不确定性和无知会相互重叠在一起,这表明无知可以嵌入更多形式的未知中。② 因为,具体的实践情形是,人类活动与自然世界相互作用时,通常看起来,决策似乎是基于对已知和未知事物的明确定义进行的,也就是说,这种决策过程未必会因为缺乏确定性或知识受限的状态而进行下去,显然这是基于人类社会对待无知依然可作为行动的自信来源。

当然,韦恩只是描述了这种现象,对于自信的依据正是基于集体实验才能将不确定性作为起点,并且需要达到的一个效果或者说获取系统参数只有激起更多意想不到的变化来作为实验学习的促发动力,显然对更多不确定性的感知才能更好明确实验的方向。正如汉森所说明的那样,在概率未知的情况下的决策可以通过是否进入可能包含未知危险丛林的决策来例证。

基于以上分析,本节逐步推进了技术社会实验网络在实现动态性、灵活性方面的可行程度,不只是一种静态、被动的科学容错空间,也要避免单一主义通过实验社会行动网络来达到自私的目的。不同主体的行动逻辑,可以用区别于自身的异质性标准作为假设性前提,而行为网络本身能够增强行动者的力量。然而,这种增强效果的可持续动力,是基于异质性要素的扭曲,也就是说内部主体之间权力不平等存在的势差提供了动力源。在海湾战争中,政治权力的拓展高度依赖科学力量的可及性;为了实现价值偏好意图强制科学

---

① Funtowicz O, Ravetz R. Uncertainty and Quality in Science for Policy[M]. Dordrecht: Klvwer Academic Publishers, 1990:87-88.

② Wynne B. Uncertainty and environmental learning: Reconceiving science and policy in the preventive paradigm[J]. Global Environmental Change,1992(2):111-127.

脱离原初范式,包括了学科标准、实验室维度的操作要求与社会规范的约束等。但同时也给社会网络的内外结构带来了额外的风险:大科学获得了大力发展的机会,但这种发展模式的驱动力受制于外部意志,既不利于研究事业的自主发展,也对人类社会的伦理规范构成了不可逆转的伤害。社会正义运动一贯坚持的观念是,即使是最好的科学方法也有一定的问题,因为它似乎缺乏资源来阻止歧视性价值观和利益塑造的一些通常被认为是最好的研究,更何况它的指导理念会存在"错位"的现象。

第三节　走向合作治理主义:从验证论模式 转向合作探究模式

一、实验前提假设的地方性建构

人工智能社会实验中技术的自实验性特征需要社会化、立体化、系统化呈现,这会引导智能社会形态本身的驱动性及其秩序建构需要实验策略提供可持续动力。人工智能社会实验涉及对其他社会行动网络的实验,基于不同利益目的耦合的行动者共同参与了这项实验,在克服共同面临的不确定性困境时,需要异质性行动逻辑的协同,对于作为产出结果的社会技术系统是不可预测、不可控和不可逆的。不同行动者组建社会实验行动网络的目的在于假设性战略的实现,这需要在协同过程中获得持续性的经验信息反馈:一方面可以强化网络节点的力量,这个节点会以场域的形式存在;另一方面可以尽快对基础框架做出修正,或是用来压制外部的反驳意见,或是制定治理策略。那么,这种不同实验主体间的行动配合如何促成以及社会实验行动网络如何组建并且维系这种契约关系?又需要何种指导理念?

　　本章在前文中已经指出，坎贝尔论证公众参与社会实验的可行性是基于科学性与公共性之间的契合度。他认为贯彻公平价值观念的社会改革实验才可能得到有效的结果，在方法论上对应的是符合真实验标准的随机化操作，在认识论上这是遵循严格的机械客观性，认为消除主观偏见、个体心理偏好的实践与贯彻公平正义的社会价值观念所要求的公正、公平、共享要求是匹配的。因此，实验主客观的边界是明确界定的，前提假设是基于实验者的主观判断，因此这是一种验证论模式。在对待一项小规模、有高度针对性、场景完全封闭可控的改革实验时，由于明确了对目标变量的完全控制，实验设计可以被主导的认知观念所驱动，并通过近似真实验的标准来规划。问题是，在复杂的社会技术系统中，实现原型实验室中的纯化过程本身，就是一种高度抽象化的处理，对于小区域的随机对照实验比如生产车间中的霍桑实验、室内的教学实验以及社会个体心理学问题的考察等，抽象模型是可以得到移植运用的，因为实验条件是严格受控的。而对于更大规模的技术社会实验系统，复杂性因素具有高度的不确定性，首要的是基于学习的探索过程，因此真实验不可能实现，即使实现得出的结果也是有局限性的。当然，坎贝尔原本的意图并不满足于此，但他又缺乏对科学实验、社会科学实验的批判性反思。显然，以社会治理为目标导向、涉及多元主体参与调解人工智能技术引发的价值冲突的人工智能社会实验，其内部主体间的行动模式应倡导一种合作探究模式。

　　验证论模式隶属于传统的受控实验模式，其认知框架维系了实验者与实验对象的二元对立结构，这就有了价值偏见渗透的空间，因为对客观对象的干预必然有主观的指导意向，因此以科学家、决策者以及专家知识为主导的实验设计策略长期决定了社会改革实验的假设前提、受控变量与目标知识。以往对于一个演绎实验体系是否符合标准、能否可重复的判断，首要的一点是回到理论前提、假设条件或是设计原型进行检验。这种验证的合理性与可行性在于它是在受控情境中，而社会中的实验是一种不完全受控情境。精确科学实验是基于主客体二元对立的框架的，而集体实验是维持主体间性的立场的,不过受控与不完全受控并不构成完全的不对称。在实验的边界问题上,不完全受控同样发生在有限的场域,无法控制的是构成实验的条件具有复杂性、偶然性、不确定性,以及实验干预主体的缺位,任何行动者都处于实验系统内部,实验者与被实验者的身份有了重叠。在这里,假设条件的验证是一个持续性的递归过程,因为前提假设的基础来源于多方面的行动者,并且是严格遵循地方性条件的。

地方性作为一种科学知识的内在本性,相对于普遍性意义上来说,有着建构的作用。地方性提供了普遍性的原材料与构成条件。作为西方文化品质结晶的现代科学,其实是在不断重复一种将秩序嵌入自然现象的过程,为了推广这一过程,达到任何场域都可生效的目的,就需要生成一些规则。从直观的表象来看,这些规则包括了实验室维系的受控情境、以生产系统知识为目的、演绎逻辑为主导,并且实验者是科学家。科学哲学家、新实验主义者南希·卡特赖特(Nancy Cartwright)对此就有过一个生动的描述:"物理学在其不同分支中是在小区域中运作的,主要在围墙之内:实验室的围墙,电池的罩壳,或是保温瓶,其中的条件被恰如其分地安排,来契合那些受到很好验证、很好地确定的理论模型,即理论模型能够被证明是可靠的,能够确保这样发生的。它偶尔在围墙之外也可以,但这些都是我所研究的自然,很幸运地与我们的特定模型之一相似的案例,而不需要我们通常为此发生必须付出的巨大设计与劳力。"①不过,卡特赖特更想说明的一点是,即使不考察这些简单规则本身是否合理,从它们集体的构成性基础来看,也不存在一种稳健的可作为普遍性的说明。卡特赖特假设了一种在地方性与普遍性之间架起桥梁的经验实在论,即使存在绝对的客观实体,对于它的实际运用依然要诉诸于解释模型的建构,通过比较物理学与经济学的建模过程发现,后者相比前者在演绎体系上反而更强调经验性的内容。反之,即使是以归纳所获得的确证

① Cartwright N. The Dappled World: A Study of the Boundaries of Science[M]. Cambridge: Cambridge University Press,1999:3.

性而言，自然科学实验相比其他学科也没有绝对的说服力。倘若其他学科以科学实验系统的直接移植来满足自身的科学性，那么，只能是以科学的视角来看待实验；倘若为了区别科学，而强调自身学科的独特性，又会大大削弱实验本身的功能。更好地理解与运用实验的方式，就是把它释放出来，在实践中理解实验。科学实验哲学对实践转向的进一步回应是对实验活动本身有了新的认知。新的处理办法是对实验的结构性与系统性的认识，换言之，实验体系是可以被重新构建的。实践认知更倾向对构成性条件的关注，因为实践需要对现实的情境进行回应。在真实的实验性实践中，这些回应需要不断反馈到前提性假设。

那么，如何在真实世界的实践中来理解实验？我们首先可以通过考察实验室中的实验实践作为参照。科学实践哲学视域中的实践强调具身性与地方性的背景条件，这在卡特赖特看来，实验室等同于律则机器的实体化形态。律则机器是产生、检验、运用自然定律的"巢穴"，构成科学实验与成果的可重复性检验、同行评议的权威标准的前提，离不开对律则机器也就是实验室的复制与移植。倘若实验室无处不在，科学知识的普适性就能够成立。然而，真实世界的实验是一种整体意义上的地方性实践。涉身性的实验实践所获取的经验信息必须是嵌入社会网络结构中得到解释的，而这种社会网络结构又是具备动态性与现实性的，并不拘泥于一成不变的标准，所获得的事实也就难以重复。相较而言，实验室中的实验实践最终需要一些既定的标准嵌入其中，并且与地方性之间的联结没有那么强烈。

现实生态作为新兴技术探索性实践的容错空间，相关的一些代表性概念，像前文提到的真实社会实验、技术社会实验同样忽视了地方性对实验假设前提的建构。将新兴技术的社会引入视为社会实验进程的基本依据是，一项技术及其功能的潜在风险的最终测试是由一项技术在社会中的实际应用来进行的。有些学者以此作为技术社会实验生态成型的依据，这是不够充分的。如果仅从科学演变的角度来说明开放的实验场景形态，这至多只能说明一项受控实验或者是一项科学研究实验的延伸，并不足以说明社会实验行动网络的建构。任何技术的社会引入是否都被视为一项社会实验,这本身是值得商榷的。比如,自动驾驶技术的检测需要反馈车内人员的日常交通经验,倘若该项技术实验不为社会所接受,就不可能真正实现。

另外,在社会实验行动网络内部,与地方性的建构相互动的是基于实验对情境条件的学习,这无法保证对目标变量的全部涵盖,也就无法控制全部条件,因此前提假设的设计、检验是不可能确证的,是集体在现实世界通过运用实验来迭代生成与改进实验前提条件。由此可以进一步得出结论,人工智能技术的社会引入本身是另一个集体决策与行动的实验过程的延伸效应或者说结果,因此,只有对人工智能社会实验有更深层次的理解,才能对社会实验行动网络的构成性基础有真正的认知。

二、实验主义与实用主义哲学

公众经验介入的合法性与现实世界实验状态的结合,导向了基于实验驱动的、新科学社会契约。智能社会中人工智能技术的"自实验性"特征,也提供了社会可持续发展的实验性驱动力量,这种力量的驾驭需要公众正视技术社会实验,而不是做被实验者。实验主义治理理念倡导现实世界寻求可持续发展,就需要对不确定性与无知进行探索,在实验过程中建构新秩序。

假设前提的多元化,尤其是公众可接受条件的假设,使得基于不确定性情境的决策过程,必须内在于技术社会实验系统来展开。也因此,公共监督与反馈机制能够对新决策的生成产生实质性影响,倘若成功就会得到强化,倘若失败则需要预防机制,这是建立在技术实验风险公平分配的基础之上的。复杂性技术的创新提供了提升社会治理能力与探索可持续发展的驱动力,也愈发需要在真实世界中展开,即使核电站、地球工程等获得了大量的研发资助而产生了路径依赖的锁定因素,不过基于不同的经济、生态和政治成本效益分析仍能影响科技政策的制定。在拓展社会容错空间的战略引导下,新决策制度与规则的形成仍然处于初级阶段,不过公共决策的制度框架也会发生不断演变,尤其在欧盟制定公共议题的决策程序上,积极嵌入了具有实验风格的商谈框架,像如今在全球盛行的实验主义治理、规制实验主义等创新战略,就体现了对传统治理手段的更迭,进而实验性实践获得了广泛认可。

　　当然,在这里遭遇的问题与公共实验空间一样,首先就遇到了行动上的无序性困境。一方面,类似人工智能社会实验的新兴技术社会实验将会越来越多地实施。21世纪以来,以自动驾驶汽车、合成生物、人类增强、地球工程为代表的新兴技术引发了前所未有的社会治理问题,也带来了新的伦理困境。这些技术的应用后果及风险在受控实验室环境中无法得到充分确证,可能引发的道德困境与问题也在介入社会应用场景后才逐渐显现。当愈来愈多的科技风险需要在非完全受控的现场才能识别,其治理过程无疑具有了社会实验的特征。新兴技术的不确定性相比先前的科技更加难以预测,这会影响人类行动者的综合判断。另一方面,在开放实验场景中容易同步生成知识与非知识,导致确证性知识的混淆,难以作为指导行动的判断依据。这也是知识社会高阶发展不可避免的自相矛盾的状态:所获得的科学知识越多,就越需要被迫处理非知识及其越发模糊、不确定的变体。因此,人工智能社会实验作为智能社会中的重要技术治理策略,需要实验调解认知风险以及价值冲突的新机制工具。原先的处境是,事实判断需要就意见的对错提供依据,而公众意见是通过对邻避效应的感受性来体现的,并不完全基于理性,往往是对能感知或无法感知的任何风险的直接拒斥。人工智能社会实验场景中的行动决策会以假设性推理的形式为前提,并且直白地陈述了失败的可能性,这里存在着很高的发生概率。在过去的知识社会中,失败被视为社会的系统性失灵;而在智能社会,这是基于实验得以学习的构成性基础。

　　因此,就像在前文中提到的,并不能对坎贝尔推崇的单一专家知识决策机制持绝对的批判态度,不能以此认为坎贝尔采取随机对照实验来推进实验效果的客观性,这种认知存在错误,只不过说实验主义对公共性的内涵本身就有许多已知和未知的障碍,比如公众无法充分知情和不被专家知识辅导,以及有关法律章程对实验无知者设置的限制,并且伦理规范也防止将风险转移给下一代;而且可通达的实验主义方法论也是多元主义的,这不仅是现实,也是公平正义的社会结构的内在要求。

　　以上论证大致给出了实验主义与公共性结合的合理性,不过仍然是在一个宽泛的框架结构中,为了更好地结合、探究深义,需要聚焦在实验主义最让人感到疑惑的地方。当实验主义广泛应用于社会治理时,关于理性以及科学和政治之间长期存在的问题就重新得到关注。实验主义是否对公众决策预设了既定的前提标准抑或是严格的精确自然科学范式? 这样的后果容易强化独断的技治主义策略。坎贝尔的验证论模式正是这种典型,其实施效果值得商榷。当然,科学实验室标准也不符合复杂性的现实社会场景。

　　就实验主义的多元化风格而言,验证论模式可作为内在于技术社会实验系统指导行动的、一种临时性的选择,真正需要满足的是利益共同体在真实世界的实验实施中迭代生成新的反馈信息或者是激发突变、涌现颠覆性设计的期望。与验证论模式相对的是一种合作探究模式,这就需要溯源实用主义哲学视域来探讨合作治理主义。事实上,实验主义、实验主义治理并不是全新的理念,在理论渊源上都归因于实用主义哲学。查尔斯·皮尔士(Charles Peirce)也是验证论范式中随机化概念的早期贡献者。

　　实验是实用主义哲学的核心议题,尤其是在皮尔士与杜威的著作中。受达尔文主义的启发,实验集中代表了实用主义在逻辑、伦理及其信念方面的自然主义化。实验在实用主义框架视域中得到了审慎对待,不存在一个大一统的概念,而这种不一致只是表征了连续性上的差异性,没有泾渭分明的区别。众所周知,实用主义批判了一个古老的哲学传统,即理性直觉的超然地位,进而提出了一个探究概念的理想,在这个构想中真理嵌入了现实世界中成为一个知识连续体,哲学只是被作为更为抽象的一端,整个过程都是在经历基于经验的自我修正,这样思辨实验、科学实验、社会实验以及更多可能的实验在认识论上享有平等的地位,它们的优先顺序是由具体的问题决定的。

　　相比皮尔士集中把实验视作一种科学方法,杜威试图将实验的应用范围拓展到科学机构之外。他的核心观点是实验性知识生产与社会变革是交织在一起的。对以实验性实践为基础而展开的社会结构性调整合理性的论证,杜威正是先驱之一。知识的确证性源于行动的可靠性。杜威明确提到了实验的好处和价值,将这种科学方法论与现代性联系了起来,并且认为实验性策略是有效解决问题的办法,这要求基于共享理性的同时,还需要有获取充分经验的实践程序,将理论和观察联系起来。杜威还设想了在解决问题的实验模式的基础上融合著名的科学和人文两种文化之间的界限。同样,杜威也希望实验主义能成为社会伦理议题的核心。基于杜威对实验主义的理解,唐纳德·舍恩(Donald Schön)对实验给出了一个有用而简洁的定义:"从最普遍的意义上来说,实验就是为了观察行动会导致什么而行动。最基本的实验问题是'如果呢?'"①这种实验主义的哲学基础是对不确定性作为人类社会不可避免的生存条件的深刻理解。与理性选择理论相反,实用主义哲学认为手段和目的是相互依赖的,在同一个实验性实践维度中得以维系,又在这种实践中互相阐明自身的意图。因此,实验主义是一个反复适应新环境和经验的过程,需要一定的进步和改进理念,但没有终点。

三、设计实验、合作探究与合作治理主义

通过实用主义哲学对实验主义进行审查,可以发现,实验主义能够基于不同的标准,那么接下来的问题是:某一项标准按照实验主义的标准来界定之后,是否无法容纳其他的标准? 科学实验主义就是以对假设的验证为核心,并根据验证中得到的知识进行调整,那么倘若科学实验主义在社会实验场景中失效,是否就意味着要在社会实验系统内部彻底放弃严格实证实验及其标准,这也成了许多社会实验研究者批判坎贝尔实验主义风格的出发点。这种局面似乎需要一个制度性集合的概念作为社会实验网络内部的集体理念,也需要从内部视角来重新考察科学实验规则。

本章已经提出过这样一个疑问:任何一项技术的社会引入是否都能称得

---

① Schön D. The Reflective Practitioner: How Professionals Think in Action[M]. New York: Basic Books,1983:145.

上是一项社会实验。以往,将新兴技术的社会引入概念化为社会实验,主要原因在于很难预测新技术对社会的影响,在缺乏相关可靠性知识的情形下,有以下两个方面的原因需要采用实验方法:一是基于实验的学习来密切监视新技术的社会影响;二是实验方法的特点是制造受控情境,因此在遭遇外部性压力时——技术、道德、经济等,可以停止实验。显然,这是以严格的科学实验标准来看待技术社会实验可能存在的问题。作为与精确自然科学范式下实验标准的对比,具有代表性的是,迈克·马丁(Mike Martin)、罗兰·辛津格(Roland Schinzinger)在《工程伦理学导论》中提到的作为社会实验的工程的见解。[①] 工程是一项介入生活世界的复杂性技术集成系统,在初始状态与最终结果上都不是充分认知的,因此社会的实验性毋庸置疑,而以实验角度审视工程,马丁、辛津格是基于两点理由:一是实验的学习可以即时监测技术集成的潜在风险,二是与标准实验之间的偏差即是工程师的道德自主空间。他们也认识到了实验目的在工程与自然科学中的不同,不是为了增加新的知识,而是为了提供新的治理方法,最佳结果即是证明某项工程的进行是正确的。

那么做一个假设,倘若将医学实验的知情同意原则用于技术社会实验,是否就意味着基本的科技伦理原则失去了先导的规范效力,这就要对技术社会实验的内涵有不断深入的解读。同样,本章所举的自动驾驶汽车案例,要求新兴技术的社会引入理应与现实的社会生态相匹配,否则该项技术不可能被接受。从"硬技术"与"软技术"的区分来看,源头上的新兴技术其本身就是一个社会技术系统,包括"软技术"——作为前提假设或是要求重新匹配的社会可接受条件,比如制度、法律、伦理、市场、生活习惯等。那么,像"新兴技术的社会引入"这种表述中潜藏的认知划界就需要消解,对于复杂性技术从初始到最终态而言,实验室"内—外"构成了一个共时性、情境融合的社会实验

系统,其中科技治理体系与技术创新是同步实验的。因此,面向科技治理的初态社会实验,实则是向社会引入一个新兴的社会技术系统的过程。

既然,新兴技术的社会引入的实质是新社会技术系统的社会引入,因此常规科学实验的受控标准是无法充分满足的。进而,在这里也不存在系统外部的实验者与执行者,都是在社会实验系统内部行动的,对于系统内部的实验活动如何开展,可想而知,这需要一个干预与周围环境交互的过程。为加深对这种实验系统的理解,在这里引用安·布朗(Ann Brown)提出的设计实验概念①,但做了重新阐述,概括出四个基本特征:一是实验的前提假设不是从确证的方案或原型出发,而是首先认为实验环境是混沌的,实验不可能隔离单个变量的影响;二是实验会与涉身其中的情境条件发生交互作用;三是实验的目的不是证实或证伪,而是迭代地完善初始状态;四是实验者与实验对象之间存在身份上的叠加态。这样,基于设计实验的理念,技术创新引入真实世界造成的社会实验状态,可视之为一种生成新治理模式的过程。这种框架就与坎贝尔式的验证论模式有了显著区别。坎贝尔理解的社会改革方案的有效性要求与科学性一致,这就形成了"准实验"与"真实验"两个概念的错置,认为实验室实验才是标准的真实验而现实场景中的实验只能去接近,也就是把准实验措施本身视作了缺陷模型,又先验的以实验室标准来认知现实生态中的容错场景。问题在于,现实生态条件的复杂性是不可能以固定标准去量化的。设计实验的构想放弃了受控情境的预设,甚至还包括准实验的概念范畴。行动者需要正视现实生态中不完全可控的复杂性条件,并且人们越来越多地将社会过程理解为由社会自身进行的应对现代社会的复杂性结构和不可预测的动态实验。因此,真实世界中的实验,在某种意义上,更加凸显实验这项实践活动的探索性维度,而受控实验室的理念则是它的一个特殊变体,就此可以对验证论模式进行超越。

---

① Brown A. Design experiments:The oreticaland methodological challenges in creating complex interventions in classroom settings[J]. Journal of the Learning Sciences, 1992(2):141-178.

基于设计实验的构想,可以得出结论,科学实验标准绝不是一成不变的,为了达到实验的客观有效性而固守原先的框架,既不符合实验主义的初衷,也违背了科学自身的批评怀疑精神。那么,科学实验主义也不仅仅代表一种强的验证论模式,基于环境的变化可以调整不同的实验谱系——根据情境复杂性的递增从思维、实验室、田野、生活实验室到真实世界。另外,设计实验的目标对象是临时性、中间性的结果,经历着不同主体间的动态协商过程。因此,合作治理主义对于人工智能社会实验的技术治理特性能够起到规约的作用。对传统社会实验的主客体二元对立观念的纠偏,关键是要重塑前者所内在于的总体上的社会治理规范体系,实现工具理性与价值理性的有机统一。实验的外部干预主义总是形成于一定的社会情境中,而合作治理主义是在共享情境中调解各种优先性的规则制约,提供人工智能社会实验场景内行为主体的行动规范,并提供各方回应各自价值取向的基础,反馈人工智能社会实验实施过程中的透明性、可信性、问责性要求。"合作首先意味着主客体结构的消解。这是因为,合作者之间的关系不再是主客体之间的关系,他们在合作行动中都具有充分的主动性。"①简言之,合作治理的精髓是要消解规则之于行动在逻辑与实践上的优位性,既然治理规则的语境与有效性是在治理行动中得到阐释与证明的,这就要求传统的被监管对象也具备作为治理行动者的能力。因此,合作治理主义维系的人工智能社会实验行动者规范,要求任何个体意识到自身具备成为实验主体的权利,有主动参与实验的义务,并且也有责任对实验后果承担责任。反馈到知情同意原则,就是传统的实验受众既然同意参与人工智能社会实验,除了专家知识辅导,如今也有责任自己去主动学习相关知识与信息。

合作治理主义对人工智能社会实验场景内行动者目标的指向,要引导实验主义治理逻辑致力于实验效果上的迭代努力。对于迭代,最佳的解释在于达尔文式的进化论,迭代必须与环境交互,意味着动态性、创造性、开放性。

---

①　张康之.公共行政的行动主义[M].南京:江苏人民出版社,2014:222.

通过合作治理主义来优化实验主义治理理念，要推进后者的关键特征即自下而上的治理创新，即：不同层级的地方单元（企业、政府、基层等）其实是在进行一种平行实验，因为做法上试图遵循进化机制，这需要足够的样本，通过跟踪这些平行实验，将实验信息汇总到拉维兹所说的贵族共同体来审议，以确定最佳实践，再将其反馈给各单位，告知后续实验。平行政策实验鼓励地方性的实践，比如针对气候变化的政策实验，这种适应性政策的成形就是回避了验证论模式，将政策作为迭代生成中的前提假设，因为目前全球气候治理实验的反馈信息更多来自地方公众的经验。由此观之，作为更综合性的指导理念，合作治理主义与设计实验理念在运行机理上有着契合性，也与杜威的合作探究概念一脉相承。

大卫·希尔德布兰德（David Hildebrand）总结了关于杜威合作探究概念与方法论的四个关键特征——动态性、临时性、自我纠正和社交①，这些观念也指向了将实验主义嵌入更广泛的合作探究范畴中的方式。探究本身的活动在杜威那里是提供事实知识可靠性的基础，这种行为者既可以是科学家，也可以是公众。希尔德布兰德接着指出，实验主义的致命弱点在于它首先排除了那些不认同实验主义观点的人。因此，将实验主义纳入合作探究的范畴是假设公民不必是受过训练的科学家也可成功地进行实验。② 杜威特别强调了解决问题的思想都是实验性的，那么原则上没有任何理由认为任何个体不可以对一组既定的制度采取实验的态度。这样，公众集体习得参与公开探究的能力也是无可厚非的，这是杜威教育理念中传达的公共科学要求。另外，杜威发展了对问题的社会本体论解释，从而论证公众也会由于影响他们的困境而积极主动地参与治理实验，并进行学习。

另外，合作治理主义的行动指导理念也推进了实验文化向日常实践的拓

---

① Hildebrand D L. Pragmatic democracy: Inquiry, objectivity, and experience [J]. Metaphilosophy, 2011(5): 589-604.

② Hildebrand D L. Pragmatic democracy: Inquiry, objectivity, and experience [J]. Metaphilosophy, 2011(5): 589-604.

展,公众积极主动参与人工智能社会实验、在公共实验空间中负责任地行动,需要价值观念的引导,而合作治理主义反映了公众参与人工智能知识生产与伦理规则制定的价值导向,毕竟参与性原则是社会共享价值体系的一部分。这就需要倡导驱动实验理念的多元化,以应对不同的问题导向,既不能排斥规划理念的竞争,也不接受独断的专家决策机制来主导。狭义上来说是让公众有主动自主探究、实验的意识去参与社会治理、基层治理。在人工智能社会实验生态中,合作治理主义所要架构的是使实验主义治理作为解决紧迫性问题的通用策略,面对不同主体所考量的不同前提,这种策略必须结合不同的目的、态度和价值判断,因此这里的通用性不是指常规科学标准的统一性、可移植性、可还原性,而是适用上的弹性,这是基于实验学习的优势。社会实验场景下的合作治理主义中的合作,在这里也可以理解为下级单位和地方组织针对平行实验在变量组合上的灵活性,能够相机决策,激发基层的创新活力。也因此,社会实验场景下的合作治理主义可以引申为一个多元实验性制度的集合概念。

第五章　人工智能社会实验的实践范式研究^①

　　本章对人工智能社会实验的探讨,将转向中微观以及实践性维度。人工智能社会实验行动网络作为宏观层面展开实践行动的单位,提供了分析人工智能社会实验的结构、动力机制、缺陷等特点的有力框架,但对于中微观层面的实践场域而言,这样的视角仍然显得抽象、笼统。为区别于严格遵循精确自然科学范式的社会实验实践范式,人工智能社会实验需要重构实践范式,核心内容包括了整体实验形态范型、基本特征以及认识转向。

第一节　实验室形态范型的演变

一、实验室研究的局限

　　面向人工智能社会实验的实践性应用,首要是对人工智能社会实验的形态有更深刻的认识。人工智能社会实验作为人工智能技术治理与创新协同的实验形态,是以解决紧迫性问题为导向,应对不同的困境与地方性的制约

---

　　① 本章第一节和第四节的主要内容已经发表在《科学技术哲学研究》2021年第3期的文章《实验室的"去科学化"与面向"真实世界"——基于实验室"范型"的演变研究》中。本章第二节的主要内容已经发表在《科学学研究》2022年第12期的文章《社会实验、科技治理与反思性发展》和《自然辩证法通讯》2022年第11期的文章《论"社会实验"的特征及其伦理建构路径》中。

需要建构不同的实验室形态。因此,本节的任务是进一步深化对人工智能社会实验实践单元的认识,围绕实验室范型的多元形态展开讨论,试图解释实验作为地方性实践的一种手段,如何在不确定的情境中形成自身的范式体系,尤其是区别于传统精确自然科学意义上的实验规则;进一步需要说明,在不确定性情境中作为变量的实验的介入如何围绕着"干预—交互环境"形成一个容错的社会场域,并且这样一个真实世界中生成的实验系统如何成为驱动力量,探索人类社会未来可持续发展的潜力。本节将以容器、规训、小生境三种实验室形态,来界定实验室的原始范型在向真实世界移植的过程中所发生的演变,并且纳入了形态学研究分析形态演变的三种机制(规则的形变、不规则的形变与偶然的形变)来做进一步的界定。

科学实验室的自治主张,或者说反事实场景中纯化的自然物何以具有引入社会的特权? 这套程序一直未被质疑,并被技术官僚主义与未经反思的产业化科学所移植。显而易见的是,原型实验室中只得到局部确证的技术风险在现实生态中的嵌入性已经常态化,甚至忽视了像核能、地球工程、人工智能等复杂性技术往往是介入现场后才发挥效力,也就意味着社会直接承担了科学的实验风险,因此"技术—社会"实验系统的规范性考量需要重新审视长期以来未受重视的实验室边界的合理性问题,来正面应对不确定性、不可逆性、不可预测性等"前科学"范式制造的自反性难题,这也是科学史上首次面临认知规范与社会规范的双重反常。

现实中,一场静悄悄的实验室范式革命已经出现。在真实世界实验作为治理工具的过程中,移植了原型实验室的范型,对于所发生的新变化,通过代表性的社会实验理论的分析,可以总结出一些共性:一是技术实验的社会嵌入不可避免,这表明实验室实验在确证与建构科学事实领域的特权地位已然削弱;二是实验风险直接暴露在公众生活中的趋势不可避免,意味着科学实验需要同时对更广泛的社会与自然的干预进行回应。实验室实验对于解释事实与应用的效力无法控制整个局面,其合理性需要外部性的重新证明,而真实世界中的实验是基于社会情境的学习出发重新建构起一个探索性情境:

一是排除以往外部性的影响,二是捕获意料之外的惊喜,而科学实验室成了其中的从属拓展。原先作为发现背景的实验室转换成了社会情境,而原先社会承担的辩护职能滞后到了科学实验室中去验证。这样一个情境本质上是技术实验、社会应用与集体治理的协同共生和可持续循环的实验生态位。

实验室的高墙在传统科学哲学的视域中表征了具体的实在性,又有了制度化的加强,即使是从事生态研究的科学家,也在其意识中固守着实验室受控边界的思维模式。生态学家对所涉猎的区域是有局限性的,并且会严格遵守这一点。对于这样一种范式上的遵循,同样会遇到局限带来的反常,并且影响深远。对于脱离表征主义视域下实在论争议的是由建构论者来完成的,首先是爱丁堡学派的决定论立场,从社会学的角度来揭示实验室内实验知识生产系统的社会性与偶然性,解构了实验室社会建制的认识论基础,但其实也彻底消解了实验室实体性的存在,后者始终没能成为建构视角中的认知对象。从另一个方面也佐证了强纲领在反身性难题面前的无能为力,倘若不将实验室的被建构以及自身的建构性作为强纲领的解释对象,那么关于知识生产系统的社会学解释路径是无法彻底贯彻的。

从传统科学哲学到实践转向的科学技术论研究视域中,STS 的实验室研究总体上贯彻着一种库恩以来的对称性模式(实验室内外的自然秩序与社会秩序需要同步得到解释),但却在单向的决定论指向里更为成功,直接后果是容易陷入自我指涉上的难题;而实验系统在哲学上的表现性是由新实验主义倡导的实践转向来展开,但在认识论上的意向隐藏了先验的一面,因为科学实验哲学对于实验规则与操作性的探究是精确自然科学意义上的,这里的辩护情境就界定为是封闭的实验室空间,成了不需要被探究的既定背景。造成的影响是实验室研究与实验系统之间缺乏一种融贯的解释通道。

作为一种折中乃至更为系统性、更具说服力的方案,是对实验室黑箱系统的解谜。实验室的存在对于科学知识的实验生产究竟扮演着什么样的角色? 对于社会而言又发挥着何种功能? 这是新的方案需要回答的问题。那么,认知实验室模式的自然化视角成为切入新建构论的可行方案。实验室作为历史的、现存的事实对象,需要认识论、本体论和方法论上的重新说明。做出卓越贡献的是以拉图尔、卡龙等人为代表的实践建构论,他们延续了库恩的对称性说明模式,对于实验室内外的互构性做了有力的哲学论证,更为关键的是烘托出了实验室作为规训形态的可移植性。实验室在现实世界中有了活力。最有力的证明就是他们提出的行动者网络理论,实验室作为社会创新实践、具备可转译性的中介功能得到了充分的阐述。但不可避免的是实验室越来越沦为工具性的表达,反复提及一种表述形式是实验室秩序的经验延伸。拉图尔口中的"法国的巴斯德化"就是对于这一表达的同义反复。实验容错空间成为实现社会改革的第一现场,因为它是能够提供客观确证性的场所,是凝聚社会资源的强力保证。

实验室的语义沦为僵化的工具性表达导致了新实验主义仅仅将实验室作为充分条件。其实,新实验主义对实验系统的复兴走的是一条孤立的道路。这就是将实验室的存在沦为固定的背景,实验实在论以及仪器实在论的发挥是在受控的话语情境中。通过哈金对于实验创造性的论证,可以看出他所阐述的实验情境始终是在一个封闭性的科学化场景里,他所要颠覆的只是遵循表征主义的演绎逻辑,围绕着实验可以创造不拘泥于理论与假设的科学事实,但不足以重新建构起一个开放的实验场景,更不足以引导实验性实践推动更为广泛的社会变革。

可以说,后 SSK 的贡献是恢复了实验系统整体的认知地位,但付出的代价是割裂了实验与实验室之间的互构性,走上了各自发展的道路,并且后来的发展前景并不乐观。它们受到的局限仍然在于过分地强调对称性,反而再次导向了划界主义的陷阱。那么,20 世纪后期出现的科学哲学实践转向不啻一剂解决良方,就像约瑟夫·劳斯(Joseph Rouse)所认为的,一切都建立在批判性互动的基础上。

我们再来反思拉图尔推动行动者网络时所忽略的条件。实践建构性地展开存在于受影响的区域,这是一个有边界的范围。比如巴斯德化发生在正值倡导公共卫生运动的法国,而不是在其他时期以及其他国家。再微观一点考虑,巴斯德实验室的成功是将实验室外可资利用的资源凝聚到了同一个场域,这是构成行动者网络得以展开的舞台,但对于这个场域的理解拉图尔只是零星地做了两点说明:一是实验室是必经的切入通道,二是实验场景是可以拓展的。这等于是对作为发现背景的社会条件没有提供任何有力的说明。显然,拉图尔的对称性方案只是一种现象的描述,然后回溯性地参与对实验室的定义,因为既然可以对"法国的巴斯德化"进行成功的描述,又为何不能说明巴斯德实验室受到了 19 世纪法国社会的影响。换言之,我们为何不能认为巴斯德化本身是法国社会允许发生的一场大规模技术社会实验,而巴斯德实验室只是这项计划中的微观实验装置。

尽管表征主义在具体的话语情境中被越来越少地提及,可怕的是,其作为一种信念仍然影响着大部人。比如很多人认为:实验室是知识得到确证的场所;实验只能发生在实验室中;标准的实验必须满足可还原性与可重复性。这甚至僵化了许多科学家和公众对实验与实验室的理解,忽略了许多实验案例事实上是必须在实验室之外发生的。像发端于新世纪初的地球工程,涉及大规模人为干涉的项目,是以整个地球生态作为实验室。这项宏大计划中的阶段项目已经展开,比如地热能开发等,这些实验并没有特别危险,也没有违反既定的道德规范,但很快也遭到了抵制,问题就在于即使只是对实验室实验模式的模仿,其合理性已经是一个备受争议的问题。在展开具体的论证之前,我们认为,首要的是对一种规范性的重新认识:科学、实验程序、实验场景与社会在关系上呈现连续性但又适度的分离。对科学规范性问题的反思,可以沿着两种设问的方式来回应:作为一种知识的科学何以可能? 作为一种社会制度的科学需要何种规范? 概言之,趋向系统结构化的科学规范,是在两个层面展开的:科学本性与科学社会契约。两者在本质上是互相建构的,致力于一些基本的议题:什么是科学? 科学是如何进步的? 如何更好地发展科学? 更重要的是,任何一种科学规范的建构与辩护都需要对两者的交互性进行澄清。如今,新兴科学需要正视一些新的变化,那就是科学实验的场景已经发生了转换:科学事实也可以在实验室外制造,也可以不以确证性作为目的。

二、实验室边界的合理性困境

实验室的范型演变,以及相应实验室边界的规范性问题,一直未受到足够关注。随着技术风险的社会化与社会改革的技术化,技术实验愈发嵌入真实世界中发生,深度参与社会治理,而基于培根契约的实验室制度却在制造危机,这就有了重塑实验室边界的问题。按照科学规范的约束力进行大致区分,后学院科学以及后常规科学相比先前的学院科学存在着自治规则上的强弱之分。弱自治规则部分地承认了科学的社会建构性,也代表了当下开放式科学的规范重塑方向。然而,原型实验室的操作范型仍然是以表征强自治原则来维系的,这就有了现实社会中知识生产空间等级秩序不平等的现象。也因此,技术实验在实验室内外存在的确证性不一致的问题被长期忽视。

具体而言,实验室概念的意蕴在经历表征主义、建构主义以及本体论上的实践转向后,原本应重新审视科学实验风险延伸至真实世界形成了新的科学容错空间所遭遇的边界重塑问题,但彼时的 SSK 群体在辩护科学知识的客观性来源时,采取了高度抽象化的策略,将实验室的隐喻性表达置于一切差异性之上,而这种认知禁锢在了近代以降实验室的科学化中,也就是学院科学范式,于是不自觉地造成了实验室网络的建构性与科学内在本性、科学社会契约之间的双重分裂:一方面是认识论上的,实验室局限在为理论与实验之间的演绎链制造理想条件;另一方面是社会学性质的,世俗秩序依然无权追问社会系统中的技术实验所制造的风险。

这首先与现下科学哲学界在大多数议题的研究范式上,从追求规范的统一性转向连续性意义上适度分离的多元化趋势大相径庭。以往科学的规范叙事主要以表征主义为指导,相应的认知规范与社会规范都是在探寻一条可还原的基准线。在经历科学的产业化与思辨哲学的实践转向后,罗格斯意义上的真理性逐渐让位于建构性的质量标准,相应的科学与他者之间的纠缠关系以一种动态过程来呈现,为了保证主客体发展内外联动机制的可持续性,就有必要寻求多元价值目标的实现。于是,技术实验的发生与社会引入愈发是一项集体实践,这不再是一个在真实世界中被孤立出来的封闭空间所表征的客观性与自治性能满足的。实验室边界的建构需要重新回到社会系统中,原先实验室高墙将被公众参与、市场评估、伦理约束等共同构成的机制所取代。

在实践层面,从实验室中转移出去的技术产品进入社会后,在现代社会治理中遇到了难以逾越的"科林克里奇困境":一是复杂性技术实验风险的有效量化往往发生在技术与外部要素之间经历累积或交互的过程之后,二是现代技术实验的发生与应用是相关利益主体商谈的结果。① 简单而言,传统实验系统只能做到局部的控制。实验室情境本质上是从真实世界中隔离出来的,而后者作为涌现的场域对技术人工物的社会引入提供了释放隐蔽量的空间,这里包括了尚未得到充分表征的知识暗区,如惊喜或意外、未知的无知等。倘若引发风险则属于结构性缺陷——社会生态与现实秩序都已置身其中,社会治理的有效性无法摆脱反身性困境的缠绕,而科学将在效益和道义上受到双重质疑,逐渐失去公信力。

综合而言,在科学规范的统一性意义上,实验室之于科学的辩护也仅仅隶属于必要条件,并不具备充分性。实验概念本身是通行于语言游戏中的,而不是被演绎逻辑所禁锢。这一点仍然被以创新作为驱动机制的产业化科学所忽视,为了强化现实需求与市场经济对科学自主性的牵引,反而使得原型实验室的制度化陷入了失范局面,造成了技术风险向社会的大量转移。后续效应就是,技术风险的外部性剩余以隐性的方式反过来重塑了现实秩序,也就有了贝克所说的风险社会。因此,实验室边界的制度化取向需要发生一场哥白尼革命,从为科学辩护的第一现场转向用于社会中的技术实验事后证明的第二现场。

---

① 古斯顿.在政治与科学之间:确保科学研究的诚信与产出率[M].龚旭,译.北京:科学出版社,2011:xi.

三、实验室的去科学化何以可能?

20 世纪以来,科学的范式更迭反而成为一种新的常规,在这个过程中形成了新旧范式一环套一环的叠套模式,并且嵌入了更广泛的社会秩序的演变机制中。实验室范型也理应在此基础上实现多元化的演变。在拉维兹的后常规科学看来,不确定性作为新认知框架的构成性条件确立了技术风险嵌入社会的建构本性,介入社会中的探索性实践(在真实世界中形成社会实验网络)也就不仅仅是原型实验室的经验延伸,这首先要求实验室范型与科学规范之间,达致一种从完全的统一性转向连续性意义上的温和的分离主义。在这里,实验室的去科学化指向熊彼特创新意义上的规范重塑过程,并不是对纯科学语境的完全脱离,像实验主体、实验对象、实验目标的界定依然是规范的构成性条件。只不过相较先前的强自治规则——技术实验得以确证的制度化框架:以纯科学为内核,以默顿规范为社会契约,社会实验网络的结构性风险带来的治理困境更需要一种弱自治的转向。

回溯历史,实验室作为人类社会特殊的知识生产空间,表征了某种等级社会秩序中的现实性。精英主义的价值理念与权威性的认知之间的勾连,使得这种现实性维系的空间始终是以“强自治”原则得到辩护的。在早期,从事封闭实验的一群神秘主义者像炼金术士,承袭了赫尔默斯主义、新柏拉图主义的真理观,表现出对自然神性的崇拜,像“工作台”的出现与他们将长椅作为祷告台有关,也使得操作自然物的场所充满了神圣感;近代科学革命之后,自治的信念又驱使自然哲学家转向客观事实的经验基础,出于传播上的可靠性承诺,知识生产场所尤为重视基于空间与地方性的构建;19 世纪德国成型的大学实验室制度契合了意识形态上的政治功能,研究场所享有独立的治外法权并遵循统一性标准;20 世纪大科学的发展普遍移植了原型科学的实验体系,容器形态衍生了像中心式、分布式等不同形态,实质上只是“相”上的不同。根据福柯、劳斯涉及的权力动力学,实验室作为微观的制度化空间:一方面,微观实验室的动力机制是以持续性的权力关系的集成与转换来展开的。

规训形态可以移植到学院科学视域下的容器之外,允许特定情境被框定为合理的实验发生对象,在野外或是社区,例如巴斯德的农场实验室。另一方面,权力的辩证性揭示出抵抗机制。实验室的范型演变呈现出形态上的多样性,而同一形态的实验室又有"相"上的不同,这是由于物主权力在不同情境中会形成力量关系上的不同均势。例如将封闭式的精确科学实验室与社会学实验室、政策实验室等开放式实验室系列进行比较,可以发现,社会力量的强化程度是有差异的。在这一过程中,实验室形态演变遵循了规则的形变,对应的是原型实验室多元化的发生机制的合理性存在于纯科学语境。相应地,精确自然科学意义上的实验概念界定的公众被视为旁观者或实验对象。

在社会规范层面,早期的培根契约提供了表征客观实在性的实验系统制度化的基础。培根的努力试图为组织大规模实验研究获得政治支持,这促使他思考这样一个问题:什么样的制度环境会让社会相信大胆实验的好处? 培根的理由是科学实验的自主性需要包容审慎的容错空间,失败与意外的发生也是实现社会目标的前提,因此这是一个如何平衡社会收益与风险的问题,保证实验室实现对社会收益的承诺是基于社会集体对实验风险自治的信任。于是,实验室在培根契约中,既是技术风险被遏制的场所,也有利于外部的功利主义目标。所罗门宫畅想的就是一个实验中的自由王国,里面都是训练有素的科学家,他们可以根据好奇心设计实验环境,启动实验程序,控制和评估实验结果,并宣传新知识。实验活动与应用情境无关,转移出去的确证知识是社会自由选择的结果,由社会独立承担责任。实验室享有豁免权。

培根式实验室范型贯彻了科学乌托邦主义,但他在认识论上并不是纯粹的理性主义者,他曾用"拧狮子尾巴"来比喻实验是一场探索"未知的无知"的艰难冒险。建构性的干预主张蕴含了非受控情境中产生惊喜或意外对实现创新的可能性,但没有得到后续关注。随着罗格斯中心主义的复兴,尤其是17 世纪新哲学运动对无知的否定与驱逐,知识生产场所的容器形态以受控性得到规约,甚至是新实验主义代表哈金也片面理解了培根的本意。受控(演绎)逻辑在认识论上表现为强势的因果推论,内在地遵循了理论优位的表征主义与机械论的立场,实验干预被认为是对不受演绎律则支配的变量的屏蔽以及演绎链底端的确证。不过,纯化自然的情境在社会分工的制度化过程中强化了一种独有的物主权力,使得实验室的封闭性、受控性以及理性主义、精英主义观念维系的空间在现实秩序中转化为一种规训力量。

实验室规训形态的生成意味着对异质性空间进行受试规训的可能性。按照强自治,受试规训属于工具理性的一种延展形式,这在后来被温和的历史主义科学观与更具批判性的后现代主义驳斥为建构反事实的潜在条件。以此而言,经验延伸的实验场景可被视为对科学与社会的二元划界,以及维护认知特权的程序:一方面,受控情境与封闭性及其对实验风险的遏制;另一方面,实验室中的认知主张或技术产品的普遍拓展。这样,反事实比现实存在反而处于支配地位。建构论温和派的主张就是为内外事实之间的连绵性做出合理的描述。拉图尔将这种规训力量形象地比喻为转译链或网络,声称正是这些链条稳固了实验室之外的事实。①

被质疑的是,纯科学范式下、去实体化的规训程序 1 能否在真实世界的任意层级取得定量上的确证性?芝加哥社会学派在 19 世纪、20 世纪试图对整个芝加哥市移植这种程序来探索集体行动导向的经验基础。② 结果是,这一宏大计划不仅以失败告终,创造性的理念也在学派内部被抹去。由于他们的出发点是规范学科本身的科学性,而不是去质疑规训程序 1 被豁免外部有效性的合理性,这就与古典社会学的认知范式起了冲突,因为对复杂性的社会事实与人类行为的研究是一种发生学进路,保证社会事实的原初态,要避免的正是受控环境与干预性。可以说,除伦理诘难外,简单地在大规模社会系统移植原型实验室范式,是无法回避这样一种自反性的困境的。

另外,历史主义纲领不仅没能质疑受控实验逻辑,毋宁说它在科学哲学

---

① Latour B. Science in Action: How to Follow Scientists and Engineers Through Society[M]. Cambridge: Harvard University Press, 1987:184.

② Gross M, Krohn W. Society as experiment: Sociological foundations for a self-experimental society[J]. History of the Human Sciences, 2005(2):63-86.

内部制造的认识论危机彻底消解了实验干预的建构性。例如,范式制约下的理论与实验的循环其实是理论自身的循环,但决定其合理性的范式本身又是缺乏批判性的,既然辩护受控实验的哲学基础无法做出一元的认识论与本体论上的有力说明,实验逻辑类型反而有多元化的可能性。

后库恩的新科学哲学开始超脱原型实验室的自审系统,将规训程序1嵌入地方性、非受控的实践情境中进行重新审视,得以辨析实验室形态的不规则形变。在"认知—存在"相统一的实践哲学视域里,实验室语义不再是先验的认识论主张所赋予的,作为展开形式重组活动的实验场景在真实世界的现实秩序中是一种权力关系的集成与转换的场域,在此新旧秩序的更迭与重构得以优先于现实世界,这也强化了融合异质性要素的塑形力量。就不同规则的构成性条件在同一实践维度的耦合性而言,实验室与实验存在着互构、共生的诸多关联,基于多元的实践目的,制造事实知识不再是实验的唯一目的,这样实验得以挣脱认识论桎梏,而实验室也不仅是作为实验室科学。像诺尔-塞蒂娜例证过沙盘、大教堂、睡椅三种实验情境,探索性空间是在传统实验规则与现实秩序之间的调解而成型的,于是像真实时间的一致性、巡回监视机制、过程的符号化这些作为调解结果的规则主导了不同实验室形态的建构,而实验逻辑又会在新的规则中拓展,引导出非受控实验逻辑的发生:实景表征、持续性干预与表征的再建构。①

显然,实验室观念并不只是强自治辩护的操作实验的物理空间,对弱自治的规范之间批判性互动而言,在更广泛的文化实践中实验规训力量的博弈呈现出差异性的规训场域,比如不同功能性的社会单元工厂、学校、社区等,出于探索目的的实验场景,会有着相异类型、程度的规训现象。正如罗伯特·科勒(Robert Kohler)所言,"实验室这个术语是由连续体定义的空间中

---

① 皮克林.作为实践和文化的科学[M].柯文,伊梅,译,北京:中国人民大学出版社,2006:127-133.

的相对术语"①。

基于以上分析,所谓的不规则,也就是形式重组的开放性。不过,这普遍发生于小规模的自适应系统。在规训程序 1 向规训程序 2 的演变中,实验室秩序趋向真实世界的内在同构性,也就消解了外部性。边界失效意味着需要重新追问如何回应不确定性的困境,尤其当知识社会发展演变带来的、不可逆的技术引入社会的实验风险是这种困境的重要来源。不管是实践中的本体论转向,还是观念上的后人类主义,实验室相对于旧(自然与社会)秩序的革新以及技术风险的反馈,都是作为事先证明的"第一场所",这一划界状态并未被颠覆。

四、面向真实世界:实验室小生境形态

于是,实验室范型研究在当下更为现实的意义在于:面对不确定性的现实困境,社会改革与治理需要在大规模系统中介入实验的力量,通过基于实验的学习过程,来实现技术实验、社会应用与集体治理的协同。

规训程序 2 业已证实了实验性场景作为一个力量者舞台,可以在社会肌体中塑造自身,并且重构优于现存的秩序,但这种力量没有反过来用于解决实验室科学自身的受控困境,且培根契约也不足以支撑科技创新向应用领域溢出的合理性。一种新的知识社会契约——以实验的方式,提供了对称性、系统性、动态性的可持续发展框架,这是对先前的反身性诘难做了三方面的回应:一是知识社会的高阶发展使得公共实验的情境与创新实践的融合有着不可逆转的趋势;二是商业竞争的加剧缩短了创新周期,迫使新技术提前进入市场测试,这样消费者及其生活环境都成了实验的直接对象;三是面向实验系统的新型应用形态,技术创新开始赋能试点工程,来助力示范区、试验区的效用与类型的丰富。就共性而言,在现代技术型社会以上现象基于共享的

①　Kohler R. Landscapes and Labscapes: Exploring the Lab-field Border in Biology[M]. Chicago: University of Chicago Press, 2002:284.

行动网络结构,技术研发、技术应用、技术治理的发生离不开商谈语境,毕竟技术实验风险的权责分配与代际正义已经是一项社会治理问题,比如核能资源的利用和废料的清理方式与未来代际紧密相关。①

从另一个层面来说,介入真实世界的实验系统及其推理假设需要与社会可接受的条件达成调解,这样工具主义视域下传统实验规则所表征出来的事实与价值二分的认知立场需要被颠覆。显然,这类实验室网络尽管发生于非受控情境,但仍然具有边界,就其动态性、开放性与地方性而言,除了表征普遍意义上科学实验标准的内在规定性与实践性建构之间的张力,更反映了价值导向的实验系统所应具有的新社会功能。作为治理层面的基本行动单元,目前有关"技术—社会"实验系统的研究在认知上存在严重缺陷,习惯用隐喻性的表达来笼统概括,用来直观陈述科学实验风险向社会延伸的现象。事实是,基于描述性的立场,反而引发了更多歧义,认为社会是处于被动的实验状态,这些不足以体现真实世界中的实验系统作为驱动机制探索可持续发展动力的主动性和积极性,主要原因是缺乏对实验室范型的通盘考察。

一方面,对社会中科学容错空间的理解,普遍意义上是承袭自原型实验室。规训程序 1 中的实验规则有利于社会科学的实证研究,当然这是对受控性的干预,尤其是实验主体与实验对象之间存在明确的边界限制,也就容易造成价值偏见的不平等。另一方面,科学人文主义者对实验场景的认知缺乏规范性的考量。像典型的行动者网络理论更关注规训程序 2 在社会行动网络中的强化功能,建构性的力量以知识生产主张作为支点,忽视了负面的技术实验风险在网络系统中的扩张与渗透现象,除了在抽象层面维系了去中心化的立场,无法对规范行动者网络的构成性条件诸如预防性原则、风险承担标准、伦理审查机制等做进一步的探究。因此,社会中容错空间的探索性实践,并不能将社会系统作为干预主体的对立面,原本外部性介入的实验主体行为

---

① Taebi B, Roeser S, Van de Poel I. The ethics of nuclear power: Social experiments, intergenerational justice, and emotions[J]. Energy Policy, 2012(4):202-206.

以及假设依据是在网络结构内部发生的,意味着实验是行动者的集体行为,这要求以同一实践维度为导向,并将规范实践行为的情境性要素作为实验系统的生产目标。

可以看到,从隐喻性表达转向规训力量的实体化,社会中科学容错空间的成型是围绕具体问题的解决来展开的。鉴于当下社会发展是以科技创新作为驱动力,因此对于社会实验网络的建构,实验室科学范式依然是重要的塑形力量,不过需要与治理情境相结合。如今,科学自身的规范性重塑已经是一个社会治理问题。① 拉维兹后期关注到了后常规科学中的基础研究危机。科学作为一项社会活动,能够适应研究事业的社会结构的深刻变革,从基于自治的小科学转向外部性要求的大科学发展,但这种转变的后果危及了小科学的非正式的质量控制安排,从而导致整体科学事业的退化与腐朽。② 因此,科学事业的多元化发展不可能去共享同一套质量评估标准与认知框架,而发展共性是它们都在政产学研联结的无缝之网里,也就消解了外部性标准的干预,因为如今批判与约束效力是内部生成的。

显然,当代科学的治理问题不仅涉及利益冲突的协调,更是一个凝练未来社会规范的过程。科学的有效性与权威性是在其构成性条件的集合中得到阐释的。既然以地方性的治理情境来塑形新实验室形态的边界,我们在这里提出一种小生境形态的实验室建构主张。小生境是一个生态学概念。20世纪70年代,受当时环境革命的推动,生态学被作为一门寻求科学知识的不同认知结构的替代性科学。如今,它代表了一种更为积极的建构力量:实验室生产的目标知识是社会规范,这需要以真实世界中的生态位作为实验场景,利益相关的行动者介入了在场的实验过程,这些与引入替代性技术和实践相关联,以便意向性地重塑社会形态和物质现实。

根据形态学的演变法则,实验室小生境形态遵循了一种偶然的形变机

---

① 盛晓明.后学院科学及其规范性问题[J].自然辩证法通讯,2014(4):1-6.

② Ravetz J. How should we treat science's growing pains[J]. The Guardian, 2016(8):107-125.

制。社会治理的目的是提高对不确定性的认知与规约,基于此进行的实验很难提出假设性的前提,也就不存在指导性和统一的实验室建构主张。小生境形态的生成就与不确定性和复杂性要素构成反身性联结,而后者又是要被治理的对象,显然构成基础性的规范是盲目的或者说存在缺位,并且原先事后治理的时空观需要被扭转至前端,同步参与基于实验的学习。

小生境正是凝练新规范的场域。相比其他生态位更具基础性,它是"'原住民'及其活动方式的集合";作为一个探讨演化规律的模型,验证的效力不是"抽象的原则,而是具体的用法规则(Know-how)"。① 那么,规范的构成体系在充分性上并不一定要求普遍有效性,而是强调行动与规则之间的紧密联系。库恩借小生境的概念来考察规范本身的规范性条件。按照他的理解,规则的生成与演化并不透明,对它的遵循本身就有盲目性,但它的效用是以适应性来证成的。因此,强调行动的展开与规范共生的生态位可以作为探索不确定性的有效场域。当前,在全球各地开展的分布式气候治理实验与欧盟"地平线 2020"科研规划的探索可持续发展动力的城市生活实验室(ULLs),本质上是在不自觉地建构小生境形态的实验性场景。

另外,社会生态位中的实验系统具有非受控性,相应的实验规则也就不同于先前的受控逻辑。在一些规模化的集成技术引入现场的研究中,代表性的理论像真实世界实验、技术社会实验等,都流露了培根的实验理想(制造惊喜与意外)致力于获得一种可持续的递归机制②,不过并没有揭示非受控实验逻辑的认知基础。原因在于,它们界定的"技术—社会"实验系统局限在原型实验室向社会空间的经验延伸,缺乏对情境条件的重新考察,也就忽视了实验规则与治理情境的结合可能涌现的变化。新实验主义甚至直接回避了非受控情境中实验逻辑的方法论考察。

---

① 盛晓明.常规科学及其规范性问题——从"小生境"的观点看[J].哲学研究,2015(10):109-114.

② Gross M, Krohn W. Science in a real-world context: Constructing knowledge through recursive learning[J]. Philosophy Today, 2003(5):38-50.

可持续递归机制的发生是基于对不确定性情境(原初态)的主动干预,引发期望偏差,再将新经验事实返回原初态,形成一个循环反馈与迭代的过程。以往,作为最终技术产品的某物在研发之初其实就已经有了原型,这种验证式实验程序如今却是社会治理实验所要颠覆的。与小生境实验室相匹配的实验逻辑,旨在促进变异的发生,这既是在制造惊喜与意外,更是在提升生态位中突变的概率,比如政策平行实验,就是一个形成基因池的做法。达尔文主义的进化逻辑认为随着时间的推移、种群层级上的变异是取得成功的关键机制,这种理念在当前的进化经济学、技术创新研究与政策实验领域受到了广泛认可。① 真实世界中的非受控特征——包括随机性、不可逆转性、不稳定性以及潜在的不安全性,使得对治理对象的试错性干预摆脱不了实践中的偏见因素(地方性、价值负载),这与以表征型知识为目标的原型实验室情境存在本质区别。这种差异性需要得到保留,并要求更多不一致的差异性。小生境实验室旨在凝练解决问题的规范,是基于突破原先的主导变量,作为地方性的生态位,其既是样本单元,也具有针对性,需要加快个体实验的速度,增加实验单元的数量。进化实验逻辑更具归纳意义,而非演绎性,依赖于反复实验的学习。这也体现在对自由度的要求上。受控实验会通过随机抽样利用大数定律来消除偏差和混淆因素,就是说其积累样本所保证的自由度是用来估计控制组与对照组之间的统计差异的;进化实验系统则需要高度的自由度来产生足够的变异。

---

① Raven P, Heiskanen E, Lovio R, et al. The contribution of local experiments and negotiation processes to field-level learning in emerging (niche) technologies meta-analysis of 27 new energy projects in Europe[J]. Bulletin of Science, Technology & Society, 2014 (6): 464-477.

第二节　人工智能社会实验的基本特征——兼与精确自然科学实验的比较

一、实验规则:从单一性转向多元化

　　长期以来,人类社会对待实验的态度是模棱两可的。在自然科学领域,实验及其发生场所实验室被认为是科学的必要程序。倘若没有实验的确证,科学知识的可信性以及科学家个人的贡献是无法被承认的。在公共领域,一旦自主个体意识到处于被(科学)实验的状态,容易产生邻避困境、专家信任危机等"塔西佗效应";但对于实验主义治理这样一种公共性的试错策略,却鲜有抵触,也反映了实验重返广场可能发生的观念变化。

　　传统观念中,实验隶属于精确科学的制作活动,在封闭场景内由科学家作为行动主体通过控制变量、操作仪器来进行。用科学哲学家库恩的话说,既定的观念在共享范式中会得到科学共同体的默会遵循,实验的语义就被约定为可控制、可预测、可重复。精确自然科学意义上的实验标准也具有本质主义地位,比如与人文社科实验就确证度的比较有了"真实验"和"准实验"的区分;主客体二分的实验认知立场涉及伦理法规对生命客体的保护。这样一套完备的之于科学实验的认知规范与社会规范,成为界定公共语境中实验传统的基本范式。

　　常规的实证实验(包括人文社科领域)遵循的是一种演绎逻辑。在元科学哲学中,实验是对理论优位模型的辅助,收集经验信息以评估命题集与客观世界图景的相似性,以期证实或修改模型。代表性的见解是1938年赖欣巴赫对科学语境的严格划分,这是承袭了近代认识论对科学的事实性证据做逻辑分析的传统。实验在辩护语境中是没有生命的成为20世纪实验哲学的公

认观点,遵循演绎的知识物模型是一种表征主义的表达,即是对主体经验的客观化寻求普遍性、规则性的解释。

20 世纪 80 年代,实验才成为科学哲学家关注的焦点,不仅论证范式发生了内部更迭——实践优位的哲学转向重构了认知导向实验的阐释框架,而且彼时的科学论者介入微观领域对知识生产黑箱进行了深描,推动了实验被重新认识。尽管,复归培根实验科学理想的新实验主义,以及贯彻对称性、建构论方案的 SSK 实验室研究,把视角局限在实验室内的实验活动,但是实验的物质性、生成性、历时性以及情境条件作为对象的讨论已见端倪。比如,第一章提到的哈金以唯物主义视角指出要把实验室实验的认识论关注带回到生活形式的情境,得以延展出更具基础性的框架来对作为自主系统的实验做出辩护;斯坦勒针对实验认知情境的结构关系,结合哲学、社会科学和科学史考证了一种探索性实验,将理论驱动的实验也归类为其中一种特定情境所选择的路径,以论证实验的生活形式是在认知性与情境性交汇处,在这里离不开社会的、地域的、文化的甚至是偶然性因素的作用。不过,精确自然科学意义上的实验传统有着严格限制,显然实验的多样性阐发需要介入真实社会。

行动规则与行动主体置身的具体场景是互相勾连的。相比第一节是对人工智能社会实验实践场域形态及其规范的考察,本节将考察人工智能社会实验的实践机制中实验逻辑的多元类型,而实验逻辑的运用及其规则的形成与具体的实验场景条件密切相关,这就更有必要探讨实验规则是否有多元化生成的可能性、有着哪些实验逻辑的类型以及又该如何在现实中应用。

本节首先考察,不同于原型实验室的完全受控场景,在不完全受控的实验场景中,是否会生成新的实验规则? 以逻辑经验主义的外在辩护为视角,经过历史主义的内省反思和后 SSK、科学实践哲学的具身立场来看待实验,关于实验的地方性研究其实早已兴起。随着时间线轴向前推进的是,审视实验的情境不断发生着转换:逻辑意义上的演绎论证、实验室中的社会话语分析乃至实验本身的建构性。实验概念与结构的系统化,似乎越来越有超脱实验室并与真实世界中促使自主发生、适用情境相结合的趋势。然而，真实情形是，这个过程始终在以科学的视角在阐释实验，科学是什么样的，实验也是以此观之，比如说科学知识具有社会建构性，那么实验过程必然也渗透了社会因素。库恩的范式是建构在作为稳健的科学传统基础上，这个传统也包括了实验室的作业场景，是学科范例的组成部分。实验室中的实验规则作为规则论的主题，难以在库恩式的规范层面作为有力的建构力量，更多的是作为例证。可见，后现代科学哲学家们普遍采用先解构后重构科学的方式，再来观照实验。逻辑上优位的后置处理，导致对实验的认知依然是受控情境中的受控逻辑，也就无法进一步探寻多元化实验的建构功能。但是这种观念不是一成不变的，科学本身也作为一种文化现象，参与了社会进程与具体的实践。库恩范式论的一个重要贡献是将科学的不可还原性从形而上学与认识论转向了解释学的规范层面，在这里任何决定论都是无效的，也因此科学实践中的理论与实验之间不存在完全的演绎关系。科学理论对应的是受控实验逻辑，是对因果推论的表征，而与之同时生成的不确定性则是完全被忽略的，实验本身恰恰是探索不确定性的科学实践手段。另外，在阐述到实验室作为一个权力舞台对实验规则的重塑是不同行动者力量的博弈过程时，规训程序2与纯科学范式在连续性上产生了适度的分离，因此其中的实验体系也不必然是传统精确自然科学意义上的。

　　基于以上的分析提供了这样一种可能，非受控情境中能够生成多元化的实验规则。学院科学中的实验规则由于长期的受控逻辑的影响，很难撇开与理论的关系，就是否接受后者的指导而言，分为假设性测试与探索性测试。哈金着重讨论过探索性测试，诉诸一种溯因解释，试图延伸出建构与创造新事实的法则。整体上，科学实践哲学的转向使得科学哲学界对实验的关注不再是处理理论与纯粹的逻辑运算，这些活动旨在重新探究科学实验的作用，却很少涉及非实验室情境中的实验实践，也就无法延伸至对社会中应用性的指导。比如，实验实在论局部复归了培根的实验主张，但技术与实践、物质仪器协同产生的创造性仍然发生在受控情境中。而如今，社会实验涵盖了科学实践,并且发生在非受控情境、无理论假设指引、以探索与建构新事物为目的,甚至是没有专家的参与,这就有必要讨论实验规则多元化的可能性。

自培根、伽利略与笛卡尔以来,实验方法的规则探讨成为自然科学与人文社科无法回避的一个主题。切入该主题的进路不外乎后来大卫·休谟(David Hume)提出的"是—应当"的两种区分。自然科学的努力是为了如何使得实验的精确性与可重复性更具说服力,而人文社科关注的在 20 世纪之后更倾向规范性层面,像形而上学、认识论、道德伦理等。就这样,实验的科学性(工具性)与实验的社会性之间始终缺乏一种反身性联结。但不是说这种间隙区分出了两类实验体系,而是科学实验和社会实验在共享同一套实验规则,但变得更加"忌惮"对方,比如传统社会实验(对实验规则简单、直接移植)的许多做法在历史上博得了臭名昭著的名声;科学实验中也把对鲜活的实验对象(小白鼠)进行赋名视为禁忌。不可否认,从描述性中何以能推导出规范性,而不归咎于一种自然主义谬误,一直是悬置在思想家头上的一柄"闸刀"。这个问题如今也出现在当代科学技术论中,"后学院科学"只是如齐曼所说的一种描述而不是规定,那么我们又在何种意义上有谈论它的必要? 约翰·塞尔(John Searle)在他那篇被广为引用的文章(《如何从"实然"中推出"应然"》)中用语言规则的逻辑推演了这种可行性。① 给予的启示是陈述的事实与规则之间存在重合。换言之,规则也可以是一种事实,这样的事实理应拒绝断言,因此构成事实的条件成为考虑的前提,只要是推动了集体行为的进步,即使前提条件的集合与结论是循环论证的关系,也无可厚非,这也是休谟的本意。当然,塞尔关注的是某一类事实即制度性陈述,构成它的条件(义务、承诺、责任)是社会中无可辩驳的那一类。如果我们进一步追问判断事实的构成性条件的规则体系何以是,就超出了塞尔的论证范围。

我们在这里要关注的是科学事实,构成科学事实的条件历史上有过多种回答,从康德到逻辑实证主义、经验归纳主义给出了现代性的标准答案:理性

---

① 　Searle J. How to derive "ought" from "is"[J]. The Philosophical Review,1964(1):43-58.

逻辑与经验证据,不外乎是对无可辩驳的客观性的推崇,价值无涉的科学必须建立在确定性的基准线上。这里可以看出两类事实的相似性,这是因为其都在现代性的法则之下,但也遮蔽了科学事实与社会进步间的意义。自维特根斯坦成功地驳斥了两类普遍意义上的规则后,实践之于规范性在本体论、认识论上的地位全面超越了事实之于规则。简单而言,即使不明确规则,但不妨碍对它的掌握,也可以做出对或错的判断,只是这种行为的依据从个体走向了多元共同体,从先验理性转向了实践。库恩不怎么关注规则的讨论,在他看来规则之于规范是后者的存在而自然产生的,规则在解释效力上无法与规范相提并论,不同的文化、习俗、惯例对相同的规则会有完全不同的判断。

库恩之后的科学哲学需要回答一个新的问题:科学事业如何在现代社会进步中提供正确的价值导向? 也就是说,科学事实从"是什么"的追问转向"何以是"的探究。在这里,判断事实构成条件的规则体系发生的前提变得无比重要,因为它被完全解构了,唯一确定的是一切发生在不确定的情境中。从爱丁堡学派的强纲领、巴斯学派的话语分析到巴黎学派的行动者网络理论,涉及"自然—社会"两极的规则体系逐渐变得不再那么容易被识别,当我们识别它们的时候是根据属性间的可转译性而言的。对于科学事实是什么的回答,不再以一种陈述命题的形式,而是一幅纷繁复杂的图景,它包括了人类与非人类的集合、互动。

那么,我们再回到对实验规则的探讨。显然,这种探讨只能是针对原型实验室这个有确定性基础的人为法则制定的世界中的实验,也就是在狭隘的认识论层面对经典实验的规则做出界定,以期手段与目的的结合:受控实验逻辑、以生产形式知识为目的、实验者是科学家。将它们推至社会(现场)情境中,就会发现这些实验规则难以有效。社会学一直是实验室规训模式的主要效仿者,也是最激烈的批判者,这种诡异的局面一方面源于社会学内部长期在认识论层面上的实证主义与反实证主义之争,另一方面源于对科学实验规则的直接套用。定性社会学的崛起,就说明了这样一个问题:科学事实与社会事实在认知上的一个重要区别在于后者坚持社会现象的纯粹的自然化,而实验干预则是对这种原始状态的破坏,会产生另一种现象。于是,他们认为最好的实验方法只能是观察。另外,社会科学家掌握实验设计的主导权,以公众、生活场所、生态环境等作为实验的对象,遭遇了不可逾越的伦理挑战,甚至传统的伦理准则例如知情同意原则也开始失效,因为不具备实践性。

实际上,构成实验室中的事实条件的规则体系从来不是由实验规则决定的,这只是强化了科学家心中的一个信念,缺少了它们是不够科学的,但无法回应齐曼什么是真的科学。不存在既定的实验规则,试图说明构成这个事实的条件集合的规则体系本身是一种循环论证,这就又回到了经典实验规则的三个特征:受控实验逻辑、以生产形式知识为目的、实验者是科学家。实验固然承认知识生产过程中的不可预测性与不确定性,但目标是限制它们,并控制实验条件保持在明确的界限内,通过寻找有效的变量来满足因果链条,而一切的设计者与执行者是训练有素的专家,这样受控情境与受控逻辑有了内在的一致性。换言之,实验规则的循环论证恰恰是对原型实验室游戏规则的遵循,随着实验情境的置换,就会有另一套实验室游戏以及相应实验规则的循环论证。另外,实验文化之于实验规则的基础性,其效用是,实验在科学领域的运用成了一种不证自明的生活方式,至于何以可能? 史蒂文·夏平(Steven Shapin)、西蒙·谢弗(Simon Schaffer)在《利维坦与空气泵》一书中有过对建构主义的分析与讨论。至少说明了一点,实验文化是开放、多元、不断经历变迁的,不妨碍社会的实验性生成自身的实验文化。出于论证上的完善,可以补充的是,精确自然科学意义上的实验规则其原先的范式如今也有了多元化的趋势,就是说在当代科学自身的演变已经在倡导多元论,既是结构上的,也是规范上的,这样即使在科学内部,实验规则也有了多元化的可能性。对于科学规范性问题的回应,可以分为三个层次:作为一种知识体系的科学何以可能? 作为一种社会制度的科学需要何种规范? 与异质性要素同构的科学如何协调多元化? 概言之,趋向现实秩序嵌入性的科学规范,是在两个层面展开的:科学本性与科学社会契约。两者在本质上是互相建构的,致力于一些基本的议题:什么是科学? 科学是如何进步的? 如何更好地发展科学？更重要的是，任何一种科学规范的建构与辩护都需要对两者的交互性进行澄清。

科学规范多元论的演变，其内在逻辑遵循着这样一个过程：极端的分离主义走向普遍的统一，再转向适度的分离主义。极端的分离主义表征了科学发展的无序性阶段，由于缺乏统一的基础，还称不上规范连续性意义上的多元。这种分裂性体现在：缺乏科学家身份的社会认同；科学存续的方式并不足以自存以及真正介入自然与社会；科学仅以工具的形式满足不同的旨趣，为其他的形而上学服务。总而言之，科学并没有形成自我的整体性与自主性。当然，科学还是在启蒙与体制化之前取得了巨大的成功，这种分裂式多元主义的认知优势，在某种程度上，与知识进化论的观点相契合。正是缺乏统一的规训，让异质性与批判性要素的介入成为常态，这在熊彼特的创新理论与库恩的科学革命中都可以得到验证。另外，基于免受社会价值的考量，在好奇心的驱动下，基础研究得到了充分发展的自由。

围绕科学自治性建构，延续了形而上学、寻求客观性标准的认识论传统。它的主要特征是追求统一、简洁、实在性的解释，同时也符合人类思辨的本能倾向，像保罗·费耶阿本德（Paul Feyerabend）的多元主义与相对主义的或然性表达，总是遭到集体信念的警觉。也不难理解，当科学正式遭遇社会价值的考量时，以塔尔科特·帕森斯（Talcott Parsons）、罗伯特·默顿（Robert Merton）为代表的结构功能主义学派为即将开放的科学量身定制了普适性的科学社会契约。尽管后来的历史主义学派引入了相对主义，但这种源于法国约定主义的观念仍然是为统一性服务的，类似库恩提倡的坚持原则，以及早期 SSK 的社会决定论。因此，从多元归为一元的辩护与论证逻辑，无论从理性主义还是自然主义出发，都能找到交汇点。

形而上学的剧烈变动在任何时期都像是逻各斯中心主义的自我救赎。对于它所表述的方法论、认识论上的演替，并不足以取缔科学主义，偏守科学本性一隅的规范性，会导向封闭与独断，容易遭遇外界对知识的滥用。当然，我们并不是在彻底否定统一性与一元论，因为重新走向多元的科学规范，必然经历主体性的重建过程。问题在于,思辨哲学的继承者们像逻辑实证主义者为了使科学超脱于其他知识体系一样,先验地否定了科学的文化偏见,造成了多样性的解构,结果就是科学的虚无主义与公众对科学的质疑。

显然,科学如今呈现多元旨趣的同步,是一种自治性的辩护策略,满足社会实践需求的同时,也能从事基础研究,两者之间并不冲突。在这个过程中,多元价值观(政治、伦理、经济)的涉入、地方性的实践等,重塑了科学基本的整体性,这样科学与社会之间重新签订契约本身就会因为规范的适应性做出调整,而不会有巨大的阻力。当然,任何一种多元主义的叙事都需要对相对主义的指控做出说明。在这个过程中,科学规范的多元化首先是经历了外部性干预的过程,尽管也造成了困境,但这种对外部性的容纳要求科学在实践中获得规范上的重塑,因此内在于精确自然科学范式体系中的实验规则,在科学内部层面也要求通过实践来表征自身的有效性,在基础研究中可以按照演绎逻辑来满足效用,而在现场实践中,如果无法体现原先规则的有效性,就需要对自身做出调整,这本身就是科学范式要求做出的承诺。

二、实验场景:从祛情境的理想形态到具身情境的现实形态

实验总是发生于某个场景,过去人们很少关注情境性对实验的影响,因为精确自然科学实验给人的印象总是控制了全部的变量条件。在移植了实证研究范式的广泛领域中,逐渐有了一致的评价定式,认为实验的成功标准就是可控制、可重复、可预测。这些理想型的标准预设,基本上没有考虑实验的后验条件即涉身性的实践情境。从逻辑分析看,这些标准存在循环论证,作为实验结果的可重复、可预测就蕴含了可控性,而可控性已经是科学实验的先决条件。

人们很容易产生一些疑惑:实验是否只有在完全可控情境下才能展开?倘若发生在非完全受控情境,实验就完全没有效力可言? 实验的一般性语义被用来指涉对象物不稳定、非确证的状态,倘若对象物得到了充分的认识与控制,也就被认为脱离了实验性状态。这种语义对应的实验类型被汉森称

为认知实验(epistemic experiment)。认知导向的实验,其目的是对客观世界规律性的认识,而非改变这个世界。典型的认知实验就是自然科学实验,为了强调这种实验的普遍性,汉森特意指出认知实验对应的科学实验,是用德语"科学"(wissenschaft)一词来涵盖的,这就包括了人文、社会科学领域。①规则性实验都发生在可控情境中,与实验的结果被要求非目的论的因果解释密切相关。更进一步,认知实验的情境是由认知规范来界定的,这种情境的边界已经被先在涉入了表象形式,也就是说最终结果被要求呈现的形式也决定了实验前置条件的形式,像基础科学的研究成果是事实性、规则性的表征物,比如命题、理论、定理、模型等。可以认为,认知实验对预期结果的形式和内容只要求理性上的认识,屏蔽了情境的复杂性与偶然性,像可预测、可重复的特性本质上取决于因果解释的效力。认知实验由于科学发展带来的巨大社会影响力,以至于人类集体忽视了一个重要问题:实验何以可能具有其他的实践形式?

在理想型的科学实验中,实验的可控性是由可预测、可重复来自证的,但这些性质不存在于自然之中,也就无法被认为是实验的根本特性。问题在于,谁也不会否认科学实验确实是一种认知实践。这里的关键是,任何一种实验状态都是相对置身于其中的场景而言的:情境性是建构实践的基础条件。既然可控性作为科学实验的先在条件才可能得到表征式可控结果,那么可控性是否也属于一种情境?进而,随着情境复杂性程度的提高,实验是否会呈现不同的实践形式?

受控情境不仅仅指封闭式场景,许多自然与社会科学实验也发生在现场,只要涉及的变量条件是有限且可控的,至于在实验室内还是外没有影响,这也是由先验或后验必然性的认知形式所决定的,结果就是实验的客体化、工具化、实证化。在理想型的科学实验中,一项实验是否可行,只涉及能否控

① Hansson S. Experiments: Why and how? [J]. Science and Engineering Ethics, 2016(3): 613-632.

制研究对象,而实验是否会受到(干预对象、环境)建构的影响而重塑实践状态被忽视了。事实是,认知实验也存在着情境性因素。早在一个世纪前,皮埃尔·迪昂(Pierre Duhem)就提出过类似的疑问:物理学中的实验确切地讲是什么?[①] 然而,沿着迪昂"本体—逻辑"式的设问,科学认识论者谈论规则之于实验的意义优于具体的状态(物质性、实践性、地方性等)。这种先验预设也影响了库恩"认识—历史"的实验观,透露着范例、模板的重要性,要求科学共同体必须满足既定的实验标准。

　　显而易见,所谓自明的定论,其实是理论理性决定了实验的意义,稳固了对实验祛情境化的辩护立场,正如劳斯所批判的:"'理论'所代表的那种理解与我们对世界的实践性介入无关……地方性的环境对于被研究和被检验的内容来说并不重要。"[②]要注意的是,祛情境化也是一种情境即思维空间。实验室实验作为一种研究范式近似延展了思维空间,契合了思想实验的实证要求,而由一系列抽象理想产生的世界观同样界定了实验室空间的规则。知识的地方观已经揭示了知识得以普遍的辩护条件集合要求一致性的情境。受控情境也是一种合理辩护实验的策略,这就不难理解作为科学实验黄金法则的随机对照实验能够在人文、社科领域普遍适用,因为受控范型也被一并移植了,即使这些场景的形态是一个车间、工厂或社区。

　　因此,受控性就是一种情境,只不过是特殊的、抽象化的,作为情境条件涉入了认知实验的建构,那么,所谓既定的认知规则也不具备普遍性来约束实验。不可否认,理论理性界定的实验情境有它的适用性,比如追求标准化、可移植的实验结果,但始终与真实的自然、社会存在差别。认知实验的最大特点就是强人为性。实验者先验制定了二元对立、非历史性的认知框架,也就意味着实验主体外在于实验系统,但导致了理论理性与实践理性的分裂。从实际效用而言,遵循外部性规则的实验也不能充分阐释科学知识的实在

---

① Duhem P. The Aim and Structure of Physical Theory[M]. New York: Atheneum, 1906: 144.

② 劳斯.知识与权力[M]. 盛晓明,邱慧,孟强,译.北京:北京大学出版社,2004:74-75.

性,来自实验历史认识论的研究已经表明,以检验、进一步发展和证明现存理论为明确方法论目标的实验并不多,对于实验目标在科学实验中的作用也始终是存疑的。

20世纪90年代兴起的科学实验哲学受益于本体意义上的实践转向,开始直面一系列的认知尴尬,对于理论情境的解构是颇有成效的,消解了先验必然性的认知优位,提出实验情境整体上是动态、历时性的,将实验的自主性探究视为一种创造性力量。实验性实践的多样性讨论被提上了议程。学界通常把"实验有自己的生命"(experimentation has a life of its own)作为新实验主义旗帜性人物哈金复归培根实验运动的口号,但忽略了哈金还有一句相似的宣言"实验有自己的多重生命"(experimentation has many lives of its own)。① 这里的many并没有引起后经验主义的重视。哈金本人也没有充分揭示实验的多样性,但为了后者的讨论避免实证主义教条,唯一有见地的是提出了实验的发明范畴,这是他与没有理论预设的实验所实现的创造现象的物质性实践联系在一起的。除了哈金,斯坦勒等人也注意到了实验的创造性与情境性关联,揭示了实验在具体情境之中会呈现不稳定趋于稳定的状态,因此明确区分了验证性和探索性两种不同的实践形式,但他们所关注的实验,其行动目标都是对客观世界规律性的认识,因此始终是在认知实验的视域里。

新实验主义者囿于研究视野的局限,并没有去关注真实世界中的实验现象,但他们已经认识到,是否融合情境的复杂性和偶然性,决定了可控性是实验的先在条件还是趋于的期望状态。相较而言,社会实验在实践表现上相比自然科学实验,显著地被削弱了人为性:一是实验的发生是由不确定性技术嵌入社会引发的,二是发生在实验室之外的非受控情境。当代科学发展更多是由社会规范约束的,不同于学院科学阶段的纯粹认知规范。即是说,科学

---

① Hacking I. Representing and intervening[M]. Cambridge:Cambridge University Press,1983:
165.

家不应将完全不可控的技术引入社会,因为完全不可控的技术在公共决策阶段就会被否决,真正被引入社会的是那些不完全可控但又可能产生巨大收益的新兴技术。在这个意义上,社会实验负载了人类集体向往美好未来的价值导向;与此同时,社会实验的发生源于科技对社会的创新驱动,后者追求的是创造新的发展动力,因此这种实验在行动表现上是对客观世界的干预(intervention),而非实证性的操纵(manipulation)。① 显然,非受控情境建构的实验并不受理论理性的约束,也不是凭最终的实验结果而是以整个行动的过程来影响真实世界,并且成形为一种规范的集体行动必然经历了社会秩序的重塑。如汉娜·阿伦特(Hannah Arendt)所言:"理论不再意味着一个以可以理解的方式连贯起来的真理体系……其有效性不取决于它'显露'了什么,而在于它是否'起作用'……人的行动为理性制定规则。"②为了区别认知实验,汉森将以改变客观世界为目标的实验称为直接行动导向实验(directly action-guiding experiment),并提出了两个标准:其一,所追求的结果应实现人类行动的一些期望目标;其二,为了实现这一目标,所研究的干预措施应是能在非实验情境中执行的潜在候选者。③

不过,汉森提出的行动实验并不能与本书讨论的人工智能社会实验直接对应,一是其没有提及实验在真实社会中的规范性问题,二是行动结果与社会实验的目标有着区别。

三、实验目的:探究社会行为逻辑与建构新型社会秩序

精确自然科学范式下的实验指向科学的一般性目标,即生产可靠的知

---

① 在相关研究文献中,干预与操作很多时候存在混用。操作更多指向实现目标的行为,而这些目标是作为干预结果的某些特征;因此操作直接对应的内容就是因果关系,最多是还原性的,但不可循环。干预的含义强调了对具体情境或某物的介入与改善的动机,但并不意味着已经实现了控制,因此更加凸显了作为行为后果的"搅动性"。科学实验的操作也是一种干预,但这是对控制了的因果要素进行重组。

② 阿伦特. 过去与未来之间[M]. 王寅丽,张丽丽,译. 南京:译林出版社,2011:34.

③ Hansson S. Experiments:Why and how? [J]. Science and Engineering Ethics, 2016(3):613-632.

识。当代科学知识观的合理性论证存在普遍性与地方性两种辩护路径,归根结底是相对具体境域内的有效性而做出规律性的解释,但规律性不必然是普遍性的。

尽管欧美学界早先表达了审慎设计社会实验作为科技治理路径的设想,但对社会实验语义的理解仍然局限在实验的原初意义,不过以此来类比新兴技术的社会引入这一过程,首先是强调技术创新内在的不确定本质,其次是表达了通过实验控制技术的愿景,但缺乏对实验根本特性的重新审查。实验之为实验的原初目的是通过干预来实现对实验对象的完全控制,这里的控制在整体性上是由前提与后果组成的:前提是边界条件,后果是充分的认识或运用,但不包括边界外的社会秩序。前文已经提到控制在传统实验中更重要的意义是作为前置条件,并决定了后果的表达内容与形式。对于不可控的实验,作为传统实验结果的普遍性要求,是难以实现的,鉴于实验目的最终是由嵌入其中的后果来呈现的,我们需要论证新型社会实验所期望的结果形态。

科学实验哲学一直希冀突破实验与理论的问题域,而与社会或伦理规范之间产生更直接的关联,但未能更进一步,原因在于他们关注的实验类型始终是认知实验,这类实验是通过实验的结果而非实验过程来影响客观世界的。社会实验的发端是引入了可能对社会产生变革性影响的新兴技术。理想的科技治理目标是技术嵌入能够满足人类社会期望的状态,但这种期望又是基于人类的有限认知,因为技术不确定性与社会环境的互动复杂多变,并且多元主体的价值偏见是既成事实,从而治理框架的规则需要实验性的动态调整。显然,社会实验是趋于控制的过程,这就不是通过结果,而是通过持续的行动来改变客观世界,这个层面的理想目标是干预行为能够导致合乎期望的结果。确切地说,合乎期望是指新兴技术嵌入这种干预行为本身能够实现具体境域下对规则的默会遵循,这类似于一种 knowing-how 的知识类型。

汉森就是根据实验的不同目的——改变客观世界还是认识客观世界,提出了直接行动导向实验来区别于认知实验。实验目的的不同会反映在差异性的结果上,汉森又相应提出了行动知识(action knowledge)和事实知识

(factual knowledge)两种类型。这种知识分类的传统可以追溯亚里士多德对认识(episteme)与技艺(techne)的划分,更直接的关联是汉森借鉴了吉尔伯特·赖尔(Gilbert Ryle)在《心的概念》中提出的两种知识类型 knowing-that 与 knowing-how。[①] 已有大量研究对这两种知识类型做了细致辨析,但它们本质上属于完整知识构造中的不同面向,为了进一步澄清社会实验的行动目标,仍然有必要析取它们最一般性的区别。简单来说,知识总是关乎规则,但规则不代表一定具有跨时空、跨区域的普遍性。就知识有效性的不同表达方式,knowing-that 在汉森这里指向能够清晰陈述出来的事实知识,而一般是通过行动的有效性来呈现的 knowing-how 被解释为行动知识,即做出了实现期望结果的行为。汉森将认知导向实验的认知限定在客观世界如何运作的规律性认识,因此遵循精确科学意义上的实验标准,即满足可控的情境、遵循自然规律与获取事实知识。社会实验的干预效果也是追求客观世界的改变,这是否意味着社会实验的结果形态也是一种行动知识?这就需要回到汉森针对行动实验提出的两条标准。

第一条标准是"所追求的结果应实现人类行动的一些期望目标",这一点与本节提出的社会实验目标是一致的。第二条标准是"为了实现这一目标,所研究的干预措施应是能在非实验情境中执行的潜在候选者"[②],这就陷入了对实验情境的狭隘理解,前文已经论证实验情境不必然是完全受控的,那么汉森对非实验情境的强调表明了他提出的行动实验并不是直接发生在真实世界。其实,从汉森将行动知识作为实验性地改变客观世界的结果就可以看出,受控性依然是既定的实验标准,因为行动知识就蕴含着特殊境域中的规则性,那么行动实验的目的就是为了获取如何在特定境域中行动来实现期望的规律,也就要求与事实知识一致的可移植性、可重复性标准的满足。因此,

---

① Hansson S. Experiments:Why and how?[J]. Science and Engineering Ethics, 2016(3):613-632.

② Hansson S. Experiments:Why and how?[J]. Science and Engineering Ethics, 2016(3):613-632.

汉森提出第二条标准的直白表述是：在实现改变客观世界的目标前，首先进行受控情境中的行动实验，再将局部有效的行动知识移植到更广泛的现实环境中进行应用。这样，行动实验只能被认为是认知实验视域下的一种不同表达，而不是另一种实验类型，因为都是发生在受控情境中，并以规律性为目的。实际上，在科学实验中，事实知识与行动知识都会生成，比如实验仪器及其手册的更新、临床医学实验中实践技能的获取，而汉森本人就是从自然科学的技术性层面来论证行动实验的。

其实，从知识的地方观看，尽管汉森强调行动知识源于对特定境域中如何行动的规律性学习，但是作为认知实验的代表性结果，自然科学知识并不具有先天的普遍性，任何一种科学范式都是由一定境域下的条件集合来辩护的。可以认为，行动实验依然是以实验结果而非实验的行动过程来影响客观世界，这是间接性的干预行为。这么看来，汉森引用赖尔对两种知识的分类来界定实验的事实知识与行动知识，是不无道理的，因为它们本身就属于同一辩护情境下的知识谱系。相较而言，社会实验是直接发生在真实世界，其目标是达至一种适应性状态，这固然要求合规则性，但不代表普遍性，并且这种规则是在涉身的非受控情境中重新凝练的，而不是从受控情境中移植过来的，因此适应性状态是地方性、嵌入性的，不必然具有普遍的可移植性，这就不是以规律性知识作为唯一的目的。可见，行动实验与认知实验实际上存在于连续性实验体系中。就具体应用的广泛程度来比较，行动实验也归类为认知实验的一种不同面向。那么，汉森对科学做广义上的阐释是可取的，因为获取规律性知识不专属自然科学的事业，反而克劳恩将认知实验与行动实验仅仅归类为自然科学实验失之偏颇。显然，社会实验的干预效果包含了比 knowing-how 更丰富的内容，主要是地方性上的普遍性，不等同于行动实验，但就非受控境域中生成规则性的实践目标而言，包括了认知实验的类型。

社会实验的期望状态是不可完全预测的，往往滞后于技术不确定性在生态系统中的渗透演变，即便达成了行动知识也不是固定的，在普遍的有效性上是存疑的，因此社会实验要不断打破依赖路径与愿景之间的必然性，才能辨别可接受的变革方向。真实社会的可接受条件集合构成了一种共识性的制度框架,透过这种框架技术创新性发展的风险才可能被多元价值主体责任归因、展开商谈,因此制度框架的功能是规范技术趋于现实的稳定性、适应性,而制度是根据既成的规范和可预期的行为模式得以成立的。但是,社会实验不适用绝对化的道德伦理原则,作为非受控型实验很难被终止,具有不可逆性,也做不到充分知情,基于个体善的推导路径无法约束集体不确定的实验行为。

既然社会实验不是任意发生的,就必须追溯实验性地引入新兴技术的道德可接受条件。显然,社会中的技术实验有了新的伦理设问:用技术 A 在环境 B 中实现 C 的实验在道德上可接受吗?但又不能忽略的一点是,这种追溯必须发生在社会实验的过程中。人工智能技术发展一直就有内在的实验性,即使科学家能够预见所有的技术风险,并不代表能够阻止负面后果的发生,只不过这种实验性风险在技术与社会互构的初期并不会造成很大影响。社会生态系统的长期功能是保障并监督技术的运用,主要包括生态与制度两个系统,如今增加了技术系统。创新驱动除了工具性的目标外,技术在当代社会的重要性是紧密参与了制度的塑形。倘若现有的制度能够完全消解新兴技术带来的不确定性,人类社会也就不需要担忧技术的创新风险和道德困境。但事实并非如此,创新本身就具有破坏性。新技术的研发与应用是为了提供新的社会发展动力,也带有异质性、新颖性,容易引发意料之外的变化,倒逼既有制度的迭代更新。当代科技政策更加追求与公共价值的契合性,因此任何一项技术创新都不是脱离现实情境的。本节讨论的社会实验,关注的是那些能够全面介入公共生活和影响个人主体性的技术,这是最有可能集体参与治理的。不可预测的技术伦理问题和困境是当下主要的社会治理困境,是重塑社会规范的基本保证,显然实验性地驱动技术创新的道德可接受条件及其制度框架是社会实验本身需要建构的。

四、实验过程：探索性控制与创造性建构

任何实验都具有边界，这也规定了整个实验场景内的行为，使得实验对象从一种不规则状态趋于稳定，这就是实验的制度性。如今的区别在于，边界条件是先验预设的，还是在后验的实践中生成、重塑的。直白一点，控制在传统科学实验中是先验的，而在社会实验中却是后验的。

过去，实验区别于其他行动的重要特征在于控制是实验的可行性保证，比如要先行完成对自变量与因变量的确定以及对实验系统及其情境的严格控制，像理论驱动的实验（证实或证伪）是科学实验的主要模式。后验性的控制不仅意味着实验在前期和过程中都无法完全控制自变量与因变量，甚至是无法识别它们，这无疑改变了实验的原始定义，也出现了不同控制的形式与程度。不同于验证论模式，前文中已经介绍了一些科学哲学家揭示出缺乏理论指导的另一种模式——探索性实验。概括地讲，探索性实验的要点是基于开放性的情境系统而非指导性的理论框架完成对新规则的重塑。社会实验中控制的可能性发生在新技术被引入社会后，给缺少理论背景换一种表述即是缺少制度性框架，显然社会实验的实验性更接近探索性而非验证性。

那么，社会实验的制度设计作为一种规则性框架而言，是持续迭代、更新的对象，甚至是全新凝练的，并不能外在于和先于实验系统，是在具体生境内的探索过程中得到建构的。在科学实验室中，实验行为介入对象（不管基于何种本体论、认识论取向）总是遵循了某种自然观，因为寻求的是因果解释而非目的论式的，凸显了个体的控制性；类似地，在经济学实验与社会学实验中，实验设计者分别就现实的市场规律与社会规律来制定实验发生的规则。除了认知规范，科学实验还受到社会规范的约束。在培根时代，原型实验室就是避免社会作为科学实验的容错空间得以制度化的。20 世纪 60 年代开始，科学的实验对象必须经受生命伦理的审查，这些原则是明确给出的。如今，社会实验与社会规范的关联更为直接，但处于动态演变中。

实验的主体身份也发生了变化。先验控制包括了对实验规则的预设，外

在于实验系统的实验者类似于实验空间的立法者,而实验对象是被动参与的。社会实验是利益相关主体共同参与的,探索共识性框架的形成直接涉及现实秩序的重塑。尽管在新兴技术介入社会的初始情境中存在着原先的制度要素,未来却可能是一个全新的"技术—社会"生态,对于规则尚未生成、不完全可控的实验系统,不可能存在纯粹的实验主体,意味着二元对立、非历史性的认知框架不再具有优先性。因此,社会实验空间的规则是无法基于单一主体甚至不能完全依赖纯粹理性的法则去做先验设计。

另外,实验方法在社会中的合法性界定不是一成不变的。其实,当科学容错空间拓展至实验室之外时,实验概念就得到了社会性、开放性的重新诠释。随着知识社会进入高级阶段,科学理性的不可靠基础愈发暴露,造成了社会秩序的不可控性,涌现了更多的未知因素,通过实验做出决策将是未来社会发展的关键特征之一。在这种背景下,马蒂亚斯·格罗斯(Matthias Gross)、克罗恩指出社会已经具有了实验性,因此实验的概念可以涵盖社会本身:"以这种方式来理解社会的实验性,从一个进化过程……或自然历史,转变为一种制度化的策略。"①类似的观念也反映了在当代科学论将社会作为科学容错空间的批判性反思中②,科学实验的定义及其内容的选择、方法的运用具有公共性。社会中的实验系统与行动者之间是动态、互构的关系,并且所有参与者都置身于实验系统内部,也就没有实验的主客体之分。社会实验是一项包括非技术群体在内的集体努力。作为一种新的科技治理范式而言,理性与现实经验的共同涉入是其最大的特点。

进而,社会实验的边界设置也是由集体决定的。过去,边界的确立是为了保证预设制度的运行,比如科学实验室具有有形、可控的高墙,而社会实验的边界稳定于自身的实践过程中。制度是规范的集合,而后者总是在具体的

---

① Gross M,Krohn W. Society as experiment:Sociological foundations for a self-experimental society[J]. History of the Human Sciences,2005(2):63-86.

② Van de Poel I. Nuclear energy as a social experiment[J]. Ethics,Policy & Environment, 2011(3):285-290.

境域内生成和有效的,因此具体的用法规则比确立评判规则的标准更为重要。前文已经提到,新兴技术的社会引入贯彻了创新驱动机制,并有着内在的规范性要求即创造美好生活的愿景,这是人类社会有意且较为激进的改革与创新行为,以驱动可持续发展,因此社会实验的制度化有着深刻的变化导向(change-orientation),这种变化带来了本体论上的新颖性,即引入新兴技术的社会生态位企图超越既有、陈旧的基础设施,同时拒斥以理想化设计为目的。认知实验的理想结果是猜测与假说的确证,而社会实验经历着标准化与现实性之间的矛盾运动,产生了持续的期望偏差比如惊喜、意外,对于这些变化信息的获取、跟踪、反馈、迭代等涉及社会实验的边界塑形,需要基于实验的学习过程。如今,学习与干预是社会实验最基本的功能。科学论者以往用社会实验的概念来隐喻新兴技术引入采用的实验语义就是用认知实验来界定的,一是表明需要实验的学习功能,二是为了提取实验的受控属性意图控制新技术。前文已经释义,社会实验的实践是由非受控情境来建构的,这种实践的干预性也改变了原先的秩序,因此受控性反而成了社会实验的学习目标。

如今,全球实验主义治理将即时跟踪、反馈不确定性困境的动态复杂性并迭代或凝练规则性框架作为具体的实践路径。实验性地驱动技术创新从一种干预效果来说,是双重性的:一是技术性驱动社会的结构性转型,二是实验性治理技术驱动社会的全过程。在这里,审视新兴技术伦理的道德框架需要后验的探索性建构。社会实验的过程一是容易产生新的道德伦理经验,二是产生了探索性干预来迭代或重塑规则性框架。传统科技风险的评估方式主要是实证性的,因此不可能去体验未知的风险困境,并且前沿科技在社会的运行中会受到不可预测的人为性影响,因此预防式、前瞻性的科技伦理治理模式并不能充分解决问题。当然,这不意味着传统的思辨式道德哲学实验失去了效力,一是思想实验可以避免直接对现实世界造成影响,二是既成的伦理框架、规范与价值观作为推导原则具备一定的制约功能。毕竟,科学共同体不可能将完全不可控的技术引入社会。因此,社会实验对技术道德困境的学习,可以在一组复杂程度不同的实验场景——从受控到非受控——进行。随着情境复杂性的递增,面向不同的伦理规范要求,技术道德问题将有不同程度的暴露,这就有利于建构一种综合预防式与参与式的渐进的实验性治理框架。实验学习必须基于新的道德体验。思想实验发生在思维空间,并不能产生基于现实的道德体验;生活实验室源于欧盟里斯本战略提出的公众创新平台,发生在一定规模的生活区,通过降低受控性促进个体主观性对生活性技术的价值嵌入来迭代个体道德经验,还无法直面社会性规范问题。于是,真正社会性的实验才能涉及更广泛的社会问题和公众,并不要求受控性,除了探测技术在应用过程中产生的道德问题,还学习并重塑使用既有道德标准的新规范。因此,范德波尔同样认可了非受控情境对实验的建构性,这样道德实验的类别也就不限于既有原则的演绎和仅限道德哲学家主体直觉的检验,以及满足局部有效的因果机制。显然,实验性地引入新兴技术兼顾了技术引入前的道德原则与引入后的道德经验,并且这种新的道德经验将对既有规范框架进行干预,重塑技术道德原则。

需要重申的是,并不是任何新兴技术的社会引入都可以被视作社会实验,这取决于该技术是否具备大规模的超强渗透性。另外,任何实验都具有试错性,社会中的反复试错必然付出更大的代价,这就需要灵活使用多元实验模式,并要考察社会实验的限度,那么对于如何构建负责任的社会实验需要具体的实践与方法论的开发,这些研究仍在起步阶段,有待进一步探讨。

五、实验对象:从客体化的自然物到"人类—非人类"行动网络

任何实验都有目标导向,通常与实验对象密不可分,因为干预后者才可能产生符合期望目标的结果。

对自然祛魅并为此建构秩序是人类主体理性得以彰显的伟大成就。17世纪理性主义和牛顿物理学的广泛传播,为实验科学以及工业资本主义的兴起奠定了一个机械、可控的世界观。培根强调对人类感知固有缺陷的纠正,被认为是将自然现象转化为实验程序的倡导者,也对笛卡尔哲学观的形成产

生了影响。实验者领域与实验的对象世界被区分开来,并赋予人类作为世界主人的特权地位。随着近代科学研究范式的成熟,科学实验的对象从自然的自然(natural nature)转向了脱离于本真世界的人工自然(artificial nature)。① 简单而言,实验的二元论刻画了这样一种观念:愈是被人为控制的自然物愈能显现它们的客观本质。进而,科学实验呈现了一种三元的结构关系——实验主体在受控条件下通过中介实验系统作用于实验客体。人工自然被作为了一种无自我意识、无主体特征的实验对象。

不过,20世纪的量子力学革命揭示了微观物质世界的不确定本质,挑战了旧有的机械论自然观,涉及对客观性原则的重塑,指出了在科学认知的主客体之间没有绝对的界限。就具体的发展形态而言,20世纪的科学以产业化模式以及实践需求为导向,而科学研究的目标领域表现为人造世界向自然世界的不断扩张。所谓实验室中的人工自然瞬时突现的秩序离不开社会秩序的建构,科学实验对象源于客观世界还是人造世界这种关系性讨论不再具有意义。在20世纪中后期,科学的实践建构观颠覆了实验的二元论基础,在本体论上倡导去人类中心主义、科学世界与自然世界协同共生、演变的混合本体论,作为一种具体实践的知识生产活动起着维系认知、行动与生活世界的调节作用。那么,科学实验对象就类似于拉图尔所提出的拟客体(quasi-object),无疑具有反身性的特质,对实验系统以及实验主体的认知起到了建构作用。但无论如何,标准科学实验仍然发生在受控情境中,以认识客观世界为目的,所呈现的三元结构关系并不会被颠覆。

相较而言,人工智能社会实验视域下的实验对象真正返回到了本真世界,并且人工智能社会实验是以多元聚合性的结构关系来呈现的。随着本体论地位的不断变化,传统的二元对立结构不再具有中心性,所谓的实验主体与对象都不是外在于社会实验系统的,后者由特定境域中的集体行动来维系,因而又是多元化的。新兴技术是社会实验最显著的自变量,也是试图控

---

① 科恩.科学革命的编史学研究[M].张卜天,译.长沙:湖南科学技术出版社,2012:240-241.

制的主要对象,但这并不是系统性、整体性的社会实验对象。科学实验通过干预自然物来获取认识客观世界的规律性知识,显然自然物与知识物并不是同一性的,不管后者是被看作反映式的表征物还是主客体动态实践的调节物。社会实验的目的是改变客观世界,理想结果是新型社会规范,其实质是新兴技术与现实秩序的契合,不过这种契合是基于一系列的构成性条件的,并且它们是在不断探索中演变的。规范新兴技术要跟踪、学习隐蔽的社会可接受条件,并且与技术行为契合的用法规则离不开具身其中的地方性境域,因此稳健的新技术生态就是新的社会生境。社会实验的过程是对先前秩序的持续性变革,也是通过实验系统来实现,但所要干预的实验对象更直接地涉及利益相关者的意向、行为与现实的自然和物质,并且这种实验系统尽管不完全可控,但又必须依靠反身性的动力机制来维系。科学实验也有干预性,但仅仅是打破并重组了可控变量的秩序,并且只有在完全可控的条件下才可能界定实验的主体与客体。

概言之,人工智能社会实验的对象可被界定为一种聚合了"人类—非人类"的行动网络。根据经典的行动者网络理论,作为非人类行动者的人工智能技术所经历的研发、应用和最终稳健都是在与广泛社会的联结中得以可能的;人工智能社会实验场域中也不存在旁观者的技术受众,不管是否知情,在场的人类自主行为与非人类之间的互动都会对技术应用情境产生影响。行动者网络理论尽管不具备规范效力,但作为一种分析工具揭示了"人类—非人类"行动集体构建稳定的社会技术网络的机制。当前,学术界还未用行动者网络理论来探究科技创新性发展所显现的实验特征,这是一项全新的议题,但可以明确的一点是"人—机—场景"关系性的行动网络被涉入了新的异质性变量——实验性,这构成了网络节点不稳健的新障碍,也产生了新的建构效应,即是说行动者网络也可以被实验性地创造。行动者网络理论的提出以及后续拓展在语境上始终存在实验室与社会、创新与应用的边界划分,也是为了证明理论自身的解释效力,比如运用授权、规约、网络、转译等相互关联的分析工具揭示技术如何更好地从实验室转移到社会中去,但一直忽略了社会是尚未实验的情境,那么技术有效性在实验室情境内外不一致的困境与社会可接受条件之间不可避免的冲突被笼统的利益解释遮蔽了。一种新的局面是,过去所强调的技术在应用领域的外部性,如今也被纳入了内部性的考量范围,不过阐释情境发生了实验室向真实世界的转换,只是后者的情境不再是先验预设的,更多的是需要集体探索、商谈。简言之,人工智能社会实验概念的提出已然消解了实验室内外情境的划分。人工智能社会实验系统的持续性干预就体现为将原先二分的人类与非人类行动者不断整合在同一个运转网络中的过程,并保证它们集体地维持期待中的社会秩序。

在这里还需要做出补充的一点是,人工智能社会实验的结果。人工智能社会实验研究领域一个容易被忽视的问题是,面向科技治理的社会实验建构的实践型知识究竟为何物?对于人工智能社会实验所干预的对象,依然会反馈到实验的具体效果上,这种效果的具体表征是以"软技术"作为载体的,就是前文已经提出过的社会技术系统。马丁、辛津格提出的作为社会实验的工程就是将工程技术与契合该技术的社会条件,结合起来作为实验结果。问题在于,他们的落脚点却是如何实现工程作为一项完全的受控实验,以做到充分的公众知情、随时终止工程等。这种自相矛盾的后果即是人类主体从始至终是技术系统的实验客体。既然作为社会实验的工程最佳状态是技术复合体与人类、自然的和谐共处,理所当然,这是一种社会技术系统。倘若新兴技术的社会引入这样一个过程能够做到完全受控,则意味着实验者是外在于实验系统,也就不存在无法确证的技术风险与伦理困境,而事实并非如此,因此实验者是内在于实验系统,同时是被实验的对象。在这里,公众与专家都是一种反身性参与,因为公众的常识专长、文化观念、价值认同是生态系统的组成部分。这样,实验者与实验对象的身份有了叠加态,都是实践者。这就可以对人工智能社会实验与精确自然实验做出区分(见表5-1)。

表 5-1　精确自然科学实验和人工智能社会实验

实验类型	实验目的	实验场景	实验逻辑	实验主体	实验导向	实验方式	实验结果
精确自然科学实验	认识客观世界	受控	演绎	专家/专家知识决策主导机制	工具理性	受控干预	自然物/技术物
人工智能社会实验	改变客观世界	不完全(非)受控	溯因/归纳	利益相关的"实践者"	工具理性/价值理性	反身性介入	社会技术系统

第三节　人工智能社会实验的认识论转向：先验受控和后验受控

基于以上分析,精确自然科学实验是先控制再干预,而人工智能社会实验是要实现对干预行为(将人工智能引入社会)及其干预后果(潜在风险、道德困境等影响)的双重控制,因此是一个先干预再控制的过程。相比精确自然科学实验的目的是对客观世界规律性的认识,人工智能社会实验旨在对客观世界的改变。基于后验受控(posteriori control)的认识论角度,受控性是在实验实施之后实现的,而人工智能的稳定状态恰恰发生在引入真实世界之后。通过前文对人工智能社会实验基本特征的考察,可以看到,人工智能技术社会实验形态已经驱动了科学实验哲学的认识论转向研究,本节将为这种转向的理论反思提供补充论证。

第一个维度是全球实验主义治理理念,为应对新的社会形态——智能社会中更为复杂的不确定性治理困境,需要做出调整。实验主义治理源于欧盟应对公共政策领域出现的监管失灵,本质上是现代性西方社会对于原先的先验立法秩序出现失效的一种纠正策略。该理念也促进了从社会实验的视角来审视人工智能技术的负责任创新,这就将人工智能社会实验的规范建构作为不确定技术伦理规约的一个切入点，包括具体的实验性实践，以促进对人工智能技术的功能、潜在风险与道德经验的学习。事实上，无论是实验主义治理、实验性技术还是社会实验的概念，都需要直面现代技术型社会中潜在的不完全可控性，这已经有别于启蒙以来现代性所承诺的"可预测且可控"的技术进步观。因此，实验主义治理框架要消解前置假设性规则条件的优先性，遵循"干预—反馈—再干预"的循环性实验治理路径。

第二个维度是要超越精确自然科学实验的有限理性工具主义立场。自新实验主义倡导实验的自主性以来，实验范式的阐释与其发生情境变得密不可分。实验室"内—外"实验的最根本区别在于受控情境的转换，像封闭实验室是强控制的，而公共生态则是弱控制的，根据受控程度的不同可以建立场景谱系——思维、虚拟、实验室、田野、生活实验室到真实世界。另外，根据实验逻辑的分类，实验场景从受控转向非受控，相应的逻辑可区分为演绎、溯因和归纳，后两者是以行动为导向的。① 以往科学论内部就理性与实践二元视域对实验的界定，都是认知导向的，即便哈金提倡的"表征—干预"模型也是为了揭示建构性认知表象的机制，这是对实验的目标结果先验预设了必然性的认知形式，对规律性知识的确证要求可重复，限定了它对实证范式的遵循，也就不难理解一般科学哲学主要是对实验的科学传统的关注。不过，后期维特根斯坦哲学对规则主义与规律主义的驳斥，就证成了反基础主义的规范主张，这在库恩的历史主义纲领里已经构成了对知识还原论立场的消解，同样实验的语义与效力基于特定境域中的实践也可以满足自洽性。

第三个维度是人工智能社会实验发展动力的机制转换。精确自然科学受制于学院科学范式，其科技动力机制是以好奇心来驱动的，这也构成了传统科学实验得以实施的动力机制。人工智能社会实验以实验性驱动人工智能技术治理创新为导向，以治理效果为实验成功的标准，因此是以现实社会需求为驱动机制的。

---

① 俞鼎．治理与创新的协同："实验社会"的实践性探析[J]．自然辩证法研究，2021(2)：51-56．

追溯历史,可以发现,"实验的起源既不是学术性的,也不是好奇心驱使的。相反,它在社会上广泛传播,由实际需求驱动"①。汉森提供了历史证据:早在现代科学出现之前,土著和手工艺者就对农业与技术问题进行过实验。为了区别认知导向的科学实验传统,他总结了一种作为起源的、人类社会在实践中更多运用的、直接行动导向(directly action-guiding)的技术实验传统。考察史前工具的历史学家所做的实验与原始人会有不同的旨趣,前者是为了认知,后者则为了实际效用。当然,科学在人类文明的进程中也是解决现实问题的重要手段,那些纯科学研究目标外的认知实验也可间接地被认为是行动导向的。汉森认为理论负载属于认知实验的议题,并不能作为与技术实验传统的唯一区别,后者还需要基于两个特征:其一,具有与人类行为的期望目标相一致的结果衡量标准;其二,实验设置旨在实现我们的初步假设,即哪种类型的行动或干预最能达到预期的效果。②

综合而言,行动导向实验是对现实问题的解决,其结果的合理性要考量现实要素,因为行动效用之于规则的遵循受实践境域的影响。

第四个维度是人工智能社会实验的方法论性质具有鲜明的探索性实验(explorative experiment)特色。科学实验哲学的研究进路,很大程度上是在试图突破先验受控的实验范式来重塑实验认识论,这才可能为不同情境条件下的实验性实践提供辩护。基于场景创新的视角,人工智能技术的知识及其伦理秩序是在与具体场景的交互中逐渐显现的,这就不完全是一种表征性、符号性的显性结果,往往会呈现新系统、新生境,具有稳定性、可控性的实验场景成为实验的结果而非前提,那么所谓后验受控的实验性实践何以可能?在科学实验哲学的语境中,无理论指导的实验在方法论性质上被界定为一种

---

① Hansson S. Experiments before science. What science learned from technological experiments [M]//The Role of Technology in Science:Philosophical Perspectives. Dovdrecht:Springer,2015:81-110.

② Hansson S. Experiments before science. What science learned from technological experiments [M]//The Role of Technology in Science:Philosophical Perspectives. Dovdrecht:Springer,2015:81-110.

"探索性实验"，来区别先验控制范式指导下展开证实或证伪的验证性实验（testing experiment），这是在理论优位的科学哲学研究发生实践转向的背景下进行的实验规则的多元化讨论。斯坦勒等人相继在 20 世纪 90 年代提出了探索性实验的概念①，整体上是在融合传统的辩护情境与发现情境的对立划界框架下实现对实验的认知规则与具体境域条件的契合，突破了理论理性视域下谈论实验的片面性与独断性。尽管这不是全新的概念，探索性实验与人工智能社会实验之间具有一些共性特征，指明了重塑后者概念的方向。探索性实验是由对实验对象与环境系统交互作用所产生的知识，并为其寻求适当的概念来制定可能性律则的愿景所驱动，包含了系统地改变实验参量、明确实验规则、修改并形成新类别和概念等三个基本特征。②

　　人工智能社会实验的理想结果是稳定于人类期望的社会技术实验系统，是一种趋于控制的过程。那么，基于探索性实验，人工智能社会实验在对智能硬件设备与人类行为、场景条件、既有的法律与伦理规范等软环境变量的交互中对实验参量进行调整、产生新的经验规则，并对既有规范性条件进行迭代。

第四节　实践范式研究对走出人工智能社会实验实践困境的启示

　　人工智能社会实验的根本实践困境，主要反映在以下三个方面——成

---

　　①　Steinle F. Entering new fields：Exploratory uses of experimentation[J]. Philosophy of Science，1997（64）；65-74；Burian R. Exploratory experimentation and the role of histochemical techniques in the work of jean brachet，1938—1952[J]. History and Philosophy of the Life Sciences，1997(1)；27-45.

　　②　石诚，蔡仲.认知情境中的"探索性实验"——一种具有历史感与时间性的动态科学观[J]. 自然辩证法通讯，2009，31(6)；7-12.

本、试错限度与场景的地方性,这些都是不完全受控的实验因素。承接人工智能社会实验的根本目标是对客观世界的改变,需要清楚具体境域中行动效力的满足是这类实验成功的标准。依据马克思主义实践观,改变客观世界的实践活动具有直接现实性,这就对场景驱动创新导向下的人工智能社会实验做了限定。首要强调的一点是,并非所有人工智能技术驱动的系统都要进行社会实验,例如一般性智能穿戴设备的用户道德经验的调研与统计很难称得上是具有干预性的活动,而有些则无法展开(武器、保密系统)。具有直接现实性的试点对象是那些与人类生活密切相关并可能实现完全自主的智能系统,比如自动驾驶汽车、智能家居、城市大脑、手术机器人等,及其与应用场景(交通、医疗、城市管理、环境治理等)之间的交互影响。这些实验并不一定能采取大样本随机抽样来消解实验系统内外效度的差异性,甚至无法安排最基本的实验者与对照组,因为大规模人工智能社会实验涉及公共资源的分配问题,需要考虑试错成本,以及场景的复杂性、地方性特点。

　　人工智能社会实验的展开也有完全受控的场景,例如荷兰人工智能联盟组织(NLAIC)的伦理、法律与社会维度(ELSA)实验室在封闭场景内展开人工智能的伦理、法律与社会维度研究。但目前的趋势更多是在广泛的真实世界中进行,像欧洲国家的智慧城市试点依据生活实验室模式,以城市级(巴塞罗那、哥本哈根、赫尔辛基、埃因霍温等)为实验场景,这种场景既不能完全控制,也很难设计实验者与对照组进行比较研究,不同的城市具有迥异的文化、政策、法律、习俗等地方性特点,这里的客观性、可重复性反而不具有普遍性。另外,即便是当前的自动驾驶汽车社会实验,也更多是在公众生活区进行,这里需要的是基于现实场景经验进行连续性的循环迭代,实现境遇中的行动效力,比如新交通规则的反复凝练,很难收集不同生活区的样本进行差异性对照分析。

　　基于国内的具体实践,“技术—社会”实验系统在社会治理体系中已经得到了应用,比如近年来国家高层在地方陆续批复建设的国家自主创新示范区和国家新一代人工智能创新发展试验区,这些是典型的将技术创新直接介入现实生态的试点工程，并且同步进行未来社会治理情境的探索性建构。研究与应用的协同在区域性层面对溢出的技术实验风险进行经验学习，基于此技术原型得到持续性的纠正，在地方性的场景中迭代反馈有针对性的信息，为后续全域性推广新兴技术提供治理保障。

采取实验策略治理社会问题与实验变量介入社会生态形成了一个探索性场域凝练规范，两者之间既存在关联也有着区别。一般认为，实验规则与实验室情境是紧密关联的，然而科学建构论者像拉图尔、诺尔-塞蒂娜、皮克林等人开展的实验室研究业已证明两者之间并不是完全的锁定关系，实验室作为权力强化与转换的舞台存在着溢出效应，作为一种规训力量将其自身向生活世界情境移植，将会引发实验规则的改变，还存在着价值观念之间的博弈与涉入。传统意义上的实验规则是一个纯粹的科学程序，而探索性的社会场景涉及的实验概念还有政治叙事与伦理考量，这意味着实验室的范型并不完全受制于同质性的单一规范，也就存在着演变与多元化的可能性。

由此，人工智能社会实验涉及的实验性实践，可以描述为原先分裂成三个阶段的人工智能技术开发、现实应用与风险治理被作为一个融合的整体嵌入了真实世界中进行的循环实验。显然在这里，人工智能技术对社会的"自实验性"特征与其实验的社会性、公共性、共享性构成了一个新的反身性联结，在这里纯科学范式中的实验性已被融合与超越。智能社会背景下，人工智能技术实验风险的社会化与智能社会改革的技术化，会不断驱动人工智能技术实验愈发嵌入真实世界中发生，紧密参与社会治理，但是基于培根契约的实验室制度会制造障碍，这就有了重塑实验室边界的问题。本节基于形态发生学的视角，通过考察不同实验室范型——容器形态、规训形态——之间的演变机制，在此基础上提出小生境形态来对人工智能社会实验系统的合理性做出辩护，并对运行于非受控情境中的实验逻辑做出了概括性说明。

这样，原型实验室在人工智能社会实验系统中得到了新的应用。研究与应用的协同加剧了人工智能技术实验风险，基于此技术原型需要持续性纠正，在原型实验室中反馈信息能够得到针对性的集中。小生境实验室中的各项实验类型,包括人工智能相关的科技政策实验、市场规制实验、道德伦理实验等,并不都有预先设计的原型,为了解决紧迫性问题进行归纳试错,提炼信息引入应用阶段,遭遇不同质的变量再回到实验初态,如此往复,同时达到对社会生态造成的不良效应进行治理框架与新伦理机制的实验。这里的实验情境,可以移植回原型实验室做事后验证,类似当年巴斯德所做的,将实验室实验出来的炭疽疫苗拿回到空旷的普伊勒福尔农场上,通过一场真人秀实验,来宣告一个巴斯德化的法国社会的到来,只不过如今事先证明的场所已经转换。

以上论证涉及人工智能社会实验技术治理系统这一新兴体系的部分考察,作为一场正在进行中的实验室范式革命,新的科学与社会契约仍在完善中,也许它本身就需要在与小生境实验室形态构成的反身性联结中得到涌现。不过,这种针对不确定性困境构建治理情境的实验主义乃至设计主义实践的扩张,既是机遇,也带来了新的挑战。

第一,人工智能技术容错空间的拓展也可以被看作一种系统化的异质性要素对现有社会秩序的干预。目前的探讨框架是对单一技术的社会引入,关键的问题是复杂性技术会衍生新生态系统,也直接嵌入了生活世界。比如,早年共享单车的出现,不单是智能技术的引入,对出行习惯、交通规则、治安管理等旧生态体系也产生了深远的影响,这似乎又需要再界定一种更深刻的开放式实验系统来进行再治理。那么,探究人工智能技术"创新—治理"实验系统中创新体系与治理体系的协同机制问题变得更为紧迫。

第二,规范系统的可移植性障碍。小生境实验室强调与不确定性治理困境的互构,其产出目标不追求可泛化的模板,而以地方性上的适应性为标准。结果是,可移植性大打折扣,即使同一个国家或地区内部也不能被有效借鉴,也就无法发挥社会资源的最大效用。如今,实验主义治理理念在全球兴起,富有前沿性的实验治理模式,像监管沙盒、生活实验室、微观装配实验室等对不同国家的移植并不成功。地方性与共享机制之间的矛盾调和在全球化战略合作中变得越发紧迫。

第三,开放式的人工智能社会实验系统对公众参与科学实验提出了新的要求。在以往的公众参与科学模型与行动案例中,公众根据自身经验与专家知识展开批判性互动,但并没有涉及公众的权责分配问题。在小生境实验系统内部,作为一个重新分配社会资源与声誉的权力场域,公众的主体身份与专家有了同质性:既是被实验者也是实验者,意味着公众也需要对参与科学和社会治理的后果承担相应责任。尤其在当下的后真相时代,民粹主义情绪表达了对精英主义的拒斥,但人工智能技术实验风险的分配正义与代际正义问题需要公众参与协商,这要求公众也理解科学,并掌握规范的参与技术。

第六章　人工智能社会实验的伦理治理研究①

　　当前,人工智能社会实验规范性研究的核心问题便是消解人工智能社会实验的道理伦理困境。基于第五章对人工智能社会实验的实践范式研究,可以看到,人工智能社会实验处理的是干预性与关系性、社会可接受性之间的联结,因此人工智能社会实验存在社会价值负载的伦理治理挑战。人工智能技术在被引入社会之前,不确定性与无知是无法彻底消解的。自动驾驶汽车、大语言模型、元宇宙、脑机融合等智能科技的风险更多是在社会环境的应用中才逐渐显现的,需要在人工智能技术与社会的交互过程中实现对人工智能技术的治理,这种意义上的人工智能社会实验既是实验室实验的拓展,也是一场多主体参与的智能社会秩序重构。作为实验性地驱动人工智能技术创新的科技治理模式,人工智能社会实验既表现出有意识干预研究对象的一般特点,也呈现出与精确自然科学实验不同的特征,并因此负载了新的价值和意义。那么,这里的价值与意义又如何促进社会良序发展? 显然是要消解人工智能技术的伦理困境,前提是该项实验本身不存在伦理争议,才可能向社会引入负责任的人工智能产品与服务。

---

　　① 　本章第一节的主要内容已经发表在《科学学研究》2024 年第 6 期的文章《智能社会实验:场景创新的责任鸿沟与治理》中。本章第二节的主要内容已经发表在《自然辩证法研究》2024 年第 2 期的文章《"有意义的人类控制":智能时代人机系统"共享控制"的伦理原则解析》和《科学学研究》2024年第 6 期的文章《智能社会实验:场景创新的责任鸿沟与治理》中。本章第三节的主要内容已经发表在《科学学研究》2024 年第 1 期的文字《生成式人工智能社会实验的伦理问题及治理》中。

第一节　人工智能社会实验的根本伦理问题——责任鸿沟

一、人工智能社会实验中的场景驱动创新

党的十九大以来，在全国各地部署国家新一代人工智能创新发展试验区成为我国加快实施创新驱动发展战略的关键举措。人工智能社会实验是该项工作的重要组成部分，已经成为我国研判与防范人工智能潜在社会影响的支撑路径。与此同时，场景驱动创新（context-driven innovation）作为数字经济时代涌现的全新创新驱动范式①，也为我国实施人工智能社会实验提供了需求牵引、政策导向与场景建设指南。不过，这也意味着，最困扰人类社会应用人工智能的责任鸿沟问题将在试点场域先行出现，导致人工智能社会实验的伦理治理也遭遇了归责困境。本节将分析人工智能社会实验中的场景创新特征，揭示出人工智能伦理与人工智能社会实验伦理之间的一阶、二阶责任并不是绝对泾渭分明的，存在核心问题上的重合；然后根据不同实验场景特点对相关责任鸿沟的性质、界限上的差异展开分类。

(一)人工智能赋能场景驱动创新的技术逻辑

实验的基本特性是控制与干预。人工智能社会实验中的控制性并不显著，但有着最显著的自变量即人工智能技术，而因变量是由人工智能技术与社会的互构关系呈现的。人工智能技术的社会引入作为一种社会实验展现了变革社会秩序的干预力量，是一种地方性的介入行为，又有着生成规范性的要求。其中，无论是干预行动还是生成伦理规范，人工智能社会实验都需

---

① 尹西明，苏雅欣，陈劲，等．场景驱动的创新：内涵特征、理论逻辑与实践进路[J].科技进步与对策，2022(15):1-10.

要考量场景问题,第五章已经对此做了非常系统的论证。

数字经济时代的主导创新驱动范式,是以"场景即需求"为导向的。场景创新需要人工智能赋能,而人工智能算法的迭代升级离不开新场景的学习,因此人工智能技术创新与应用场景之间存在反身性联结。人工智能社会实验迫切需要解决的责任鸿沟问题正是内生于这种反身性的联结过程。人工智能是引领新一轮科技革命与产业变革的重要驱动力,也催生了由场景驱动的创新范式。那么,何谓场景驱动创新? 通俗一点的释义是指以场景需求为导向的人工智能技术产业化创新。我们知道,人类社会中创新概念的缘起与技术变革密不可分,但在初始阶段主要是由技术单向驱动经济场景创新。随着科技制度化、动力机制的演变以及知识经济的兴起,后学院科学引导的弱自治规范体系纳入了市场、政治、社会等外部力量作为科技创新的驱动力,于是技术创新成为国家创新系统的组成部分,创新驱动战略的议题由此而来。如今,人工智能技术对多样性社会需求的满足必须强调现实场景的引导。数字经济时代的底层逻辑是创造满足用户需求的场景来解决消费痛点,而新消费痛点的出现又将产生新的经济创新点。这样,场景可以简单理解为嵌入性场域与需求情景的结合:前者是被限定的时空框架,而后者是其特定内容,包括了行为、要素、关系等。人工智能驱动的一系列自主系统提供了满足数字经济时代对场景需求的迭代性、碎片化、嵌入性、虚实相生等特征的技术支撑。人工智能的深度学习以及挖掘、分析海量数据的超强算力,能够精准识别、整合与反馈行为惯性、用户体验、深层次需求等情境条件,实现对应用场景的赋能以及突破。比如,碎片化场景的商业应用能够实现企业竞争优势;赛博、元宇宙这类高阶虚实融合空间的出现,直接缔造了新的人类生存状态。

(二)场景驱动创新对人工智能展开伦理规约的内在要求

场景迭代以及与其他场景边界的融合过程会产生无序性,源于人工智能与场景交互会促发四类显著的技术属性:第一,学习能力;第二,黑箱性质;第三,对许多利益相关者的影响(甚至那些本身不使用系统的利益相关者);第四，自主或半自主的决策特征。① 智能体与复杂场景的交互容易产生不可预测的自主决策，导致监管空场以及参与主体道德感的降低。但是，场景创新的底层逻辑决定了数字经济时代的产业结构变革依赖人工智能算法的迭代，而这种迭代又离不开场景。具体而言，场景创新对人工智能的影响具有反向约束性：一方面，在实践中缺乏明确的情境表征是导致知识型系统故障的根本原因②；另一方面，认知规范又会受到社会规范的建构影响，判断人工智能的道德框架总是立足于现实场景，而应用人工智能不仅引起了原先价值观念的演变，还会驱动人工智能的道德自主学习。显然，场景创新蕴含着对人工智能展开伦理规约的内在要求。从行动哲学来看，场景创新维系的反身性结构的规则依赖一种克制无序性的内在机制，这种场景类似于一种小生境，内在于场景的规则不是初始就是先验的，只有置身这种场景并与之展开实践，个体的行动才能遵循规则。于是，场景创新对技术驱动的伦理规约乃是重塑后者应用边界的过程。比如，人工智能介入医疗领域既拓展了辅助诊断、个性化健康管理、精准公共卫生等新的应用场景，也交互产生了智能医疗数据共享标准、智能医疗器械审批标准、智能医疗人才培养体系等作为智能医疗伦理可接受性的基础条件。

(三)责任鸿沟是人工智能场景创新的核心伦理问题

社会实验的伦理问题与现实的情境条件有着一定关联。前文已经论证，进入真实世界的实验活动不单纯是认知导向型的，但是也没有必要彻底否定工具主义实验观，而是说实验范式是多元化的，有着不同的适用性，这是与研究对象、受控环境一致的。越是界限明确的空间、主体和变量条件，认知导向型实验对因果机制的揭示的精确性越高，比如代表各个领域的实证研究范

---

① Siebert L, Lupetti L, Aizenberg E, et al. Meaningful human control: Actionable properties for AI system development[J]. AI and Ethics, 2023(1): 241-255.

② Brézillon P, Pomerol C. Useracceptance of interactive systems: Lessons from knowledge-based and decision support systems [J]. Failure and Lessons Learned in Information Technology Management, 1997(1): 67-75.

例孟德尔遗传实验、霍桑实验、口头双向拍卖实验等。但当理性驱动的工具主义实验观介入复杂性系统,与社会性、自然性、政治性相结合,与价值理性的张力就此彰显。尤其自资本主义工业化以来,理性主义、科学主义的肆意张扬,基于实验获取的知识招致了后现代主义的批判,其合法性无法回避伦理的挑战,标志性事件就是1964年《纽伦堡法典》的颁布。在指引认知实验传统的意识形态构建的二元视域中,权力与知识对客体的对象化,使得社会实验更趋于工具主义实证范式,而被遮蔽了社会中价值理性的表达。由此,在20世纪,认知导向型科学实验往往以价值中立的名义作为社会实验的范型,介入公共领域:一是产业化科学以机械自然观为导向对自然界的反复试错,引起生态环境危机;二是彼时的纯粹理性设计为倡导公共政策领域的客观公正,将随机对照实验视为黄金法则,展开面向社会改革的实验①,试图将公共信任建立在量化与标准化的基础上。但客观实在性的认知立场辩护了一种技术官僚主义风格的社会实验,实验主体是社会科学家、共识标准的制定属于利益集团之间的博弈,可见对实验场景的复杂性判断,与社会实验的伦理、价值问题存在一定关联。

　　人工智能技术的不断迭代升级对场景创新的赋能具有试错性;反过来,场景创新对技术的最优伦理规约机制需要经历探索的过程,也就急需新的容错纠错空间。缺乏监管规则的人机交互系统行为会对社会道德框架的一致性与法律中责任概念的基础构成威胁,这就产生了责任鸿沟问题。这些挑战在传统实验室条件下难以充分暴露,人工智能的实验阶段需要直面实验室之外的真实社会场景,就有了所谓的人工智能社会实验。我国政府对于人工智能社会实验的规划部署,不只是为了潜在技术风险的研判与预防,还涉及前瞻性实验未来智能应用场景及其规范秩序。例如,2021年12月,中央网络安全和信息化委员会印发的《"十四五"国家信息化规划》,将人工智能社会治理实验列为构建数字社会治理体系的重点工程,涉及医学、城市管理、养老、环

---

① Campbell D. Reforms as experiments[J]. American Psychologist,1969(4):409-429.

境治理、教育、风险防范等七个应用场景；2022 年 7 月以来，相关部委又相继发布了《关于加快场景创新以人工智能高水平应用促进经济高质量发展的指导意见》《关于支持建设新一代人工智能示范应用场景的通知》，明确将人工智能迭代升级与制造、物流、交通、医疗、农业等需求侧牵引的场景创新进行结合。可见，场景创新实则消解了实验室的内外边界。人工智能社会实验是对场景的实验，区别于以自然物为对象、完全受控为前提的自然科学实验，这里的场景是"硬设施（人工物）"与"软环境（社会规范体系）"相整合的社会技术系统；实验的设计者、部署者、立法者等主体行为及其影响都是内在于实验系统，与参与实验的公众、用户、旁观者一样都是社会实验者，不存在绝对的实验主客体。这样，人工智能伦理与人工智能社会实验伦理之间并不存在泾渭分明的一阶、二阶责任，而人机交互场景产生的责任鸿沟也直接构成了人工智能社会实验的伦理挑战。

二、人工智能社会实验的四类责任鸿沟挑战

实验总是关乎伦理。受制于机械自然观、事实与价值二分的传统认知立场，科学实验室与社会划界契约下的实验伦理与技术伦理之间缺少互惠互鉴：技术伦理源于社会性，而实验伦理针对的是研究主体。在场景驱动创新背景下，人工智能社会实验要实现对干预行为（即人工智能引入社会）及其干预后果（潜在风险、道德困境）的双重控制，这是一个"先干预后控制"的过程。简言之，人工智能社会实验具有"非完全受控"的根本实践特征。

这样，人工智能社会实验场域下的实验伦理与技术伦理就有了焦点问题与规范要求上的重合：一方面，它们涉及共性问题，比如隐私与数据保护、公平性、不透明、缺少人文关怀；另一方面，它们也可以共享一些伦理原则，如以人为本、可解释性、知情同意、不伤害。当然，本节的目的不是要彻底消解这种边界，也不存在这种情形，因为作为一项现场实验始终需要施展实证科学

方法论,这就存在固有的伦理问题域,比如"脏手"、欺骗①,还有参与者角色客体化、创伤后遗症、胁迫性干预等,而人工智能也存在彰显技术伦理特质的父爱主义、成瘾、过度依赖等问题。本节侧重的是人工智能社会实验伦理与人工智能伦理的重合点,在这里后者能够直接共享前者的一部分伦理规范,因为这种实验会在后验实践中生成新的价值观与规约机制,既对自身的前置实验规则进行迭代,也同时实现了对实验对象的规约。

责任鸿沟作为场景驱动创新情境下人机交互系统的核心伦理问题,不是单一、独立的,而是多个相关联问题的集合。传统意义上,责任鸿沟源于责任概念的缺失。溯源亚里士多德对责任条件的界定,无知与强迫是豁免道德责任的基本理由。随着现代性困境以及科技泛化带给主体性、公共性的影响,追责标准被不断细化,可大体区分为行动自由、可及性、可预见性、不当行为、因果性五个条件,这里的认知与行为规范又是互为前提的。

人工智能在数字经济时代的应用场景中被赋予了作为委托决策代理人的自主权,这被关联了现实的人类行动与社会因素(法律、机构、惯例等),而对这种自主权的问责需要探索一套新的法律、道德与社会上可接受的人类控制形式,前提是要厘清责任鸿沟的多样性。在此种背景下,荷兰代尔夫特理工大学的菲利普·圣东尼德西奥(Filippo Santoni de sio)、朱利奥·梅卡奇(Giulio Mecacci)整合道德哲学、法哲学、社会学、技术伦理等多学科语境下对责任概念的界定,将人工智能的责任鸿沟区分为四种类型:罪责鸿沟(culpability gap)、道德问责鸿沟(moral accountability gap)、公共问责鸿沟(public accountability gap)与积极责任鸿沟(active responsibility gap)。② 人工智能社会实验在实践层面兑现了科学实验哲学的期许,相比实验室实验更直接地与社会或伦理规范联系了起来。鉴于伦理二阶性的局部消解,人工智

---

① 于雪,李伦.人工智能社会实验的伦理关切[J].科学学研究,2023(4):577-585.

② Santoni de Sio F, Mecacci G. Four responsibility gaps with artificial intelligence:Why they matter and how to address them[J]. Philosophy & Technology, 2021 (4):1057-1084.

能社会实验同样需要正视多元的责任鸿沟挑战(见表 6-1)。①

表 6-1　人工智能社会实验的四类责任鸿沟挑战

责任类型	界定	实验中的责任鸿沟
罪责	基于意图、知识或控制的不当行为应受谴责	实验安全场景中的多手问题、多物问题,容易导致实验风险或事故的罪责归因困境
道德问责	人类在某些情形下有义务向他人阐述自己的行动和理由	实验黑箱场景中的专家共同体无法向其他参与者充分解释设计与部署实验方案的意图与理由,导致道德感降低
公共问责	公共代理人有义务向公共论坛解释其行为	实验决策场景中人工智能企业或其他委托单位诸如司法、政府、医院等算法决策系统的实验囿于商业机密、行政保密管理,无法公开审查
积极责任	有义务促进和实现某些社会共享的目标和价值观	实验公益场景中参与者过度关注实现人工智能经济效益或工具价值的实验结果,缺乏抑制无度追求非公益性的绩效,可能造成风险的负责任意识或能力

(一)罪责鸿沟

罪责鸿沟与实验的安全场景紧密相关。罪责或应受责备的基本定义是对做出不具有合法理由的不当行为的主体,进行谴责、制裁或惩罚。罪责归因主要有三方面的重要性:一是提高司法威慑力,控制和减少不当行为;二是强化集体对共享规范的遵循,遏制不正当价值观念的扩散;三是补偿作用,公开的罪责归因能够保障受害者获得象征或物质意义上的补偿。② 人工智能社会实验的罪责鸿沟主要源于自动驾驶汽车、医疗人工智能、无人机等与实验

---

① 遵循人工智能伦理与人工智能社会实验伦理之间二阶性局部消解的原则,本书根据圣东尼德西奥、梅卡奇在人工智能领域所做的责任鸿沟分类及其概念界定,与不同的人工智能社会实验场景进行了结合,进而揭示了不同责任鸿沟的具体内容。

② Santoni de Sio F, Mecacci G. Four responsibility gaps with artificial intelligence: Why they matter and how to address them[J]. Philosophy & Technology, 2021(4):1057-1084.

者以及未来用户的生命安全有关的安全场景。赋能安全场景的人工智能在社会中应用的潜在罪责归因可以追溯社会实验的设计与部署阶段,这里的罪责鸿沟又主要源于多手问题(the problem of many hands)与更复杂的多物问题(the problem of many things)。人工智能赋能安全场景属于复杂的人机交互工程,也是人类与非人类行动者并重的集体实验。比如,人工智能医疗社会实验的控制组和对照组涉及了不同主体,例如医疗数据采集与分析研究员、医学伦理审查委员会、智能仪器生产商与审批机构以及医学人工智能培训组织等,这就遭遇了遵循不同规范标准的多(人类)手,以及不同智能医疗系统(传感器、驱动器、处理器以及辅助、诊断、手术机器人)之间的交互影响,倘若出现实验事故就难以实现罪责归因。

(二)道德问责鸿沟

道德问责鸿沟与实验的黑箱场景紧密相关。道德问责的形式较为宽泛,应受责备是其中的严厉形式。关于道德责任的哲学文献中,道德问责被认为是证明和理解道德责任实践的一个重要方面。[①] 为将道德问责与其他责任形式区分开来,圣东尼德西奥、梅卡奇将法哲学家约翰·加德纳(John Gardner)提出的基本责任概念(即个体对其自身负责的能力)进行了拓展。个体基于理性能力有对事物的认知做出阐释的义务,在当代复杂社会关系中个体所具备的反思性更多的是要向他者证明或辩护自身的责任,这不像罪责是极力去避免的。那么,人工智能社会实验场域中的道德问责鸿沟主要表现为认知美德的缺乏。参与实验的专家共同体面对黑箱场景有对他者的期望进行理性响应的义务。比如,对智能医疗诊断系统的不透明指标进行边界测试,但智能系统学习、人机交互产生的黑箱性质导致实验的程序员、设计师、工程师需要各自就专长与道德判断对不确定性实验方案做出决策,但在这种决策的理由与逻辑又囿于技术的不可解释性难以进行知识表征性的诠释情形下,并没

---

① Santoni de Sio F, Mecacci G. Four responsibility gaps with artificial intelligence: Why they matter and how to address them[J]. Philosophy & Technology, 2021 (4):1057-1084.

有如实履行对其余实验参与者期望性的解释义务。

(三)公共问责鸿沟

公共问责鸿沟与实验的决策场景紧密相关。应用人工智能的决策场景涉及了教育、卫生、司法等事关社会公平正义的算法决策支持系统(algorithmic decision support system),在享有行政与商业保密权的同时,对嵌入智能算法设计的理由以及自主决策与人为干预之间的划界意图理应提供公共问责的空间。公共问责的基本定义是对公权力的监督与制约的一项制度安排。场景创新驱动的人工智能社会实验是一个公共组织,相关主导机构(制造商、研发主体、监管审批部门、伦理委员会等)与公共论坛之间有着问责关系:一方面,实验涉及成本,不可能无节制地反复试错,有义务接受纳税人质询;另一方面,实验伦理很早就成为一项公共议题。按照大多数社会科学实验的惯例是单盲实验,很少存在双盲,因为实验设计者要清楚学科研究的指定条件,才可能在不同实验场景下采取不同的行动,因此,主导人工智能社会实验决策场景的部门有明确理由,并有责任向公共论坛回应,但是外界仍然忽略了提高这类实验透明度的要求。比如,人工智能教育社会实验的中观场景是要重塑未来学校形态,涉及的学分管理机制、在线学习的可信度与有效性、数据隐私等问题局部反映了主导实验的决策设计,但往往忽略了要向家庭、学校、社会三个主线场景的参与者、旁观者回应部署实验的动机与理由,反而会降低教育实验的社会效益。

(四)积极责任鸿沟

积极问责是一项前瞻性责任,区别于以上三项消极责任形式,这与实验的公益场景紧密相关。积极责任在工程伦理领域已经被界定为工程师应遵循的义务与美德,例如主动促进公共价值的实现,并尽量预防与避免不当后果。人工智能企业在当下有义务主动通过技术调节来促进社会向善,比如算法工程师利用用户画像来捕获可能具有自杀倾向的用户,并及时反馈信息,因此人工智能赋能公益场景的社会实验涉及了社会实验者的积极责任。不过,常见的积极责任鸿沟有二:一是不清楚该遵循何种义务,二是清楚该遵循何种义务却没有能力执行。前文已经提到,人工智能社会实验者都是内在于实验系统,组成专家共同体的设计者、程序员、工程师并不能充分诠释人工智能驱动的系统行为逻辑;与此同时,社会科学研究中常出现一种实验者效应(experimenter effect),即实验者的内心期望会不经意间通过表情、语气、动作传递给受试者,导致后者行为无法保证不偏不倚。场景创新驱动下的人工智能社会实验很多时候是围绕商业性智能系统展开的场景实验。但是为了经济效益考量,实验专家组可能有意夸大实验结果或下意识地强化实验者效应;另外,同样作为社会实验者的用户、公众与旁观者更多时候囿于受试者心态,没有意识到自身作为实验者有促进公共善的义务。

第二节　解决责任鸿沟的一种新思路: 有意义的人类控制的视角

一、有意义的人类控制的概念缘起、理论基础与实践框架

(一)有意义的人类控制的概念缘起、问题边界与概念界定

人工智能社会实验具有场景驱动创新的显著特征,而前者迫切需要解决的人工智能应用中最困扰人类的责任鸿沟问题,也是在具体场景中生成并得到解决的。基于前文分析的人工智能赋能场景驱动创新的技术逻辑、场景创新对人工智能伦理规约的内在要求,可以得知,人工智能社会实验伦理与人工智能伦理之间存在责任鸿沟方面的共性问题,因此消解人工智能社会实验的责任鸿沟成了当务之急,这将直接助益人工智能伦理原则与法规的制定。根据实验场景的不同,实验伦理挑战的归责类型可以就性质、界限上的差异

做出细分,即罪责鸿沟、道德问责鸿沟、公共问责鸿沟、积极责任鸿沟。

社会技术系统的规范要求是人类主体理应作为自主系统关键行为的最终决策者并承担道德与法律责任。鉴于社会实验者对智能机器自主行为的控制是全局性的而非直接操作意义上的,需要探索不同的控制形式与责任形式之间新的监督机制。在这里,有意义的人类控制(meaningful human control,MHC)这一近年来国际社会积极倡导并不断完善的人工智能伦理治理理念及其设计框架,可以为综合解决人工智能社会实验场景内就认知、具身、道德意义上的控制形式与其多元责任形式之间的脱节提供一种新思路。

MHC 这一概念的源起同样是要解决人工智能技术的责任鸿沟挑战,核心理念是要求人类保证对智能机器的最终控制并承担道德责任,并试图倡导当代新兴技术的社会控制哲学。

人类对基于人工智能驱动系统的控制问题源于人类欲求类人智能体来减轻自身决策劳动的本能。如今,不断进阶的智能体被广泛应用于人类生存活动紧密相关的领域,像自主武器系统、自动驾驶系统、机器人辅助手术、决策支持系统,与人类共享不同功能的执行。在人机系统协作的决策行动中,曾经由人类控制的活动被不断委托给智能机器来执行,也就降低甚至放弃了对某些控制行为的监督,这样自主系统可能产生的不当行为会导致人类道德价值观和社会规范之间的失衡,使得责任真空问题在智能社会愈发普遍,也催生了控制权转移、意义缺失等新的技术伦理诘问。

如何实现人机系统应对不同决策活动在规范层面的共享控制,要求形成这样一种伦理共识:即便是完全自主的机器系统也是由人类来设计与部署的,危及人类尊严与基本生存条件的决策活动交由自主系统做出判断并执行,在道义上无法成立,因此作为操作主端、远端的人类需要对操作从端、近端的智能体因其缺乏人为控制的条件而无法被广泛接受的自主行为保持始终参与。那么,首先,控制的概念内涵在共享控制的协作关系中有了拓展,或者说是更宽泛的条件。通常的控制概念指向时空连续性意义上的直接操作,但这并不构成人机系统中所谓控制的充分必要条件:一方面,被赋予一定自治权的自主系统一旦做出行动,操作员无法干预后续的所有步骤,并且始终保持对自主系统的直接操作,反而抹杀了人工智能体的发展意义;另一方面,应用高阶智能拓展了人机系统的联结类型——人在环内(in-the-loop)、人在环上(on-the-loop)、人在环外(off the loop),人类行动理由(道德理性、意图、价值等)方面的因果干预变得比直接操作更为关键。当代认知科学的研究表明,个体的决策任务分配导致的复杂分布式系统并不会引发某种意义上的失控。当一个系统目标不能通过微观管理来实现期望的行为或反应时,个体在思想与理性方面的能力可依赖源自社会与技术环境、一种随着任务和情境的变化而产生和分解的软组装(soft-sembly)模式,来转移大量解决问题的责任。① 显然,智能时代人类对自主系统的控制内涵更接近心智哲学家安迪·克拉克(Andy Clark)提出的生态控制(ecological control)概念,即"一种顶层控制,它不微观管理每一个细节,但是鼓励权力和责任的实质性下放"②。

这样,在人工智能驱动下,人类价值以及道德相关意义上的控制更加允许了对人类主体与其所参与行为的相关道德影响进行技术调节。反映在社会规范层面,共享表征了部分控制权的转移,但终究是人类社会做出的决定,关乎重大自主系统的控制政策还需要向其他社会群体提供充分的理由。这就不难理解,MHC这一概念为何诞生于一个相对特殊的自主系统领域。近年来,人工智能赋能全球军事领域,使得军事增强技术的责任归因一跃成为国际安全与全球人道主义运动的焦点。智能军事体实现了决策技术从自动化向自主化的转型,在升级人类生命安全威胁的同时也引来了新战争伦理困境。③ 智能武器系统的根本特点在于自主性,区别于自动化机械的技术特点

---

① Clark A. Soft selves and ecological control[M]//Ross D, Spurret D, Kincaid H, et al. Distributed Cognition and the Will: Individual Volition and Social Context. Cambridge: MIT Press, 2007:103-105.

② Clark A. Soft selves and ecological control[M]//Ross D, Spurret D, Kincaid H, et al. Distributed Cognition and the Will: Individual Volition and Social Context. Cambridge: MIT Press, 2007:102.

③ Calvert C, Arem V, Heikoop D, et al. Gaps in the control of automated vehicles on roads[J]. Institute of Electrical and Electronics Engineers, 2021(4):146-153.

是能够在非结构性、动态与不可预测的环境中运行，那么仅仅是在决策链的某个节点介入人类行为不足以预防不当行为以及责任鸿沟问题，因此人类需要寻求全程监测自主武器系统的框架。2012年，美国国防部颁布的3000.09号指令首次提出MHC作为规制自主武器系统的通用法律原则①；2013年，智能武器问题被正式纳入联合国《特定常规武器公约》的讨论框架，就其发展和使用必须要求人类承担控制的道德责任进行了审议；2014年，反特定武器组织Article 36对MHC做了原则性阐述："未来的武器系统在(致命)武力使用中必须保持有意义的人类控制，是人类而非计算机及其算法应最终保持控制权，并因此在道德上对(致命)军事行动的相关决定负责。"②2018年，红十字国际委员会也声明了自主武器系统的必要伦理考量："'有意义的'、'有效的'或'适当的'人类控制将在决定使用武力时保持人类能动性和维护道德责任的控制类型与程度。"③与智能化武器不同，其他自主系统不是为了伤害或杀人而设计的，但它们仍可能造成意外灾难，因此Article 36提出的MHC释义被作为一般性原则引入了通用自主系统伦理治理领域。

不过，自主武器系统领域的MHC概念指向的是传统的控制形式与直接因果责任之间的关联④，因而只是狭义上的MHC定义，尚未纳入更广泛的制度与社会规范。要注意，并非所有的自主系统都要遵循一致性的控制责任框架，机器系统的功能种类以及自主层级具有多样性，即便在自主武器系统领域也主要是针对致命性武力，因而直接操作或是直接的权力并不是控制系统的普遍要求；与此同时，为规避责任鸿沟而禁止高阶自主系统的研发、应用，反而违背了推动数字创新的社会共识；另外，自主系统的应用涉及国别与社

---

① 孟誉双. 美国规制自主武器系统的法律政策及其启示[J]. 战术导弹技术，2021(5)：43-54.

② Robbins S. A misdirected principle with a catch: Explicability for AI[J]. Minds and Machines，2019(4)：495-514.

③ International Committee of the Red Cross. Ethics and autonomous weapon systems: An ethical basis for human control? [R]. Geneva：ICRC，2018.

④ Cummings L. Lethal autonomous weapons：Meaningful human control or meaningful human certification? [J]. IEEE Technology and Society Magazine，2019(4)：20-26.

会发展平等、司法正义、公共资源与权责的公正分配等价值议题。显然,MHC
这一原则内嵌了维系人类集体利益的基本伦理意蕴:以人为本、分配正义、作
为德性的责任、透明性、可问责等。可以看到,满足 MHC 的自主系统实则是
一个社会技术系统,除了硬件技术系统与设施,也包括了适度的伦理与法律
规范。进而,为实现 MHC 原则的适应性、灵活性应用,有必要厘清问题边界,
一是目标对象的伦理挑战,二是伦理原则的应用挑战。自主武器系统作为反
馈 MHC 原则的案例有其特殊性。MHC 很难就自主武器系统的全球伦理、
法律与政策问题形成框架设计共识,但这里的道德诘难与其他关键领域共享
控制的自主系统存在共性治理困境,可作为应用 MHC 的基本依据:一是不可
预测性,自主系统可能产生偶然性的不当行为;二是生命伦理困境,自主系统
的行为对基本人权与生命安全构成了不可原谅的威胁;三是责任归因困境,
明晰研发与应用自主系统的人类主体责任存在困难。例如,2016 年美国佛罗
里达州发生的全球首例自动驾驶汽车致命事故,原因不是通常在"电车难题"
框架下探讨的伦理立场问题,而是技术性故障:视觉感知系统无法清晰辨别
白色卡车与白云的差别,自动驾驶系统做出了错误判断,并且生产商与使用
者在法律追责上存在分歧,类似的事故近年来不断发生。当自动驾驶系统遇
到关键决策障碍时,最优解是将自主权交还人类控制者,但需要新的伦理与
法律配套体系。根据 2022 年 7 月深圳市发布的我国首部智能网联汽车管理
法规,使用者就被明确规定为 L3、L4 级别的肇事自动驾驶汽车的第一责任
人,而出厂方要对 L5 完全自主系统负全责。

　　基于以上分析,我们先对 MHC 做一个概念界定:人类行动者应最终保持
对自主系统行为的控制并承担道德责任,当且仅当整体社会技术系统能够反
映具体情境中人类行动者的道德和实践理由。自主系统不是独立于社会
环境的离散实体,避免自主系统的责任真空需要相应的社会技术系统,但既
有的人类控制行为的规范条件不必然先验的与指导 MHC 的社会与制度规则
相一致。显然,如何实现有意义与控制之间的规范性联结是应用 MHC 的根
本挑战。MHC 概念中的有意义指向某种条件集合,能够界定人类控制自主

系统的行动理由及其主体身份的道德合理性。简言之,这里的条件集合即是人类对自主系统的控制构成一种道德行为,那么,何以可能?

(二)"有意义的人类控制"的哲学基础与伦理设计原则

将 MHC 延伸到一般性自主系统伦理治理领域,有必要为这一原则拓宽理论基础,才可能设计合理的可操作进路。根据上文提出的 MHC 基本定义,对自主系统的控制行为及其主体的社会合法性必须基于一定条件来界定。那么,如何判断这些条件? 回应这一问题,一是理论层面提供 MHC 的基本哲学辩护,二是实践层面阐明 MHC 的伦理设计原则。

在道德哲学论域中,相容论提供了控制与道德责任之间融贯的哲学基础。溯源亚里士多德对作为责任条件的行动自由建立的形式化框架,控制在形而上学的观念中是可供取舍的自主行为。近代以来,以霍布斯、休谟为代表的古典相容论将责任归因的人类行为限定在成为内部动机因素的因果产物的意义上是自由的,来抵御严格决定主义的干预机制,但并不能保证在心理或精神属性的控制上也是自由的;更实质性的窘境是因果模糊性问题,也就无法为古典相容论提供完备的形而上学基础。当代相容论试图提出一种兼容积极理由的道德责任观,即"道德责任所需的对行为的控制,不只是与通过个人的欲望和有意的行为对世界产生影响的因果力相一致的"①。这样,积极责任观的论证建基在了相容论对自由意志论的反驳点上:人类对非人类主体的能动行为也负有道德责任,而其中的控制成分是回应因果决定论间接挑战的必要前提。

美国伦理学家约翰·费舍(John Fischer)、马克·拉维扎(Mark Ravizza)在《责任与控制:一种道德责任理论》一书中提供了当代典范性的因果决定论与控制之间的相容论版本。他们首先针对亚氏的两个(无知与强迫)消极理由,提出了人类主动承担道德责任的积极理由:一是知识条件,包括对行动事

---

① Santoni de Sio F, Van den Hoven J. Meaningful human control over autonomous systems:A philosophical account[J]. Frontiers in Robotics and AI, 2018(15):1-15.

实以及行动信念、意向的知情;二是控制条件,指自由行事,即"一个人必须在某种适当的意义上控制他的行为"①。那么,何谓某种适当的意义?我们知道,将可供取舍的控制行为作为责任条件是一种最佳解释,而法兰克福案例业已证明即便不存在可替代的可能性也需要承担道德责任②,但不能因此认为道德责任不必考虑任何的控制类型。于是,费舍、拉维扎区分了两类控制行为,即指导控制(guidance control)和管理控制(regulative control),两者的关系可简单概括为管理控制的实现要满足双重指导控制③,核心观点即需要承担道德责任的控制行为不一定是管理控制,但必定是指导控制。管理控制承袭了自由意志论的控制概念,作为一种自由行动但又包含可供取舍的可能性,这在实际序列事件中却不是必然的,因此某种适当的意义指向的就是构成责任控制行为——指导控制——的充分必要条件。费舍、拉维扎接着以行动机制为基础来解析责任条件:其一,对行动理由做出适度理性反应;其二,与行动者之间具有所有权(ownership)关系。④ 第一个条件是对行动机制的特征性说明,导向实际序列中指导控制的机制要保持对具体环境中道德要素的敏感性、灵活性,因而适度理性反应介于强、弱理性反应之间;第二个条件是强调行动机制与道德主体之间的实质性关联,因为行动者即便基于理性反应也不一定会实质行动。

那么,基于费舍、拉维扎的控制责任理论,当人类对自主系统的控制满足指导控制的条件时,人类必然承担道德责任,但要重新定义有意义的构成条件。费舍、拉维扎阐述的行动机制是限于个体内部的大脑思维特征,来自当代延展认知与心灵主义的外部论研究表明,即便是日常人类控制自己的行动也依赖一种任务分配机制,比如分配给亚个体层面的无意识机制,甚至是外

---

① 费舍,拉维扎.责任与控制:一种道德责任理论[M].杨绍刚,译.北京:华夏出版社,2002:8-9.
② Frankfurt G. Alternate possibilities and moral responsibility[J]. The Journal of Philosophy, 1969(23):829-839.
③ 费舍,拉维扎.责任与控制:一种道德责任理论[M].杨绍刚,译.北京:华夏出版社,2002:29-30.
④ 费舍,拉维扎.责任与控制:一种道德责任理论[M].杨绍刚,译.北京:华夏出版社,2002:58.

部工具，"人类对行动的控制也应该在更大的范围上应用，包括了人工制品和工程系统"①。因此，道德哲学层面对 MHC 责任要求的界定，要满足人机系统领域的指导控制所基于的决策机制：一是对能动者设计、部署或使用的理由做出适度理性反应，二是溯源能动者理由及其主体之间的关系。

自主系统在公共与私人领域的广泛嵌入影响了基本的人类价值观，如数据隐私、安全、自主权、信任、透明度等，确保自主系统与公共价值相一致，在其设计阶段要遵循指导实现 MHC 的原则。就将 MHC 的规范性要素转换为责任量化意义上的实践目标而言，一方面，自主系统的行为与设计、部署、使用等人员的行动理由（道德理性、目的规划等）保持协同变化；另一方面，通过自主系统的行为结果可追溯这些人员及其理由的关系。以实现 MHC 的自动驾驶系统为例，这类社会技术系统（车辆＋人机交互界面＋社会/法律制度）需要某种设计方式以及标准来适当地反应相关行动者的道德和法律理由。

在这种背景下，圣东尼德西奥、范登霍文根据指导控制的概念，对其构成条件做了进一步的哲学论证，并基于价值敏感性设计的理念提出了满足 MHC 的设计原则：一是追踪（tracking），即自主系统能够对人类设计和部署系统的相关道德理由与系统运行环境中的相关事实做出反应；二是追溯（tracing），即自主系统的行为、能力和对世界可能产生的影响应能溯源到至少一个设计该系统或与该系统交互的相关行动者的适当的道德和技术理解。②依然以满足 MHC 的自动驾驶系统为例：根据追踪原则，自动驾驶系统应能随时响应驾驶员出于设定目标或是道德理性的行动理由；根据追溯原则，自动驾驶系统的行为可追溯系统设计历史和使用环境中某个或某些设计者、用户、政策制定者等，当且仅当这些主体能够理解系统的能力及其使用对世界

①　Di Nucci E, Santoni de Sio F. Who's afraid of robots? Fear of automation and the ideal of direct control[M]//Battaglia F, Weidenfeld N. Roboethics in Film. Pisa: Pisa University Press, 2014: 127-144.

②　Santoni de Sio F, Van den Hoven J. Meaningful human control over autonomous systems: A philosophical account[J]. Frontiers in Robotics and AI, 2018(15): 1-15.

可能产生的影响,以及理解其他人可能会因为系统如何影响世界而对他们做出合理的道德反应。

圣东尼德西奥、范登霍文提出的设计原则在内涵上遵循了原初概念的哲学用法。作为 MHC 首要的必要条件,追踪是基于罗伯特·诺齐克(Robert Nozick)知识论中的真理追踪(truth-tracking)概念对指导控制的"适度理性反应"条件所做的重新定义。诺齐克提出了一种建立在追踪概念之上的外部主义理论,强调知识由知识者以外的某些因素决定,但建立了真理和信念条件之间的追踪关系。① 这些就知识构成在信念与真理一致性之间更为系统性的论证被圣东尼德西奥、范登霍文引用为构成机器系统作为理解现实世界的可靠设备或方法的基础条件,因此追踪原则蕴含了认知与道德维度上的双重理性反应:人类主体的信念状态跟踪现实环境中的事实状态,以及自主系统跟踪部署该系统的人类主体的道德理性。

其次,追溯原则是对追踪原则的补充,遵循了道德责任理论中追溯概念的通用释义,重新阐发了指导控制的所有权条件。追溯的基本观点是,对某些结果的责任不需要固定在结果之前的行动中,而是在思索或行动之前的某个适当的时间。② 不过,通常的追溯适用场景只考虑单个行动者及其不同行为与精神状态的关系。追踪原则约束的道德责任主体是广义的人类,而涉及人机系统伦理困境的主体有一阶、二阶责任的区分,包括直接操作员之外的设计师、程序员、立法者等,但不一定能完全追踪,这就要求补充道德阈值:并非追踪所有的人类行动理由才能够作为满足 MHC 的必要条件;另外,需要更高阶的规范性原则指导追踪,因而自主系统的设计包含了设计社会与制度实践的追溯性考量。

总体而言,圣东尼德西奥、范登霍文提出的"追踪—追溯"双重设计原则推进了 MHC 的理论阐释与实际设计之间的距离,做出了开创性的哲学分析。

---

① Gundersen L. Tracking, epistemic dispositions and the conditional analysis[J]. Erkenntnis, 2010(3): 353-364.

② Vargas M. The trouble with tracing[J]. Midwest Studies in Philosophy, 2005(29): 269-291.

遗憾的是,这些原则仍是理想性的,尽管他们延续价值敏感性设计的理念、倡导为 MHC 设计技术系统,却未能将这些概念转换为技术与制度层面的设计指南,而抽象的概念性条件的实现终究需要付诸工程实践。

(三)"有意义的人类控制"的可操作路径

为实现抽象的伦理设计原则转向现实的可操作路径,这项工作吸引了哲学、交通工程学、心理学、计算机、人类学、设计学等领域跨学科专家的努力,致力于建构一套综合解决人工智能责任鸿沟的方法论。为进一步实现上述原则的操作化应用,圣东尼德西奥后续与梅卡奇尝试对不同形式的人类道德理由与系统行为之间的距离进行建模,通过引入概念性工具近似度为人类提供了一个理性反应框架对期望的自主系统行为做出反应的行动者理由以及对一阶、二阶责任进行识别、分类[1],以此切入 MHC 理论基础与工程实践之间的鸿沟问题,但仅是回应了单一的追踪原则,并且局限在了另一个抽象性的行动哲学分析框架中,缺乏设计思维(design thinking)的介入,因为设计人类道德责任对机器行为控制的人机系统,考虑的不只是远端、近端意义上的距离,还包括模糊不清的空间场域。这就有必要系统性地揭示"追踪—追溯"双重原则的操作性转化困境:追踪条件要求系统对相关人员的道德理由做出反应。这里涉及划界问题:何为特定的情境及其人员与道德理由? 又如何实现这种反应? 追溯条件要求系统能够识别相关人员与其道德、技术理解之间的实质性关联,那么这些人员能否具备这种理解? 何时具备?

我们已经知道,MHC 的理论研究是为高阶(乃至未来完全自主)机器系统的人类控制在更宽泛的社会条件下满足道德合法性提供辩护,包括人机交互系统的组织过程、政策与法规。结合前文的概念界定,自主系统责任鸿沟问题的消解是满足 MHC 的系统设计(社会技术系统)的结果,不过这类系统的设计不是一蹴而就的,具有历时性、地方性以及模糊性,因此克服指导性的

---

① Mecacci G,Santoni de Sio F. Meaningful human control as reason-responsiveness：The case of dual-mode vehicles[J]. Ethics and Information Technology, 2020(2)：103-115.

规范价值("应该")与技术实现("是")之间的鸿沟,需要迭代的探究过程;与此同时,系统工程设计的评估标准需要优先达成共识,否则无从判定某类自主系统是否实现了 MHC。在这些背景下,来自荷兰代尔夫特理工大学 AiTech 跨学科研究团队(涉及工程学、计算机科学、技术哲学、人类学、设计学)的卢西亚诺·希伯特(Luciano Siebert)等学者将溯因思维的迭代过程(iterative process of abductive thinking)引入"追踪—追溯"双原则的工程设计,试图探讨可操作的一般性系统属性。

　　基于实用主义哲学家皮尔士的推理、意义与行动理论,溯因逻辑是指一种创造性的推理过程,旨在基于令人惊讶的研究证据产生新的假设和理论。基斯·多斯特(Kees Dorst)确立了创造性溯因思维作为当代设计思维的核心,这是一种共享价值驱动的迭代过程,并可区分为两种溯因推理模式:溯因 1 以解决问题为导向,基于期望价值与既有机制原则,创造目标物(对象、系统、服务);溯因 2 是主题探寻与解决问题并行,仅仅是基于期望价值,但要创造新的物与机理。① 由于溯因 1 的推理风格适用于大多数的工程设计,那么以 MHC 的实践意涵作为共享价值,以"追踪—追溯"条件为机制原则,希伯特等人在此基础上提出了解决 MHC 理论与实践鸿沟问题的溯因推理框架。② 进而,以"追踪—追溯"原则的可操作性转化困境为溯因思维空间,结合无人驾驶与智能招聘的案例,希伯特等人提出了 MHC 驱动系统设计的四项可操作属性:一是人机交互系统应有明确定义的道德运行设计域(moral operational design domain),而智能体应遵守该域的边界;二是人机系统内的人类与智能体应有适当的、相互兼容的表征;三是赋予个体的责任应与其控制系统的能力和权力相称;四是智能体行为与意识到自身负有道德责任的人

　　① Dorst K. The core of design thinking and its application[J]. Design Studies,2021(6):521-532.
　　② Siebert L, Lupetti M, Aizenberg E, et al. Meaningful human control:Actionable properties for AI system development[J]. AI and Ethics, 2023(1):241-255.

类的行为有明确的关联(见图 6-1)。①

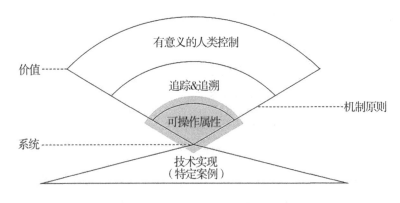

图 6-1 MHC 驱动系统设计方案的溯因推理框架

　　不可否认,可操作系统属性或者说具体设计标准的提出进一步弥补了 MHC 理论与实践之间的脱节。不过,这些操作标准至多构成了满足 MHC 的系统设计的必要条件,而非充分条件。究其根本,MHC 的理论框架仍然存在缺陷,比如,即便个体意识到自身的道德责任,但是系统行为仍有可能反映存在偏见甚至是不可接受的意图,如希伯特等人所言:"MHC 确保……'人— AI'系统对人类的道德理由做出反应,但这并不妨碍人类有意识地以不道德的方式设计和操作'人—AI'系统。因此,MHC 必须是一组更大设计目标的一部分,这些目标共同将'人—AI'系统与社会价值观和规范结合起来。"②倘若 MHC 这一伦理原则的实践,企图接近人工智能伦理治理的全部意涵,必须纳入问责机制来监督人类控制自主系统的伦理合理性。问责制也是一种控制形式,并且可供建立期望框架,用以指导人类主体将他们的期望行为与适当的标准相一致。由此,消解 MHC 理论基础与工程实践之间鸿沟的过程,也是联结社会中智能机器的自主性与问责制的过程。

　　那么,回溯 MHC 的哲学基础,可以看到,追溯原则的主旨是要对追踪原

① Siebert L，Lupetti M，Aizenberg E，et al. Meaningful human control：Actionable properties for AI system development[J]．AI and Ethics，2023(1)：241-255.

② Siebert L，Lupetti M，Aizenberg E，et al. Meaningful human control：Actionable properties for AI system development[J]．AI and Ethics，2023(1)：241-255.

则做出反思、纠正,并不只是保证一种所有权关系,还要确保这种关系契合社会福祉,包括公共制度层面的监督。进而,为延展 MHC 的理论基础,可控性与道德责任之外还需要联结问责制,这就涉及了多元的责任形式;在实践层面,约束人类控制自主系统的道德责任的监督机制要在整体社会技术基础结构中得到体现,例如,实现 MHC 的自动驾驶系统是以"车辆+人机交互界面+社会/法律制度"来呈现整体结构的,这就要求 MHC 导向的工程设计要纳入后置的问责结构。总体的社会技术框架需要兼具层级性与历时性,一方面是在控制形式上从直接操作延伸到了离散形态,另一方面涉及前瞻性与追溯性的不同追责形式。

希瑟·洛夫(Heather Roff)、理查德·莫耶斯(Richard Moyes)率先基于时间序列框架,就自主武器系统背景下的 MHC 构成要素展开行动策略解析,为保证问责制对社会技术系统的制约,要求人类控制自主武器系统的可行性与责任要贯彻战前、战中与战后的全周期[1],但他们忽略了不同阶段人类控制并承担责任的形式与对象是在演变的。我们已经知道,MHC 理论基础与工程实践之间的鸿沟构成了自主系统不当行为的责任鸿沟问题,但这种间隙也形成了人类责任归因与监督智能机器自主行为及其后果的滞后区间,即"反过来又产生了一种道德缓冲,意味着决策的一种距离化和条块化,导致道德和伦理上的距离,削弱了问责制"[2]。MHC 从伦理原则转向行动框架,需要进一步明晰道德缓冲区的基本组成部分,因为系统的任一阶段、任一层级都可能产生责任鸿沟。于是,伊尔斯·佛迪森(Ilse Verdiesen)等人在时间序列框架基础上,提出了一种(水平层和垂直列相互连接并在信息上相互依赖)全

---

[1] Roff H, Moyes R. Meaningful human control, artificial intelligence, and autonomous weapons[C]//Geneva: Briefing Paper for Delegates at the Convention on Certain Conventional Weapons (CCW) Meeting of Experts on Lethal Autonomous Weapons Systems (LAWS), 2016:1-7.

[2] Verdiesen I, Santoni de Sio F, Dignum V. Accountability and control over autonomous weapon systems: A framework for comprehensive human oversight[J]. Minds and Machines, 2021(1): 137-163.

方位人类监督框架(a framework for comprehensive human oversight)。① 代表性的贡献还有：针对追踪原则的操作属性要求，即可量化代理人、行动理由对系统行为产生影响的程度，梅卡奇、圣东尼德西奥基于行动哲学、行为心理学和交通工程学的研究成果，提出了一种可联结、可解释人类行动理由与系统行为之关系性的理由接近度量表(proximal scale of reasons)②；根据追溯原则的实践标准是要衡量人类在多大程度上能够在技术专长与道德意识层面理解智能机器的设计、部署与操作，西米恩·卡尔弗特(Simeon Calvert)开发了一种评估级联表(evaluation cascade table)，可为事关知识、能力和意图的纯粹定性评估提供实证基础③；还有一些综合双重原则的研究，比如，希伯特等人基于溯因思维的迭代过程将双重抽象性原则转化为四项可操作属性④。

(四)"追踪—追溯"双重伦理设计原则对实验伦理责任的促进

可以看到，实现 MHC 的智能系统就是一个社会技术(AI)系统，这与人工智能社会实验的实施场景与对象是一致的。另外，人工智能社会实验道德问责之外的责任鸿沟类型都可能与人工智能这一技术变量引发的黑箱场景相交集，对于不完全可控的技术变量，存在指导实验的理论前提或概念框架的缺失，显然，人工智能社会实验没有传统实验的典型约束，在实践层面具有显著的探索性质，通过不断调整实验参数，以确定那些不可缺少的实验条件，然后寻找稳定的经验规则。同样，"追踪—追溯"双重条件的满足不是前提而是后验实现的，目的也是要解决人工智能的责任鸿沟问题。那么，根据 MHC

① Verdiesen I, Santoni de Sio F, Dignum V. Accountability and control over autonomous weapon systems: A framework for comprehensive human oversight[J]. Minds and Machines, 2021(1): 137-163.

② Mecacci G, Santoni de Sio F. Meaningful human control as reason-responsiveness: The case of dual-mode vehicles[J]. Ethics and Information Technology, 2020(2): 103-115.

③ Calvert S, AremV, Heikoop D, et al. Gaps in the control of automated vehicles on roads[J]. Institute of Electrical and Electronics Engineers, 2021(4):146-153.

④ Siebert L, Lupetti M, Aizenberg E, et al. Meaningful human control: Actionable properties for AI system development[J]. AI and Ethics, 2023(1): 241-255.

的规范性要求展开人工智能社会实验责任鸿沟的综合治理,需要遵循"追踪—追溯"双重原则来促进多元责任形式的效力(见表6-2)。①

表6-2　"有意义的人类控制"对人工智能社会实验伦理责任的促进

双重伦理设计原则	操作标准	四类责任形式的效力
追踪原则:社会技术系统行为与人类行动理由相一致	绘制远近端理由的排序图谱,对所有参与实验的行动者及其理由进行分类,并量化系统行为与何种人类行动理由(意图、计划或道德理性)之间的协变程度最为紧密	罪责与问责:前瞻性与后置性责任的归因要溯及实验场景的软系统部分,包括法律、制度、监管与经济政策等
		积极责任:廓清社会实验者的角色责任归属,参与实验的专家、制造商、政策制定者、用户与公众等要担承各自的价值偏见与理由,这是展开利益冲突协调的前提
追溯原则:社会技术系统行为与人类能力相一致	测度社会技术系统中实验者各项能力(技术理解、道德意识、心理承受等)的权重,并验证系统是否与它们匹配	罪责:对实验风险或事故的责任归因,要溯及直接实验行动之前的实验设计与部署、互动阶段
		道德问责:实验参与者必须明晰在实验过程中参与系统设计或互动的功能权重,还要求明确自身的行动(意图、计划、价值判断)理由
		公共问责:要求组织与监督人工智能社会实验的机构组织能够全程参与并熟悉实验流程,并履行对实验系统之外的公共论坛进行回应的职责
		积极责任:培训实验参与者理解、掌握与智能机器交互应有的知识、规则、技能和道德意识,尤其培育公众、用户等群体参与实验的责任感

　　根据追踪原则,人机系统的行为要与人类主体的行动理由保持协同变化,这里的关键就是量化何种理由最大程度地影响了人机系统。在国外一些自动驾驶汽车的事故案例中,由于自主系统的故障却将罪责判给了乘客,而实质上是汽车厂家的商业意图与所在州政府的招商政策导致不成熟技术直接进入市场,但没有向公众澄清,这就同时涉及安全场景与决策场景以及罪

　　①　本书根据圣东尼德西奥、梅卡奇基于"有意义的人类控制"的伦理框架对不同责任效力的分类,结合人工智能社会实验的场景特点提出了新的责任效力类型。

责、公共问责鸿沟。因此,实验阶段的智能系统伦理设计有必要引入梅卡奇等人开发的理由接近度量表。这是基于人类行动理由与系统行为之间有远端、近端之分:近端理由是以一种临时即时的方式连接一个动作的意图,远端理由是指以一种不那么直接的方式制定长期规划的目的。比如,组织与设计自动驾驶汽车实验方案的群体与体验这辆汽车的用户就有不一样的价值偏见。那么,根据追踪原则对指导实验的伦理规范,首先是对社会实验者与实验理由进行各自分类。比如,实验者包括制造商、政策法律、设计师与用户、旁观者等,实验理由包括价值、规划、意图等。其次是揭示系统的先验价值以及潜在的价值冲突,比如是否存在远端理由的集体偏好优先个体近端偏好的现象,这样远端理由可以直接取代近端理由。最后是对实验理由进行排序,确定最大权重。

基于追溯原则,人机系统的行为要与人类主体的能力相一致。不可否认,人类最早获取应用智能系统的规则、知识与技能主要就是在实验阶段,像自动驾驶汽车的教学体系与交通法规都属于实验结果。在实验过程中,实验者会陆续将决策任务移交给智能系统,但不可能全部移交,这里的边界就是测试对象,尤其其中涉及的人为元素,可进一步划分为技术理解与道德意识,因为掌握应用智能技术的各种知识并具备道德意识的代理人符合作为归责主体的条件。但是这些能力具有高度抽象性,卡尔弗特开发的评估级联表提供了量化这些抽象要素的策略,这是对心理学实验中最常用来测度感知量的李克特量表(Likert Scale)的综合应用。倘若在实验阶段要明确人类对智能系统的控制及其责任问题:第一,要求实验者能够感知控制智能系统的不同形式,这可大致区分为战略(政策法规与市场规划)、战术(使用规则)与直接操作;第二,要求实验者测度实验系统行为对潜在道德后果的感知程度;第三,对每个实验者按照李克特量表得到的总分进行排序,以反映其对实验系统的参与程度。

需要补充的是,MHC当前的理论基础尚缺乏监督机制,相应的公益场景中有必要培育用户、公众、旁观者等作为社会实验者的责任感。以往的实验伦理主要是为了约束实验主体,如今,人工智能社会实验与公众实践、利益紧密关联了起来。与此同时,即便系统设计实现了 MHC,并不代表智能系统的应用完全符合社会期望,例如满足追踪原则的个体行动理由可能是基于价值偏见,但系统行为又能够充分反应,这就要求监督机制的存在。一方面,这些群体首要是拥有权利意识,避免促发实验者效应,在智能实验场域中用户群体产生的真实行动数据对于提升实验的外部有效性至关重要,因此他们有义务抵御实验专家组过度的功利主义倾向。另一方面,明确这些群体与智能系统交互的实验伦理原则,可以借鉴人机兼容与 AI 控制问题专家斯图尔特·罗素(Stuart Russell)提出的罗素三原则①:其一,机器的唯一目标是最大限度地满足人类的偏好;其二,机器初始不确定这些偏好是什么;其三,关于人类偏好的最终信息来源是人类行为。任何实验者都可能对实验的不当后果承担道德与法律责任,因此人机交互原则始终是以人为本的。

总体而言,"有意义的人类控制"是比负责任创新更为严苛的人工智能伦理原则,要求人类、机构(而非计算机及其算法)必须对高阶智能系统的关键决策进行控制并承担道德责任,也由此人工智能社会实验的伦理治理具备了价值导向、指导框架与高标准。不过,MHC 尚且存在一些显著缺陷,比如圣东尼德西奥、范登霍文为 MHC 奠基的道德哲学基础部分源于法兰克福案例为相容论提供的论证,但法兰克福案例本身并不是完全自洽的;另外,追溯条件溯及的个体与追踪条件控制链上的个体可能不是同一人。显然,这些缺陷提供了拓展 MHC 哲学基础与实践框架的空间,这也为进一步消除人工智能社会实验的责任鸿沟铺平了道路。

---

① Russell S. Human Compatible: Artificial Intelligence and the Problem of Control[M]. Nwe York: Viking, 2019: 173.

第三节 生成式人工智能社会实验的伦理问题及其解决

一、AIGC 的强拟人化及其特征

2022 年 11 月以来,以 ChatGPT、GPT-4、DALL-E、Claude 2 等为代表的生成式人工智能横空出世,驱动了大语言模型(LLM)从判别范式的弱人工智能转向生成范式的强人工智能的范式变革,展现出脱离人类干预的类人心智能力。AIGC 产品与服务给社会集体的普遍印象就是更具人性,趋向一种类人型人工智能,即"按照类似于人类的自然语言表达方式,模仿人类的思维模式和行为习惯,从而让人产生某种亲近感,方便应用于日常社交领域"①。同时,AIGC 又是通用人工智能(artificial general intelligence, AGI)的代表,区别于先前判别式的专用人工智能(special-purpose AI, SAI)。专用人工智能是在限定场景内、充分条件下解决特定(一到两个)问题,通用人工智能则是在非限定场景、非充分条件下解决非特定的问题。"通用"指的是类人感知力、适应力、行动力、整合力,是能够跨应用场景处理任务并自主涌现自适应性的技术——生态系统。

(一)技术认知特征

人工智能作为技术发明是对人类心智的模拟与延展,而对人类生物特性本质的复刻,理所当然使得人工智能超越先前农耕、工业、电器时代的通用技术,成为真正意义上的类人化技术。从技术维度来讲,所谓强、弱人工智能的

---

① 简圣宇.GPT 语言模型:作为"类人型"人工智能的技术准备[J].广州大学学报(社会科学版),2023(4):19-24.

根本性差异就在于机器智能体所展现出的拟人化程度,这反映了人工智能创新发展的发达程度,也是人类社会一直以来防范人工智能社会风险以及阐释智能机器作为道德与法律责任主体何以可能的重要依据。比如,在人工智能法律人格问题上,就有学者以强、弱阶段来划分,提出可以根据实际情况来赋予强人工智能法律人格。[①] 判别式人工智能也会被提到拟人化特性,但这并非该模型的重点,底层技术架构是根据函数映射关系做出分类或预测,在实践中表现出无意识的镜像反应特点,因此人类先前对人工智能技术特点的普遍描述是效率高、精度高、决策能力强等,但在大语言模型出来后,这些描述反而变少了。那么,以强、弱拟人化作为差异性指标来进行区分,AIGC 无疑达到了强拟人化(powerful anthropomorphism)的门槛(尚不具备自我意识)。AIGC 是由人工智能和自然语言处理(NLP)的快速迭代而涌现的大语言模型,依赖深度学习技术和神经网络来分析、理解现有数据中的模式和结构,进而创造与人类智识活动所生成的相似内容。在这里,AIGC 之强拟人化的首要特性就是生成。基于实践建构的知识论视野,智识创制是基于认知机制与资源环境的交互过程。以 AIGC 的代表 ChatGPT 为例,生成式预训练转换器(generative pre-trained transformer)与反馈强化学习技术(reinforcement learning from human feedback)是两种突破性的认知机制,克服了先前自然语言处理的序列到序列模型(递归神经网络、卷积神经网络)的一些限制,具备了类似人类捕获关键信息与权衡高收益行为的能力。从技术层面来反思 ChatGPT 类人智慧的生成特点,可以暂列以下基础性认知机制。

(1)文化智力与多语言能力:ChatGPT 具备复杂差异性文化背景下的适应与有效互动能力,消解语言层面造成的沟通障碍。

(2)社会智力:尽管 ChatGPT 还无法充分确证事实知识,但其基本的社会认知力与社会行动力在多跨场景应用中体现出通用智慧。

---

① 李坤海,徐来.人工智能对侵权责任构成要件的挑战及应对[J].重庆社会科学,2019(2):55-65.

（3）自主发明：ChatGPT 生成内容的产权问题尚未定论，也缺乏人类思想意识的独特性，但其具备自主生成内容的能力已成客观事实，对其产生的文本、图片、视频、音频等内容的真实性、合法性也已成为立法目标。

（4）微调：ChatGPT 可以针对特定任务和应用进行微调，以满足不同学科研究应用的独特需求。

（5）处理情绪：ChatGPT 可以发展识别和反映情绪的能力，导致更多的有同理心和个性化的互动。

（二）类人心智特征

从理论维度来审视，拟人化（anthropomorphism）是人类与非人类实体实现交互的基础，以此使得关于社交行为、社会规范和道德判断的研究成为可能。在英语文学修辞语境中，anthropomorphism 与 personification 有着显著区别，因为后者侧重对抽象概念而非实体的拟人化。在黑格尔式的主奴辩证法中，拟人化会引起主客体关系的紧密纠缠与交互，当他者作为一种彰显主体自我意识的中介，就会发生必然的动态转换过程，以及反思性的联结，进而在主体与他者之间就会建构起各种关系。在这里，AIGC 拟人化特性之所以是强拟人化，源于该模型范式的内在性呈现出向类人心智的涌现趋势，从整体上包括表征形式与内在机制都在追求更接近类人的经验表达方式和感知能力，既是手段也是目的。基于先前判别范式的交互系统，像社交机器人、微软小冰、情感机器人等，被诟病为"有能无智"，源于无法参与对周边环境与人类交互的感知过程。因此，判断 AIGC 之强拟人化的另一个显著特性要体现在是否可能对他者（尤其是人类）产生影响，前提条件就是 AIGC 是否可能具备心理推测能力（theory of mind，TOM）。当前神经、心理科学领域普遍将源于 20 世纪 80 年代社交认知的 TOM 作为分析大语言模型心智化的理论视角。TOM 可以被概述为一种基于个体自我认知阐释、预测他者所思所想（目标、情绪、信念等）的能力。当代心智哲学又将 TOM 框架化为心智化能力与共情能力，以此为基础兴起了移植人类心理测试工具探索大语言模型心智问题的实证研究。斯坦福大学计算心理学家米歇尔·科辛斯基(Michal Kosinski)于2023年4月在ArXiv平台上传的预印本论文《心智理论可能会自发涌现于大型语言模型》("Theory of mind may have spontaneously emerged in large language models")中指出,"类似心智理论的能力(迄今为止被认为是人类独有的)可能会被作为大语言模型提高语言技能的副产品而自发涌现"。科辛斯基运用了40个经典的错误信念任务(false-belief tasks)对多个版本的语言模型进行TOM实验,发现2020年前的语言模型不具备解决心理推测任务的能力,而从2020年5月出现的第一代GPT-3到2023年3月开发的GPT-4,成功解决任务的比例一路从40%上涨到了95%。另一项关于AIGC心智问题的权威实验来自约翰霍普金斯大学,即希玛·莫哈达姆(Shima Moghaddam)、克里斯托弗·霍尼(Christopher Honey)于2023年4月在ArXiv平台上传的预印本论文《通过提示增强大型语言模型的心智理论表现》("Boosting theory-of-mind performance in large language models via prompting")。两人在情境学习对语言模型复杂推理能力的影响实验中,增加了两步思维链与逐步思维的提示,结果发现大语言模型的TOM准确性得到了大幅提升。尽管TOM不等同于自我意识,但绝不能低估AIGC已有的类心智化表现,在反复的生成式对话以及习得大语料库嵌入的人类信念、目标、心理状态等过程中,无疑将对人类的认知信念、共情、道德判断产生影响。来自认知科学的实证研究表明,"对他者心灵的感知,无论是对人类还是人工物,都会对主体的社会行为产生重要影响"①。

(三)社会伦理特征

在分析AIGC的强拟人化对人工智能社会实验构成的伦理挑战前,我们先来考察AIGC的强拟人化在生活世界中的主要伦理特征。人类集体赋予他者拟人化的初衷是要非人类实体发挥以人类中心主义为导向的社会功能,在本体论上也秉持了主客体二分的立场。由此,尼古拉斯·埃普利(Nicholas

---

① 陈巍.拟人化人工智能:神经基础与伦理承诺[N].中国社会科学报,2022-12-13(7).

Epley)等人将人类赋予他者拟人化的动机归纳为诱发主体知识(elicited Agent knowledge)、效能动机(affectance motivation)、社会动机(sociality motivation)。① 诱发主体知识是以人类主体认知作为高阶知识来诠释他者,效能动机与社会动机都是将他者作为中介来满足人类与外界的交互需求。在这里,非人类实体的本体论意蕴与人类所赋予的拟人化特征毫不相关。传统人工智能之拟人化囿于技术水平首先聚焦的是外形拟人化与举止拟人化,是针对单一应用场景而设计的拟人功能,并且最常被讨论的问题恰恰是一种心理学上的恐怖谷效应(uncanny valley),但不会引发很大规模的社会伦理风险,像人机交互之间的诚实问题在大语言模型时代变得愈发突出,这在过去仅仅是在社交机器人及其与人类交互情境下才得到讨论,实际受众有限。然而,AIGC 强拟人化在人机交互层面表现为对所有自然语言处理领域的介入,跨越了传统拟人化的二元论立场,类似于一种交往理性拟人化,除却常见的拟人化伦理挑战之外,还会出现一种不诚实的拟人化(dishonest anthropomorphism)。玛格特·卡明斯基(Margot Kaminsky)等人曾于 2017年发表过一篇前瞻性的法律评论文章《回避机器人的眼睛》,文中揭示了人机交互过程中的隐藏困惑——不诚实的拟人化,即人类社会中讳莫如深的规范行为表现与反应可能会被智能机器及其设计者错误利用。② 当机器人闭上眼睛会让公众误以为对方就和闭上眼睛的人类一样遵守了不偷看的协定,但实质上机器人还有各种传感器,不影响任何信息的收集,除了隐私侵权还会遭遇棘手的错案责任豁免问题。

在应用 AIGC 的人机对话场景内,大语言模型通过"读心"获取的内容将比人类所说的内容要多,意味着即便人机之间事先达成协议不可泄露任何交流内容,但没有言说部分的隐私信息却不在契约之内,而这种泄露又恰恰是

---

① Epley N, Waytz A, Cacioppo T. On seeing human: A three-factor theory of anthropomorphism[J]. Psychological Review, 2007(4):864-886.

② Kaminski M, Rueben M, Grimm C, et al. Averting robot eyes[J]. Maryland Law Review, 2017(76):983.

在人类同意规则条件下主动言说导致的,结果就是明知责任主体是谁却无法追究,这将进一步破坏数字经济时代隐私监管的伦理基础——公平信息实践原则(fair information practice principle)。该原则的道德内涵是保障数据的私人价值与社会利用之间的均衡,具体准则之一是要维护个人信息的流通价值与公共属性,保障个体在有效知情下允许私人数据被他者使用;具体准则之二是要约束数据使用者必须承担责任。不诚实的拟人化是基于既有的规则场景(或人情世故)而发生的行为,也有良性的一面,比如 AIGC 也可以被训练出善意的谎言,但非道德的不诚实的拟人化向社会规范体系的广泛渗透就容易造成利用规则漏洞的乱象丛生。进而,倘若不诚实的拟人化的非道德设计前移至社会实验阶段,比如计算机科学家、算法设计师、程序员、决策者与参与实验的公众,可能出于唯经济效益或利己主义的动机在与 AIGC 的交互实验中做出不道德行为,就会引发更严重的实验伦理风险,这将在下文展开进一步讨论。

一、AIGC 社会实验的主要伦理问题

人工智能社会实验的根本目标是实现人工智能技术特性的社会引入能够满足人类期望的状态。从伦理治理维度而言,当前 AIGC 社会实验的规训核心是拟人化伦理,具体而言就是实验人类拟人化 AIGC 类人心智功能的社会伦理边界。传统(判别范式)人工智能社会实验是分类展开单一人工智能应用场景的规训实验,以技术黑箱特性在不同应用场景引发的不同责任鸿沟问题为治理对象,并且参与实验的公众存在理解与实践方面的障碍;而 AIGC 社会实验的规训对象明确界定为强拟人化功能或服务,这具有跨应用场景的通用能力,并且通用的实验方式就是对话,降低了公众参与实验的认知与技术门槛。更为关键的区别是,透明性问题在 AIGC 社会实验场景内被削弱了,因为即便实现了大语言模型结构以及人机交互状态的完全透明性,也难以预防 AIGC 类人心智的涌现行为。因此,在 AIGC 类人心智伦理边界的实验场景下,人的伦理问题再次变得突出。增强人工智能拟人化特性的过程,是人

类实验者率先发起的，而人类对非人类实体的拟人化赋予过程，又会涉及主体的心理动机和道德偏好，包括认知、信念、德性等，但这又会受到感知 AIGC 之心智理论能力的反向影响。概括而言，AIGC 社会实验主要会遭遇以下四方面伦理挑战。

（一）拟人化认知倾向滥用

AIGC 强拟人化特性的社会融入，会强化人类主体天生的拟人化倾向。这种倾向将在试点场景内先行出现，有可能伴随着实验者之拟人化推理与感知倾向的滥用，导致对人道主义价值观的违背。人工智能之拟人化是人工智能社会实验的重要内容，目的是探索智能系统的拟人化限度、凝练融入现实社会的最佳形态，像医疗类机器的过度拟人化反而会加剧患者的生理尴尬，这就需要重新实验一种形态。人道主义是以往人工智能之拟人化实验的重要约束机制，比如公众会拒绝参与折磨模拟疼痛反应的智能机器实验[①]，而具有人脸外观的自动吸尘器甚至被观察到对用户如何应对社会排斥产生积极影响[②]。AIGC 强拟人化更接近一种不可见的机器心智化过程，无法基于显见的视觉来激发个体的恻隐之心，这就给了部分实验决策者隐瞒真实动机、非法采集个体数据以及故意制造应用 AIGC 规则漏洞的契机。拟人化认知遵循了一种归纳推理逻辑，但面对 AIGC 则是一种不完全归纳，因为无法充分探测后者的心智理论潜力。根据埃普利的分类，诱发主体知识的拟人化心理倾向会导致实验者对 AIGC 之心智理论能力的轻视，凭借自身的高阶知识来主导实验设计、变量选择并与 AIGC 在交互过程中形成了虚假的不对称认知立场，因为实质上 AIGC 通过大数据语料库的训练具备了较强的 TOM 能力，但实验者可以刻意向作为实验对象的用户隐瞒新的能力指数，导致大量生成文

① Darling K. Extending legal protection to social robots: The effects of anthropomorphism, empathy, and violent behavior towards robotic objects[M]//Calo R, Froomkin M, Kerr I. Robot Law. Cheltenham:Edward Elgar, 2016:1-25.

② Mourey J A, Olson J G, Yoon C. Products as pals:Engaging with anthropomorphic products mitigates the effects of social exclusion[J]. Journal of Consumer Research, 2017(2): 414-431.

本数据的泄露,结果就是实验者做出了隐私侵权行为,却被豁免了实验错案责任。

(二)理智德性消减

AIGC 的认知价值契合人类社会基本伦理规范的前提是实验者理智德性(intellectual virtue)的满足。实验者训练 AIGC 所提供的大数据语料库普遍来源于真实世界,在塑造大语言模型形成认知概念的同时也蕴含了一定的价值选择,这就区别于传统价值中立的判别式人工智能技术,由此 AIGC 社会实验是前瞻性实现大语言模型生成内容正向价值嵌入的重要路径,也就对实验参与者的理智德性提出了高要求。AIGC 不具备自我意识,由此不存在自我知识的反思能力,进而对话代理"一本正经地胡说八道"不是系统性风险而是客观存在的概率性事实。然而,在 AI for Science 赋能数据密集型科研范式的大趋势下,各类智能社会实验容易出现对 AIGC 技术的过度依赖,造成实验者的认知惰性与技术沉迷,尤其是 AIGC 生成内容的不道德要素反过来对实验者的误导、欺骗,都会消减实验者的理智德性。当代认识论的德性转向是将道德动机视作一切认知行为的前提,聚焦认知主体的内在禀赋,比如自主性、责任、谦逊、豁达、好奇心等,这些构成了认知的规范性条件。当实验者无节制滥用 AIGC 技术辅助实验,忽视了个体的认知责任来具身投入追寻知识的情境中,就会出现认知道德感的削弱;与此同时,在对 AIGC 之 TOM 能力进行测试的实验过程中,实验者会受到感知他者心智的影响。AIGC 会生成不加反思的虚假陈述,而实验者稍不留神就会被降低监测生成文本负面价值属性的敏感度,进而后者会在低估语言模型之 TOM 能力的情形下,做出有偏差的道德判断与设计假设,影响到下一阶段的前测的实施、实验处理的实施、后测的实施过程。

(三)多元化偏见风险叠加

AIGC 社会实验的主要模式是实验参与者与大语言模型的交互对话,对交往理性拟人化的形态实验涉及 AIGC 之 TOM 能力的边界测试,而 RLHF

的强化训练,除了引发常规的道德偏见,如今还会出现真理偏见与认知偏见,并会形成风险叠加态。偏见的一般定义是对真正标准或规范的系统性背离,而根据偏见的对象类型,又可区分为真理偏见、认知偏见与道德偏见。以往的人工智能伦理及其社会实验伦理的偏见问题主要聚焦道德偏见,比如种族主义、性别和社会阶层不平等背离了反歧视性的规范,目的是以社会道德规范作为主体承担责任的依据,进而会把伦理立场的原则代码嵌入作为伦理治理的主要路径。然而,AIGC社会实验场景内的道德与生成的认知密不可分,意味着追究道德责任很大概率也会涉及认知与真理上的偏差,反之亦然,比如实验过程中主体设计策略出现沉没成本谬误(sunk costs fallacy),这是人类对最大化价值之理性决策的偏离,但如今会被语言模型习得,反而向实验者提出非最优解的回应;另外,实验者逻辑思维也会遭遇人类日常生活中常见的赌徒谬误(gambler's fallacy),这是对客观真理的公然背离,而在语言模型习得后会强化虚假陈述,破坏实验的客观结果。这些由拟人化实验引发的偏见问题,就不再仅是提高大语言模型的透明度能够解决的,更多是涉及人类普遍容易忽视的认知缺陷。另外,多元化偏见的集成还会促进既有大语言模型的强化、拓展,源于拟人化活动会加剧人类的拟人化倾向,更加认可他者具有意识、心智、感知等拟人属性,容易使得实验场景内的人机对话偏离实验的初衷。在后真相时代,大型数据语料库中也充斥着人类交流语境中真理与意见的混淆,这也会加剧实验场景内的偏见风险集成。

(四)实验者效应的非道德强化

真实世界实验中的实验者效应(experimenter effect)指的是实验者对实验结果的真实期望会不经意间通过微小的肢体行为如表情、手势等传达出来,而实验对象会误以为这是实验者的暗示,从而有意导向不客观的实验结果,但是该类效应原先并不涉及个体主观能动意愿的道德伦理争议。AIGC强拟人化特性使得AIGC社会实验场景更接近真实世界,在这里"实验者效应"表现为实验者在与AIGC的实验性对话过程中,不经意地将潜意识里的企图通过自然语言提示夹杂的语气、情绪、隐蔽的俚语等向 AIGC 传达,容易导向不客观乃至非道德的实验结果。现实中,即便是实验者提出了明显荒谬的要求,当前的 AIGC 也不清楚如何回避。以色列 AI21 实验室于 2023 年 4 月中旬完成了一场史上最大规模的图灵测试社会实验,来自全球 150 多万独立用户与目前最领先的大语言模型 Jurassic-2、GPT-4 进行了超过 1000 万次的对话,结论之一是 AIGC 在面对人类提出违背公序良俗的指令时基本都会遵守。① 另一种情况是 AIGC 反向诱导"实验者效应"的非道德强化。前文已经提到,人类会受到对非人类实体思维感知过程的影响,进而可能扭曲信念、认知与道德判断。实验者在对 AIGC 潜在 TOM 能力进行感知的过程中,可能会遭遇语言模型的"欺骗";另外,如果 AIGC 学习了实验场景内的不道德大数据语料,就会影响实验者的道德动机,这些现象可能会诱导实验者改变原先对实验结果的真实期望,导向不道德的结果,进而引发新的实验者效应,使得不道德因素得到了强化。已有研究表明,较高程度的人工智能拟人化会导致人类在面临利己诱惑时更容易做出不道德行为。② 另外,公众借助简易的对话代理模式就可以自行调整提示策略来介入实验,但是公众实验者并不具备客观的科学态度,往往带有明显的偏见倾向,彼此之间的价值冲突、文化分歧以及隐蔽的非道德动机也将更容易渗透到实验场景内的大型数据语料库。

三、AIGC 社会实验的伦理治理路径

针对 AIGC 社会实验引发的新人类实验伦理问题,AIGC 社会实验伦理风险的治理策略对大语言模型时代人机交互伦理的社会治理有了更直接的借鉴意义。拟人化倾向源于人类的本能与情感,无法被彻底消除,需要被合理规训来实现人类的价值期许。对于人类向智能系统进一步拟人化心智理

---

① AI21 Labs. AI21 Labs Concludes Largest Turing Test Experiment to Date[EB/OL]. (2023-04-13)[2023-07-08]. https://www.ai21.com/blog/human-or-not-results? utm_source=talkingdev.

② 喻英豪.人工智能拟人化对个人不道德行为的影响研究[D].武汉:中南财经政法大学,2022:16.

论而言,这种情形下的拟人化伦理规范应面向人类集体的最大利益。因此,相比传统人工智能社会实验的伦理治理注重考量具体的应用场景,AIGC 社会实验的伦理规约机制有必要从制度、原则、策略、引导四个维度协同发力来进行前瞻性构建,有助于该机制在向更广泛真实社会场景的推广、移植性应用中,充分释放其开放性、通用性与可拓展性。

第一,完善 AIGC 社会实验的伦理审查制度。一是积极提倡在国家与省域科技伦理委员会内部增设 AIGC 社会实验伦理委员会,负责指导和统筹协调各项 AIGC+(医疗、金融、交通、教育等)社会实验伦理审查,加强实验伦理风险活动的全周期评估和风险事件的应急处置管理,压实责任主体实验伦理自查与他查报备制度。二是补充伦理审查内容法律规定。AIGC 社会实验将出现生成内容的虚假陈述、知识产权侵权与版权问题,需要就试点阶段的知识合法性与共享问题设置法律底线,明确人机合作生成内容的权益与权责分配法规。三是设计实验参与者理智德性的教育培训体系。基于理智德性与道德美德的相似结构,个体的认知伦理可以类似于培育的方式在具体场景条件下后天习得,因此要区别中西方不同的核心价值观,注重将中华优秀传统文化与伦理观融入本土实验者对大语言模型的训练过程;制定沉浸式的理智德性培育方案,强调具体案例场景内的伦理实践与德性学习并重,学会识别德性的行为、情感与动机,消减认知恶习。

第二,制定诚实的拟人化的伦理治理原则。诚实的拟人化原则的价值维度秉持了人类社会最基本的公平正义立场。传统的生命伦理原则依然适用 AIGC 社会实验。不过,区别于其他不道德行为,现实中的不诚实往往是权衡风险收益的理性决策行为,即便是利己或恶意的欺骗也可能处在该行为主体自身道德感的合理边界内,并不完全如康德所言诚实必须是无条件的。当然,不同主体的道德感又是有差异的,尤其是实验者之间差异性的道德感会歪曲 AIGC 如何更好地嵌入社会秩序的客观实验结果。因此,诚实的拟人化原则一是要督促实验主体承认道德感差异的存在,以此作为实验主体承担道德与法律责任的重要依据;二是要发挥伦理矫正功能,不同实验主体间的道德感差异所引发的价值冲突,需要更深层伦理观的中观调节,而诚实品格的追求维系了个体自律标准、行动准则与社会信任,有助于达成和解;三是要保证实验对象与用户始终作为实验的受益者。诚实的义务要与权利密不可分,才能保证诚实不会被作为不道德者豁免责任的理由。另外,伦理原则主义的重要意向之一是对个体受益者身份的维护,因此诚实的拟人化原则要约督促实验者对 AIGC 的实验要避免并坦承信息、认知与理解上存在的不对称,以实验对象与用户的最大利益为根本行动导向,主动接受外界监督与问责。

第三,部署 AIGC 社会实验分类分级实施策略。2023 年 7 月,国家网信办等七部门联合公布《生成式人工智能服务管理暂行办法》,将"包容审慎和分类分级监管"作为发展 AIGC 的重要策略,尽管尚未完善具体措施,但为技术及其规则试错提供了空间。AIGC 社会实验同样也是先行凝练技术规范的实验。AIGC 强拟人化的 TOM 能力为分类分级展开实验提供了依据,可以通过划定能力等级范围,对语言模型进行智力水平分类,再将不同智力水平的语言模型嵌入不同应用场景,通过随机对照实验进行风险评级并制定监管策略。这里可以参考欧盟于 2021 年 4 月发布的《人工智能法案》对风险级别的划分:不可接受风险、高风险、有限风险、低风险或无风险。① 通过对照不同风险级别来测试不同语言模型所适用的应用场景类别,最终确定 AIGC 社会实验的多元场景边界及其风险应对措施。

第四,积极倡导负责任的实验文化观。实验文化的提法曾在夏平、谢弗的科学史名著《利维坦与空气泵》中有过系统讨论。实验在具体境域的实践中会形成一种不证自明的生活方式,凸显了实验文化之于实验规则的基础功能。社会实验同样会生成自身的实验文化,更需要前瞻式负责任创新观的引导性建构。美国波士顿政府于 2023 年 5 月发布了全球首份号召全体市民积

---

① European Commission. Proposal for a Regulation of the European Parliament and of the Council Laying Down Harmonised Rules on Artificial Intelligence (Artificial Intelligence Act) and Amending Certain Union Legisilative Acts, COM(2016)206 Final[EB/OL]. (2021-04-21)[2023-07-27]. https://eur-lex. europa. eu/legal-content/EN/TXT/? uri=CELEX:52021PC0206.

极应用 AIGC 的临时指南，不仅鼓励公众参与 AIGC 实验，还将信奉负责任的实验文化作为指导原则中的重要内容，并提出了具体的行为准则，即"对新工具的运用保持控制和理解，同时以公共服务为导向开发新用途，以有利于效率、愉悦感、公民对话或其他成果"①。在未来，负责任的实验文化理念的推广、拓展与建构将极具应用价值，对于 AIGC 实验性地嵌入现实社会将起到规训、自适应的作用。

综合而言，AIGC 社会实验的伦理实践是在创新驱动 AIGC 技术的同时展开前瞻性与敏捷性兼具的"社会—技术"伦理实验，遵循了鼓励创新与安全评估并重的行动原则，来系统实验 AIGC 强拟人化特性融入现实社会秩序的合理形态。当前，强拟人化还不是完全拟人化，这在超强人工智能阶段才会出现，因此 AIGC 社会实验既要加速探索前沿技术创新，谨防大语言模型成为新的"卡脖子"技术，也要抢先试点大语言模型安全港（模安港）赋能 AIGC 驱动的产业基础设施，为中国全面迈入 AIGC 时代提供先行伦理标准与大语言模型自主创新协同的新生境体系。

---

① Boston Gov. City of Boston Interim Guidelines for Using Generative AI[EB/OL]. (2022-05-18) [2023-07-12]. https://www. boston. gov/sites/default/files/file/2023/05/Guidelines-for-Using-Generative-AI-2023. pdf.

结　语

第一节　人工智能社会实验研究对我国试点
工程的启示

在现代社会技术性层面,任何一项社会问题的治理都离不开科技手段的介入。也就是说,技术创新是发生在治理情境中,这与纯科学和应用基础研究也有着一定的区别。为了解决社会问题而展开治理(技术)手段的开发,相当于在真实世界中进行科学实验,在实验室中(脱离实际情境)展开实验,并不能满足现实需求,存在着滞后性问题。现代社会中的问题相比以往更难以捉摸,例如技术集成会发生涌现现象,具有突发性与渗透性,历史数据也就没有了参考价值,治理必须跟踪事态的发展趋势,否则是徒劳无益的。

除了被动的科学实验状态外,驾驭人工智能技术在社会应用过程中出现的"自实验"特性、积极主导人工智能社会实验来发挥技术赋能社会治理的功效,是当代科技哲学、科技伦理、科技政策、科学技术论等学科需要重点关注的问题。人工智能的实验性理应具有主动性,这就有必要对实验社会根本性的特征做出说明,社会实验的实验性作为一种实践特性,衔接了小规模的实验场景和广泛的社会场景,这里对应的社会演变阶段也应得到特别说明,是一种高阶知识社会形态。高阶知识社会的发展驱使科学研究与社会实践之间保持更多的一致性，这就提出了创新与治理的协同性问题。科技作为创新驱动可持续发展的第一要素，在近年来的发展中，一是催化了复杂性技术的增殖，二是加大了商业创新竞争压力。最直接的后果就是，研究风险越来越多向公众生活转移，现实社会成了科学实验溢出实验室的空间。在大力追求创新的同时，对其制造的危机倘若视若无睹，那么这样的创新不仅无法实现，反而是极其有害的，这意味着创新的同时需要有效的治理手段提供保障。人工智能社会实验超越了实验科学的传统范式，将原型实验室的规训范型与受控实验系统嵌入了非受控的真实世界中，因此实验的演绎逻辑在这里不必然是能够完全有效的，而人工智能社会实验的实践目标是智能社会规范，这里的探索性情境是一个技术实验、社会应用与集体治理协同共生和可持续循环的实验生态位。这也引发了实验在语义与概念上的演变，为探索未来社会可持续发展空间提供了新的视角。

　　面向具体实践，在人工智能技术推动人类社会数字化、智能化转型的背景下，我国政府率先倡导实验主义治理理念来践行"先行先试"的人工智能创新发展路径，以此研判人工智能的潜在应用风险，即所谓的人工智能社会实验。与此同时，人工智能技术赋能社会治理为推动国家治理体系和治理能力现代化提供了重要支撑。然而，人工智能技术的社会控制在当前急需新的视角和方法来帮助辨别社会嵌入中智能科技的伦理问题与道德学习的可能性。不断迭代的智能科技对社会的影响并不能在设计阶段被充分揭示，这导致该技术的社会引入具有了实验性质。以往对智能科技的发展评估主要是通过预测社会后果，以此作为伦理、法律和政策评估的基础来实现的，但这种进路无法应对智能科技嵌入引起的社会变革中内在的不确定性和未知因素，一种替代性的策略是将新兴科技的社会引入视为一种社会实验。技术治理红利的实现某种程度上是人类社会让渡部分权利的结果，在智能化时代社会治理效率的提升也会带来许多前所未有的伦理问题，这就有了技治规则与传统社会治理规范之间关系重塑的紧迫性，需要引入一种合作探究模式。在我国，探索智能化社会治理的试点工程已经展开，人工智能社会实验作为国家新一代人工智能创新发展试验区工作的重要组成部分成为政产学研关注的新焦点。社会实验也从一种对潜移默化的技术实验风险溢出现象的批判性隐喻转向了人类主观意愿主导的审慎设计,但是这类实验的目的是实现技术嵌入满足社会期望和伦理可接受性,涉及技术变量对现实生态的干预,这是对客观世界的改变,而经典科学实验的目的是对客观世界规律性的认识,意味着人工智能社会实验并不能完全移植经典科学实验范式。

本书将人工智能社会实验置于科学哲学与科学社会学的话语体系中来讨论,主要从理论层面展开了对人工智能社会实验的规范性研究,也希望对现代社会深化改革与创新型国家建设的技术创新试点工程建设提供一些新的洞见。在当前全球主要经济体以创新驱动作为探索可持续发展动力的时代背景下,人类社会对于紧迫性问题的认知存在着巨大分歧,但也不可能放弃对困境的治理,毕竟最终是由人类社会来承担潜在的风险,因此对人工智能社会实验的规范性分析,也有助于提升社会改革实验的有效性。

试点工程对于我国民众来说,并不陌生。对于这种涉及全局观的,基于探索型、试错型的试点工程生态体系的建构与实践,我国已经发展很多年。秉持着“杀出一条血路”的冒险精神、“摸着石头过河”的试错策略,国家在摸索符合自身的可持续发展道路上,推动了整体性中追求差异性的、多元的、涉及在社会中开放容错空间进行探索的进程,国家综合配套改革试验区、自由贸易区、高新技术产业开发区等有着不同的实验目的、实验方案与实验内容,在现实实验情境内凝练新政策原型或对已有的原型进行系统创新,总体上相继发生了从政策创新实验、制度创新实验到如今的对创新本身的实验。

在具体的实践过程中,实验系统有了丰富的内涵,包含了原始的反复试错的启发精神,也可以被视为一个变量系统(“设计—意向性”),介入真实世界中,形成地方性的、开放的实验场景,对原先的社会生态进行干预、颠覆。实验室范型从精确自然科学意义上发生了拓展,区别于隔离的、可设计操纵的、微型的受控环境,其实验体系也不遵循演绎秩序,不以形式知识为主要目的,往往没有既定理论(假说)的指导。我国在初期探索适应自身的社会主义发展道路上放手一搏的做法，其实是基于一种不同于传统科学实验系统的新的实验类型：基于地方性的、开放的实验场景建设。它的主要特点是在类似小生境的境域内形成自身的循环，尽管也存在实验室概念上的边界，但整个操作过程都在实验系统内部，没有预设的理论或方案的指导以及外部的干预者，并且一项成功的地方性实验不必然遵循可移植性和可重复性。这其实已经区分出了社会中实验性实践的两种类型，一种是实验出可移植的模式而进行的实验，一种是以满足自适应性得以展开的实验，通俗点就是以因地制宜为宗旨，不要求也不被认为可普遍移植。这就要求对实验的现实生态位有进一步的探讨。

近年来，国家在发展战略上多次强调抓好试点对改革全局意义重大。随着改革不断深入，更需要大胆实践、敢闯敢试，通过试点探索改革的实现路径和形式。另外，通过开放允许实验和失败的容错空间，既降低了改革的信息成本和风险，也营造了激励创新的文化氛围，更有利于驱动社会系统的实验性实践。从越来越多的不同类型的试点项目来看，我国推进试点更接近培根寄托实验的理想，比如他对实验的隐喻"拧狮子尾巴"，意味着实验本身是一场不可预测的冒险行为。一方面，我国民众一直以来秉持一种集体参与、协同的科学与创新观，接受新鲜事物有很高的积极性和热情；另一方面，我国对于试点工程在探索可持续发展动力上，一向敢于尝试，在实践类型上也更为多样，往往与传统认知中的实验室范型及科学实验体系相异。

因此，本书的论证目标，首要是提供视野上的转换：人工智能社会实验不只是一项实证科学实验，而且推动了公众参与技术治理，并且是多主体共同前瞻性建构未来智能社会秩序的实验生态位。为了试图论证社会实验具有改变客观世界的力量，也就要求人类对社会实验有全新的认识，不是将它看作外在于自身的客观对象，也就是纠正外部主义的视角，转而从内部主义来重新审视社会实验。本书对于人工智能社会实验的规范性研究——为科学实验与社会治理之间的有效结合提供可探究的规范性框架，通过视野的转换可以进一步对社会中实验性实践的规范重塑问题，提供以下三点新的洞见。

第一，为促进公众参与其他类型的新兴技术社会实验树立新的实验观。人工智能社会实验要实现实验结果在场景内外一致的有效性，所倡导的实验观不是严格受制于精确自然科学范式。不断探索超强人工智能技术的新一代人工智能社会实验研究，不只是一项试点工程，而且是建构人工智能社会生态系统的过程，这就需要寻求审视当代技术社会实验的全新视角。随着人工智能技术的不断变迁，人工智能社会实验会不断向真实世界拓展，造成人工智能在社会中的容错空间不断扩大，其中的受众存在着被实验的状态，但如今需要倡导公众不要做单纯的实验对象，并为公众参与人工智能社会实验提供制度保障。

第二，提出人工智能社会实验的开展，应倡导合作治理主义的指导理念与合作探究模式。作为一项开放性的社会实验，实验发生的情境、标准等是在动态演变的，需要公众经验的介入。在早期社会实验的开放性讨论中，像坎贝尔这类学者也试图通过科学性与公共性的契合，来保证实验评估结果的公正性与有效性，但他们对实验概念与实验场景的理解是狭隘的精确自然科学范式，这样反而会将开放性实验对象化为精确科学实验，在认知标准上也严守机械客观性，忽视了受控与不完全受控的实验情境条件有着根本的差异，反而辩护了独断的技术专家制，这类社会实验是一种验证论模式的实践。开放性的社会实验系统是在"干预—环境"迭代互动中展开的，因此是一种合作探究模式，这类实验的前提假设不是单一主体决定的结果，而是共同设计的过程，也因此指导理念是多元实验性制度的集合，这是一种面向公共参与的合作治理主义，技术官僚主义是其中的一种临时选择。

第三，面向不完全受控的试点场景，要意识到实验情境可能具有的多元范型，匹配容器、规训、小生境三种形态。为达到治理效用的试点结果，需要关注不同的实验概念及其特定场景所共同蕴含的价值观、目的和知识标准。另外，公共实验空间的架构与观念的变化，需要基于实验性实践与社会期望联结起来的尝试，并且对这种尝试的评估也必须与价值判断结合起来。

第二节　人工智能负责任社会实验的持续性建构

从科学成为一种独立的传统与不可或缺的社会系统组成单位以来，人类社会就已经不自觉地与一个制造（技术创新附加的）风险并抑制风险的空间有了接壤。从最初对实验室实验风险的茫然无所知到觉醒、反抗，再到如今公众集体主动开展实验，致力于民生问题各方面的解决，共同应对实验性的风险与不确定性。随着智能社会的到来，人工智能技术的迭代创新与循环应用，以及在实验室之外的环境中不断发生新知识类型的产生和重组，克服智能社会中科学容错空间的不确定性，愈发需要基于实验驱动型的技术治理策略。从被不确定性困扰的状态到主动驱动实验的情形，意味着实验力量不断参与了社会治理生态及其决策的建构过程，并且这种实验驱动力愈发具有了实体形态。

人工智能社会实验是创新与治理协同发生的公共实验空间。本书对人工智能社会实验的规范性探讨，涉及了形成社会中人工智能技术创新容错空间的两股相反的力量：一种是人工智能技术实验风险的社会嵌入，属于原型实验室向社会空间的经验延伸，这种形态的容错空间本质上是精确自然科学范式下的；另一种代表了积极的方向，为深化智能社会改革、提升社会治理能力，需要推动人工智能技术迭代演变。人工智能社会实验作为一种技术治理形态，当前是以多主体协同参与的实验性实践来建构的。这里的多主体包括了拉图尔所称的作为非人类的自然，这里的实验性内在的是以治理与创新的协同共生来维系的，这就与精确自然科学实验范式区分了开来。智能社会中人工智能技术带来的自实验性不仅具有实体性，并与现实社会发展目标有着契合性。因此，本书指涉的实验概念更接近动态实践过程中的探索性实验，区别于传统科学方法论意义上的实验，不是作为一个验证手段或个案服务于理论,而是作为一个变量介入真实世界,迭代生成适应性的人工智能技术治理系统,构成智能社会创新与治理的情境以及可持续转型的促发机制,并且通过人工智能社会实验对不确定性边界的学习以及促发探索过程产生意外或惊奇(也就是说开始有意重视背离预期的偏差,而不仅仅是以确定性作为起点),再将反馈的意外或惊奇这些"不确定性"迭代到设计阶段,循环往复。

就此,基于以上探讨分析,人工智能社会实验形态的系统化可以从宏观、中观、微观三个层面来审视:在宏观层面,可以被视为智能社会结构自行调整过程中呈现出来的一种探索性形态,在不同的驱动层面会呈现有相对侧重点的治理形态、创新形态等;在中观层面,可以视称为凝练未来智能社会规范的集体实验形态;在微观层面,可以被视为技术实验、社会应用与集体治理协同共生和可持续循环的实验生态位。

因此,本书将继续提出一种新颖的视角,是进一步在智能社会中展开社会实验所需要的:人工智能社会实验将为更好地建设创新型社会与治理型社会创造发展空间,那么作为一种具有前瞻性、潜在社会形态的人工智能社会实验,可以被视为由于旧秩序的缺陷引致的风险社会的治理而展开的社会结构性调整。风险乃是后现代社会的一种新常态。贝克提出科技与资本的契合,也就是熊彼特意义上的末端创新机制,是风险社会产生的重要原因。技术风险在市场经济的驱动下,毫无节制地向社会生态空间堆积,反过来重塑为社会的主体性,也就有了社会风险的权责分配问题。这也契合了当代科学规范论中的治理转向,受控实验逻辑造成了反事实与事实之间的分割,当现代技术需要直接介入自然,来追索认知上的相关性时,也就是将科学实践的不可逆性侵入了公共空间,于是需要科学的公众参与进程重塑混合论坛。公众从理解科学到介入科学,更多的是家园政治的复归,相比复杂性技术可能造成的毁灭性后果,公众更期待它们会引发颠覆性创新,这要求公众集体就接纳人工智能社会实验的可持续实施达成共识,并且愿意分担风险,甚至就是作为实验者。那么,真实世界中发生的实验有必要保障技术实验、开发应用及其风险治理的协同共生与持续性的循环机制,也就是说实验性实践本质上是对一个实验生态位(包括人工智能时代的社会与自然)的构建。

当然,仅以风险社会的视角来看待智能社会中的技术实验性是不够的,在无意识状况下个体容易处于一种被动的实验状态,而非预防性、预见性的治理,这就有必要不断找寻驱动实验发生的机制。风险社会构建的概念体系中风险的含义,被视为一种系统性的内部故障,但这种故障是可测量的,对于风险作为现代社会常态化的特征而言,它的源头是可被确定或者估计的,也就是说处于有知层面。以有知来预测未知,使得人类社会未来的干预计划合理,是资本主义工业化以来技术理性的衍生效果。与概率统计性的风险观相对的是不确定性的存在,这可以分成两方面来看,一方面是已经存在的无知盲区,另一方面是有计划干预后衍生出来的新的无知。现代智能社会的一个突出特征是不确定性的大幅度层级增长,可归咎的原因有很多,最为形象的是边界可确定条件的概念化过程的困难,对于一个无法界定的区域很难进行有效的治理。在竞争加剧、资源有限的情况下强调协同、合作是提高效率的优选方法,但带来的问题是多元规范介入后编织的无缝之网,毫无外部性可言,而内部性被完全的结构复杂性所掩盖,呈现更多的是意想不到的惊奇与意外。

进入这片汪洋的途径显然需要一种探索性的渗透力量,能够适应更多动态的、未知的因素,对于这样一个社会过程的概念化需要实验性的过程。人工智能社会实验的实验概念,变得模糊和难以定义恰恰是认识智能社会中自实验特性的一个先决条件。我们的做法是要将实验单独拎出来,与精确自然科学实验的印象区别开来。不变的是,实验首先是作为一种可促进改革的动力而被认可的,只不过涉入的情境、价值观念、执行者、探索逻辑等发生了很大的改变。作为一场正在进行中的实验室战略革命,新的知识社会契约仍在完善中,也许它本身就需要在与实验场景的小生境形态构成的反身性联结中得到涌现。这种针对不确定性构建治理情境的合作治理主义实践的扩张,既是机遇,也带来了新的挑战。

　　这里还将探讨未来人工智能社会实验的伦理治理可能需要的前瞻性应对策略。实验的驱动力量在智能社会中的规范，可以从科学规范自身演变的基础上做出延伸，因为现代社会有着技术性的一面，既需要技术创新强化技术治理(技术创新本身正是社会风险的制造者)，同时也在不断向社会嵌入实验的制度理性，并由此在地方性与实践的基础上进行重塑，这是一种多元规范论的视角。因此，人工智能负责任社会实验的建构，在未来理应从整体社会网络结构的多个维度来展开，可以分为联结、信任、问责。

　　不同规范主体的行动之间应形成有效联结。人工智能社会实验网络的规范结构几乎包括了所有行动者，包括基础研究、产业应用、公众以及非人类主体的自然等，同一利益维度编织的无缝之网消解了原先主体之间的边界，意味着不可能从外部引入监督机制，这就对规范主体之间重新进行联结有了要求。联结的目的，一是互相信任，二是互相负责。由于在多元论的规范结构中已经没有了外部的他者，就要内部集体承担所有的后果，而这样的内部其边界又是在不断实验学习的过程中探索的，当然这不是说客观性就无所适从，多元的认识论目的是纳入所有相关的观念，来消除不同规范主体的认知偏见。例如，在一些规范主体视角中，实在性或是经济效益才是实践有效性的表达，而负责任社会实验的行为动机是以不确定性问题的治理为导向，从不同角度明晰问题的情境，有助于提升实践的效率与兼顾社会的公平正义。

　　那么，信任就是多元主体协同性的保证，而问责将是多元主体进行集体实验的具体形式。相比较默顿、库恩的规范性说明是对同质性的承诺，集体实验的规范性问责则是以差异性或者说期望的偏差作为探索动力的共同来源。比如，遵循科学的自治契约与解难题的作业范例是相对于成熟的科学共同体而言，不遵循这些范式承诺的外行人则不被允许参与，否则就是对构成基础的破坏，除非他们也遵循这些信念和承诺，但是如此也就没有了差异性，在理性上丧失了反思的自觉。成熟共同体中的成员会相互承认，但不必然会对遵循的规范问责。即使在库恩的范式论中，规范性没有既定的前提，但是一旦遵循就不容易改变，这是信念上的，也是默会实践中约束的，这就将规范与自身的批判性隔离开来。规范的内部与外部都无从批判，也就不会在集体行动的前提中对可能的失败结果设定预警机制与风险的权责分配上的考量。然而，开展"干预—环境"设计实验的集体是通过主动的行为来揭示不可预测的情境的，行动的后果建立在集体承诺的基础上，由于个体自身与他者都认可了彼此的实验者与被实验者的双重身份，这对信任提出了更严苛的要求，也构成了作为集体的充分必要条件。

既然以差异性或者说期望的偏差作为多元主体实验的动力机制，但同质性又是不可或缺的——避免认识论相对主义，那么有理由认为科学实践中涉及关于差异性的规范性主张。科学规范及其知识生产活动发生在动态的实践过程中，必然有其同质性，这种同质性以往被视为实践表现、共同信念或实践者的规范性承诺，那么如今这种同质性不是认识论上的，而是伦理上的，需要被表达为对差异性与相互制约的承认。

那么，作为一种具体的实践形式，人工智能负责任社会实验的规范性问责又该如何来保证？多元规范论中的集体实验发生在干预情境的持续问责中。问责是社会关系中的一个特征。问责的规范性是具身性的，其核心是（不同）规范主体与利益相关主体的主体间性共同来维系的。问责制在传统（协商式、参与式）制度结构中，要求决策主体就政策决议的利益偏好保持透明。在人工智能负责任社会实验中，公众与专家就各自认知偏见的背景假设需要向对方做出说明。基于社会语境论，单一主体很难做到澄清自身的背景假设，因此鼓励多元主体通过协商来互相揭露。不过，社会语境论有时会借助外部性维度来保证最后结果的客观性，这样一方面会陷入循环论证，另一方面又很容易树立话语权威，将集体行动置于某一主体的探索框架中。事实是，各种认知偏见的背景假设并不是一成不变的，在具体的实验性实践中会发生转变，这就要求不同规范主体间密切感知对方的情境，以及对自身情境的感知，方能做出判断。

首先，问责的有效性表现为多元规范论中的认知正义，包括对习得实验技能的公众实践的承认。优化公众参与科学框架，就需要认可公众对科技创新的实际贡献,这要求决策者、专家与公众之间建立信任,以保证专家知识和公众经验的长效互动,做到公平的决策权力分配。尤其在地方性知识方面,切尔诺贝利牧羊人的土壤学经验、北极原住民的气象学技能,已经证明比专家群体传统建模中的理论依据更有说服力。其次,问责提供了一种灵活性,旨在调整集体实验的利害关系。伊莎贝拉·佩沙尔(Isabelle Peschard)将科学实验的程序划分为三个时间序列——假设前提的确立、理论模型的评估与实验知识的验证,并论证了在第一和第三个序列中需要引入社会因素与伦理考量。① 事实上,第二个时间序列也不完全在专家群体内部的经验审查范围内。显然,在持续性的递归机制中,情境化的模型建构也只是为了提供阶段性的反馈信息,没有外行人经验作为背景是不充分的,更重要的是涉入内部性的社会正义与公平观念,它可以引导原先的利益偏好转向公众关注的焦点。最后,问责通过相互制约的方式促进新的变化发生,达到社会治理的有效性。制约的机制,一是提供了自然选择模型促进竞争,达到最佳实践;二是生态位边界的制约。前文已经论证合作治理主义作为对合作探究模式的指导,相对于强的验证主义而言并不是说完全不具备核查的能力,但是这种核查不是强调验证期望的结果,而是要求基层组织在进行大量平行实验时保持变量选择与组合的灵活性,来产生可能的突变,这就可以得到差异性的实践效果以供比较、进行审议,比如拓展政策基因库来促进积极的进化;另外,将赋权实验的单位定位在地方性情境,可以最大程度地降低实验成本,同步的实验就可以在集中的、平行实验积累的基因库中获得最大的学习收益。

那么,基于多元规范论所审视的人工智能社会实验负责任发展的框架结构,如何转化为具体的实践,我们将在这里提出一些前瞻性应对策略。鉴于全域性的直接创新(包括引入新的技术、制度、政策等)的潜在效应的呈现周期更为长久,也更不可预测,在治理上遭遇的受控困境也更为艰难。在这个

---

① Peschard I. Participation of the public in science: Towards a new kind of scientific practice [J]. Human Affairs: Postdisciplinary Humanities & Social Sciences Quarterly, 2007(2):138-153.

意义上,创新过程本身就有可能是导向未来的具有某种不确定性因素的实践。对待创新变量,通过区域性的场景进行因地制宜的直接实验模式以及"先试点、后推广"的分步实验模式——包括了对渴望发生变革的目标场景的干预,比如引入新的变量,抑或是现场凝练新的变量,探测其成效、提前获取治理经验、降低创新的风险和减少创新的步骤等,是应对当下极易涌现不确定性的现实生态的有效路径,当然也必须注意要以有意义的方式展开,确保其有效性并避免误区,以下提出三点对策建议。

第一,明确实验变量的意图。换言之,是对人工智能技术创新目标的明确,在不确定性情境中反复试错或者凝练一项新的政策、制度等变量,最终目标是实现普遍推广,还是只为了适应特定地方性场景的技术治理创新,在实施前要先行区分。历史经验已经证明,在某一区域取得成功的模式不代表是普遍有效的,比如我国早期对创新文化的探索,借鉴过硅谷模式以及斯堪的纳维亚创新中心的经验,从结果上已经证明情境化实践的有效性不一定能从他处移植范型来实现。精确自然科学实验的可重复性标准,在社会实践层面对应的准则是可移植性。像起源于美国、在欧盟大力推行的生活实验室是想作为激活基层创新的模板,对于成功的判断原则,就是以可移植性为标准,但并不是任何区域的创新生态都能在其他地方移植成功。那么,社会中的实验性实践得以成功的标准是否一定需要以可移植性为依据?回答的关键在于,不同的情境对于在某一情境中取得成功的、在规则上的完全移植是否就一定能够有效。在哲学中,效用如今是与规范而不是和规则紧密联系在一起的,因为在产生效用时并不需要去明晰某项规则,而当后者仅仅是明晰却不被实践,就更没有谈论的必要。在过去,通过理性原则追寻规范的构成性条件,以严谨规则体系作为现实秩序的立法基础,是启蒙自身的正当性要求。20世纪的一系列危机揭示了正是主客体对立消解了先验理性为规范性提供统一基础的合法性地位,而维特根斯坦对规则主义与规律主义的误导性进行批判解构了合理性基础:前者无法回应用法规则的无穷倒退,后者陷入了需要因果法度又不需要完全的因果法度的矛盾。在这里,规范性都站不住脚。作为第三种选择,规范性与其构成性之间不再有相对划界的意义,它是由一定境域中、集体持续性的实践来保证有效性的。库恩以及之后的科学论对此做过积极的回应。

在涉及真实世界的应用时,还需要另一个构成性条件的辩护,地方性提供了情境化实践的合理范型。地方性是比普遍性更为基础性的存在,当某种叙事具有普遍性上的意义时,恰恰意味着它正处于某种具体的文化实践中。在当下,某一现象得以用地方性而不是普遍性去诠释时,就是在涉入它的特殊境域了,因为正是在这样的过程中才能感知它在现实情境中的生成性、应用性。在思辨领域发生未经反思的现象被视为对理性的放逐,而在社会实践领域对一项规则未经反思的接受是对现实秩序的反叛,显然,实验如今作为社会中探索不确定性的实践,其行动基础是具有高度异质性的情境,在现实的不确定性所引致的治理困境面前,很可能遭遇无法做出假设性规划的局面。因此,实验成功的创新变量不必然以普遍移植为标准;建议进行平行实验,可以对一定规模区域内部进行划分后,投入同一个变量,倘若效果上产生差异,至少说明了区域间情境条件存在差异,这样可以进行实验场景的比较,反之,在这些场域则可以进行更多类似变量的实验并可以互相移植。那么,可以进一步做出的判断是,对于创新变量的演练倘若以可移植性为目标,可以选择小规模区域,这样在建模上可以取得较高的确证性;倘若以自适应性为目标,就需要选择大规模实验区域,更高复杂性的情境中更容易创造学习条件,当然在这种情境下一旦达到适应性或稳健性,在可移植性方面的效用则会降低。在这里可以补充的一点是,即使是不可直接移植自适应性的实验,也可能会对全区域产生影响。前文提到过的各类政策改革实验与制度改革实验场景——国家综合配套改革试验区、自由贸易区、高新技术产业开发区等,尽管有着不同的情境条件、实验内容和目标等,但通过对不同变量的平行实验,也会聚集涌现出新的改革动力。

第二,建立人工智能社会实验的转型管理体系。真实世界中的实验性实践作为一种探索变革契机的过程,驱动了社会结构的可持续转型,有利于打破僵局、为深化创新型社会与治理型社会的发展创造空间，在当下社会整体结构的转型更需要来自地方或区域的推动力。激活基层创新生态或者说更好地发挥公共组织的功能一直是我国改革开放以来的重大战略，以期减轻政府的压力、实现中央与地方的协同联动。另外，近些年国际社会在原始创新能力方面的衰退比较显著，对于激发基层活力，比如采用了以城市为试点（"城市生活实验室"），探索多元主体的联动机制，对未来的社会结构转型进行演练，发展可持续性创新，以期提升到制度层面从而引发制度创新。这些也反映在了可持续性转型的相关研究中，与转型相关的研究和实践都是在小生境场域展开的，实验被赋予了关键作用，比较综合性的定义是："转型实验是一个以社会挑战为起点的创新项目，旨在为转型做出贡献。"①与纯粹的技术创新不同，社会挑战强调的是如何以可持续的方式满足对能源、交通、住房或医疗保健的需求。② 问题在于，实验创新变量的生态位如何转型升级拓展到制度生态位，也就是说作为实验场景的生态位的演变需要保证不断的互动与转译，毕竟任何一项创新变量引入现实生态的理想实验成果除了可移植性外，还有就是能凝练相适应的社会规范，将现实的实验场景成型为一个完善的制度空间。鉴于转型与实验性实践在生态位上有着同构性，那么作为同一维度中的情境对象，转型管理体系的建构对于保障转型实验的有效发生就有了现实意义与可操作性。转型管理在原义上指的是对结构变化的治理③，关于这种体系的规范视角是与更具分析性的多阶段模型及多层次框架相结合的，以构想转型：小生境中培育可持续创新，然后扩大到制度层面，以引发制

① Van den Bosch S, Rotmans J. Deepening, Broadening and Scaling Up: A Framework for Steering Transition Experiments [M]. Rotterdam: Knowledge Centre for Sustainable System Innovations and Transitions,2008:17.

② Van den Bosch S, Rotmans J. Deepening, Broadening and Scaling Up: A framework for Steering Transition Experiments [M]. Rotterdam: Knowledge Centre for Sustainable System Innovations and Transitions,2008:17.

③ Rotmans J, Kemp R, Van A M. Moreevolution than revolution: Transition management in public policy[J]. Foresight, 2001(1): 15-31.

度变迁①。那么,基于小生境创新实验转向制度创新需要建立转型管理体系来保障:一是设立实验者的准入标准。公众可以质疑专家,但也要具有一定的专长并了解相应的规范。小生境实验的类型必然是多元化的,基于不同的目标、内容和利益会有不同的参与群体,这些群体的实践会更有针对性。转型管理是一个多元主体参与的过程,但是谁参与这一过程是有选择性的:实验者通常是领先者和先行者,具有"明确的创新雄心"②。二是制定转型议程和建立高效灵活的合作机制。规范转型实验的策略性举措涉及"正式和非正式的指导活动与促进机构变革的行动者"③,就要求强化不同区域、场景之间的共建以及经验、信息的交流,将转型目标转化为转型愿景。三是制定中期目标。转型路径与转型愿景之间没有必然性。转型管理在可管理性上并不是理所当然的,因为技术创新实验本质上是不确定的和开放式的过程,那么转型目标与转型愿景也是保持开放的,并且转型管理本身是从监督、评估那些没有扩大到成为主流实践的小生境实验发展起来的,这就要求对转型实验路径保持开放并监督、评估,适时调整生境实验的目标,而不以既定愿景来锁定路径。

第三,建立人工智能社会实验的反思性治理机制。前文已经提到,实验相比传统的治理模式更适合应对涉及多维度的、更为复杂的困境;与此同时,实验性实践是治理驱动可持续发展的一个重要途径,因为在当下的情境中治理要为创新型社会的发展创造容错纠错的空间。当然,实验性治理本身也意味着在直面不确定性时,在某种程度上治理的框架、策略、制度等也需要同步得到实验性的凝练,可以认为实验也创造了集体参与探索有关治理方面的创新、技术和服务的空间。这就有了实验性治理的系统性框架,治理设计如何

---

① Rotmans J, Loorbach D. Complexity and transition management[J]. Journal of Industrial Ecology, 2009(2):184-196.

② Loorbach D. Transition Management: New Mode of Governance for Sustainable Development [M]. Utrecht: International Books, 2007:89.

③ Loorbach D. Transition Management: New Mode of Governance for Sustainable Development [M]. Utrecht:International Books, 2007:108.

确保可持续性和公共利益目标的实现涉及境域条件的探索，而这个过程是通过治理设计本身得以建构和再建构的实验性实践展开的。在相关可持续性转型的研究中已经表明，实验被广泛视为建构小生境的一种方式，即新兴技术的边缘空间或当下治理策略的替代选择。

不过，一个关键的问题是，即使在小规模的区域里进行反复试错也必然会付出代价，那么反过来，反复试错的限度也需要被纳入社会治理的目标范围。简言之，真实世界中的实验性实践也需要得到约束。集体参与的实验性实践需要共同承担起干预或决策的风险责任，那么要求不同参与主体的行动前提，包括了偏好与观念在内的假设性条件与愿景能够得到彼此的揭示与表达，并且进行有效的磋商，在通情观上是一种利他主义的表现。我们知道，进入现代性社会，治理的观念相比传统社会的伦理道德作为社会共同体的维系规范，有了更丰富的内涵，也就是说治理层面包括了对伦理的要求，那么在集体参与治理的范式中参与者享有准入与退出以及自主决策的权利，同样也就有必要对实验性实践提出要求，建立柔性约束机制，有助于提升效率、降低反复试错的风险和成本等，显然现实需求对实验性治理框架的拓展提供了新的情境，这就有了一种反思性治理(reflexive governance)的模式，根据定义，即"能够以系统的方式收集相关价值和利益范围的证据，探究共性与差异之处(及其产生的原因)，制定可被众多通情达理的利益相关者最终所能接受的政策或决策"①。反思性治理概念的核心在于反思，作为自我的批判性反思，旨在验证自身的假设或预设。在这种情形中，实验可以作为一种促进反思和学习成为可能的手段，但这里实验本身也要受到一定的约束。就社会治理本身的内涵而言，与真实世界中的实验性实践有着相似之处，比如都需要多元主体的介入、使争议性或负面的要素都包容其中得以协调并且都要保证联合行动的持续性等，基于这种可协调的同构性，反思性治理实验体系提供了这样

---

① Laurie G，Bruce A，Lyall C. The roles of values and interests in the governance of the life sciences：Learning lessons from the'Ethics＋' approach of UK biobank[M]//Lyall C, Papaioannou T, Smith J. The Limits to Governance. London：Routledge, 2016：71-114.

一种机制,即实验性与治理性的协同,在反思性治理实验体系中面对不确定性治理策略的凝练需要经历集体实验的过程,与此同时这种实践也受到了行动者之间互相的监督与磋商,不仅仅是在应对一个单一的争议性问题,目标是应对一个问题情境系统,相关的法律法规、伦理规范、基础配套等也要同步生成。

　　总而言之,在反思性治理实验体系中,对治理系统与实验系统都提出了更高的要求,才能得以反思性的共同介入。这种机制的运行,作为一种模式,其干预程序包括认知对监管框架产生反馈,以影响行动者旧有的信念和规范。这包括建立机构和程序,使行动者不仅能够学习工具性的,关于政策选择或治理工具的多样性,也能够学习政策制度的更广泛目标与理想结果。在这个过程中,行动者通过反思自身的兴趣、偏好和身份,促使在视角、利益诉求上不断发生转变。这种反思性并不是单独发生的,系统的自我反思机制总是与他者之间存在辩证联结,涉及的情境对象也在发生调整,包括旧治理体系所依据的制度、规范等,这就是将所有解决方案视为不完整和可更正的,通过比较推进共同总体目标的不同方法,对目标和手段进行不断调整,其核心就是维持一种不稳定的过程。面对不确定性在治理上的困境,实验对旧有制度和常规的有意破坏被驱动来尝试性地探索解决问题的线索,而参与者鼓励去探索这种新的可能性,同时尊重知情审议的结果。

第三节　挑战与展望

　　第一,人工智能社会实验行动网络的不断建构也可以被看作不断有新的异质性要素对先前社会生态的直接嵌入。这不是纯粹的复杂性技术引入,而且是一个有待验证的新技术系统的介入。这似乎又需要再界定一种更深刻的社会实验网络来进行再治理,循回往复的治理论证在学理上就站不住脚。

近来,技术哲学的荷兰学派已经关注到了这个问题,不过他们拟定的负责任机制囿于社会技术想象力的空乏,并不具备可行性,同时也缺乏一种适应性的伦理审查机制。它需要参与技术系统引入社会的整个过程,目的是在新技术被生产的同时强化对它们的伦理反思,作为指导原则再被纳入后续的技术实验中。伦理学的意涵广泛地指向支配社会行为的道德原则,即决定什么是对或错的规则。道德绝对性的考量一开始并不属于科学内部的自治规范,而在 20 世纪之后更是由外部规定的,什么构成了对或错的基础条件是主观的,由特定目标群体来定义。如今,这些审查条件介入集体实验存在着障碍,比如共同追求有效社会治理实验的精英团体与公民实验者的权利之间仍然会出现冲突,这是一种结构性缺陷。

第二,公共实验资源的分配正义问题。小生境实验室形态强调对不确定性治理困境的互构,其产出目标不追求可泛化的规则和模式,而以地方性上的效用为目标。显然,可移植性的追求已经被证明是不切实际的。尤其是,实验主义治理理念在全球兴起,富有前沿性的实验治理模式得到过很多关注,像监管沙盒、微观装配实验室等,但在不同国家的移植中都出现了难以本土化的问题。地方性与共享机制之间的矛盾调和在全球化战略合作中变得越发紧迫。即使同一个国家或地区也不能被有效借鉴,那么问题就是无法发挥社会资源的最大效用,在以往关于科学知识分配正义的讨论中,是围绕研发资源与科技政策议题的公正审查展开的,而集体实验不仅要求实验议题与地区的优先性考量,最大的不同是对实验的潜在后果预先至少是同步进行风险的分配正义以及代际正义的磋商,毕竟这是相关行动者主动干预的结果。

第三,人工智能社会实验对公众参与实验提出了更高的要求。在以往的一些邻避效应问题的处理中,公众根据自身经验与专家知识展开批判性互动,但并没有涉及公众的权责分配问题。在小生境实验场景内部,作为一个重新分配社会资源与声誉的权力场域,公众的主权身份与专家有了同质性:既是被实验者也同时是实验者,意味着公众也需要对参与社会治理实验的后果承担相应责任,这要求公众不仅能理解编码化知识,更需要掌握默会的探究技能。这当中还隐藏了一个新问题,参与者的身份有了趋同性,不管是专家、决策者还是公众,都是实验者,同时也都是被实验的对象;相反的表述也同样成立,没有人是真正的实验者,因为这些发生在非受控情境中,不存在完全能控制实验的主体。但是,实验风险的权责分配依然需要贯彻公平正义,实验参与者的权利与福祉仍然要得到保障。这就关联到了一些参与人工智能社会实验的规范性问题:公众究竟是在何种程度上接受一项新实验的发生的? 并且愿意成为实验的参与者? 退出机制又该如何保障?

综合而言,面对前所未有的科技治理困境,在缺乏规则性框架的条件下,社会实验不仅是要实验科技创新的物理风险,也是对社会可接受条件像制度、法律、伦理、价值观念等的实验和重构。那么,将人工智能社会实验的内涵进一步界定为实验性地驱动人工智能技术创新,就是把科技治理的过程视作对新型社会规范的凝练和新型社会秩序的建构,这也为创新性的当代阐释提供了新的补充视角:技术与社会将协同产生何种秩序应视作一场多主体参与的社会实验,像惊喜、意外、未知等传统非认知要素将成为创新的新起点。除了对社会实验特征及其意义继续做深入的探讨,还需要就社会实验的哲学基础与具体的方法论应用形成融合与互惠。显然,当前关注实验性的哲学分析也是重新定义实验的过程,必然涉及认知、物质、社会、自然等异质性维度。无论如何,当人类接受了实验可以在语义以及应用上发生改变,面向生活世界的实验哲学研究就有了新的发展前景。

人工智能社会实验前沿问题研究,其核心是要为更好地建设人工智能时代的创新型社会与治理型社会创造发展空间。在开放的社会容错空间中,对于集体参与的实验性实践所面临的诸多挑战面向未来也充满了不确定性。在培根时代,这一切也许很明朗,培根契约赋予了实验室空间基于客观主义的神话地位,而且满足了契约各方对实验成果附加值的期待。可持续发展战略在全球的盛行,愈发导向研究活动与社会创新实践之间的融合,这种协同性相比以往的科学与社会理想互动之间的要求更为苛刻,不仅仅是在意识形态层面要求科学自治精神做出妥协,更在于具体的科学实践场域的转换。显而易见的是，培根契约——将科学与社会联系起来的理想——已无法应对科学实践向社会创新领域的传播；相反，我们正在走向一个新的知识社会契约。在智能社会背景下，科学的研究场域和容错空间不断向外部场景拓展，与此同时，实验性实践和假设推理与社会可接受的条件性联系了起来。面向现实的发展困境，在旧有秩序中，行动者相信他们清楚如何追求自己的目标，而不确定性的涌现离不开合作和对可能性的共同探索。人工智能社会实验需要为这些实践活动以及为实现更高的人类社会理想开辟空间，也就需要不断对自身的规范性进行探索。党的二十大以来，全面深化改革的总目标对探索我国可持续发展的新动力提出了更高的要求，也更为迫切，并且面向未来的、为深化改革开辟容错空间的实验性实践也已展开部署。比如，近年来国家陆续在北京、上海、深圳等大型城市建设了国家新一代人工智能创新发展试验区，相应提出了"先行先试"的举措和应用牵引、地方主体、政策先行等建设原则，这就是典型的技术创新研究与社会创新实践的融合，在这里，技术创新、产业创新、政策创新等是同一个实验生态位中发生的。人工智能技术作为一个创新变量被引入区域性的现实生态，在真实世界实验中对人工智能介入现场应用可能产生的不确定性进行探索、总结经验，来凝练相关的新政策、新法规、新治理体系等，降低创新的风险和成本，以期更好地发挥新兴技术的社会应用与治理功能。因此，可以认为，人工智能社会实验前沿问题研究有着广阔的前景，围绕该主题的进一步探讨，对于实现创新型国家的建设有着深远的现实意义和深刻的理论价值。

参考文献

[1] 阿伦特. 过去与未来之间[M]. 王寅丽,张丽丽,译. 南京:译林出版
社,2011.

[2] 贝克. 世界风险社会[M]. 吴英姿,孙淑敏,译. 南京:南京大学出版
社,2004.

[3] 陈巍. 拟人化人工智能:神经基础与伦理承诺[N]. 中国社会科学报,2022-
12-13(7).

[4] 费舍,拉维扎. 责任与控制:一种道德责任理论[M]. 杨绍刚,译. 北京:华
夏出版社,2002.

[5] 古斯顿. 在政治与科学之间:确保科学研究的诚信与产出率[M]. 龚旭,
译. 北京:科学出版社,2011.

[6] 海德格尔. 海德格尔选集:下[M]. 孙周兴,译. 上海:上海三联书店,1996.

[7] 和鸿鹏,刘玉强. 面向真实社会的实验:负责任创新的微观解读[J]. 自然
辩证法研究,2018(8):51-56.

[8] 贾撒诺夫,马克尔,彼得森,等. 科学技术论手册[M]. 盛晓明,孟强,胡娟,
等译. 北京:北京理工大学出版社,2004.

[9] 简圣宇. GPT 语言模型:作为"类人型"人工智能的技术准备[J]. 广州大
学学报(社会科学版),2023(4):19-24.

[10] 科恩. 科学革命的编史学研究[M]. 张卜天,译. 长沙:湖南科学技术出版
社,2012.

[11] 劳斯. 知识与权力[M]. 盛晓明,邱慧,孟强,等译. 北京:北京大学出版

社,2004.

[12] 李坤海,徐来.人工智能对侵权责任构成要件的挑战及应对[J].重庆社会科学,2019(2):55-65.

[13] 刘太刚,邓正阳.实验主义治理:公共治理的一个新路径[J].北京行政学院学报,2020(1):34-42.

[14] 刘玉强,齐昆鹏,赵公民.技术社会实验的理论起源与实践应用[J].科技进步与对策,2018(16):16-21.

[15] 刘玉强.社会实验:作为一种技术治理路径——以氟氯烃的社会引入为例[J].自然辩证法研究,2017(4):63-67.

[16] 孟誉双.美国规制自主武器系统的法律政策及其启示[J].战术导弹技术,2021(5):43-54.

[17] 皮克林.实践的冲撞[M].邢冬梅,译.南京:南京大学出版社,2004.

[18] 皮克林.作为实践和文化的科学[M].柯文,伊梅,译.北京:中国人民大学出版社,2006.

[19] 瞿晶晶,王迎春,赵延东.人工智能社会实验:伦理规范与运行机制[J].中国软科学,2022(11):74-82.

[20] 盛晓明.常规科学及其规范性问题——从"小生境"的观点看[J].哲学研究,2015(10):109-114.

[21] 盛晓明.后学院科学及其规范性问题[J].自然辩证法通讯,2014(4):1-6,125.

[22] 石诚,蔡仲.认知情境中的"探索性实验"——一种具有历史感与时间性的动态科学观[J].自然辩证法通讯,2009(6):7-12.

[23] 苏竣,魏钰明,黄萃.社会实验:人工智能社会影响研究的新路径[J].中国软科学,2020(9):132-140.

[24] 苏竣.开展人工智能社会实验探索智能社会治理中国道路[J].中国行政管理,2021(12):21-22.

[25] 王业飞,王大洲.实验就是力量——培根的实验哲学思想新论[J].自然

辩证法通讯,2022(9):55-62.

[26] 习近平.加强领导做好规划明确任务夯实基础 推动我国新一代人工智能健康发展[N].人民日报,2018-11-01(1).

[27] 尹西明,苏雅欣,陈劲,等.场景驱动的创新:内涵特征、理论逻辑与实践进路[J].科技进步与对策, 2022(15):1-10.

[28] 于雪,李伦.人工智能社会实验的伦理关切[J].科学学研究,2023(4):577-585.

[29] 俞鼎.治理与创新的协同:"实验社会"的实践性探析[J].自然辩证法研究,2021(2):51-56.

[30] 喻英豪.人工智能拟人化对个人不道德行为的影响研究[D].武汉:中南财经政法大学, 2022.

[31] 张康之.公共行政的行动主义[M].南京:江苏人民出版社,2014.

[32] Amilien V, Tocco B, Strandbakken P. At the heart of controversies: Hybrid forums as an experimental multi-actor tool to enhance sustainable practices in localized agro-food systems[J]. British Food Journal, 2019(12): 3151-3167.

[33] Beck U. Ecological Politics in an Age of Risk[M]. Cambridge:Polity Press,1995.

[34] Brézillon P, Pomerol C. Useracceptance of interactive systems:Lessons from knowledge-based and decision support systems[J]. Failure and Lessons Learned in Information Technology Management, 1997(1): 67-75.

[35] Bromley D W. Volitional pragmatism[J]. Ecological Economics, 2008 (1):1-13.

[36] Brown A. Design experiments: The oretical and methodological challenges in creating complex interventions in classroom settings[J]. Journal of the Learning Sciences, 1992(2):141-178.

[37] Burian R. Exploratory experimentation and the role of histochemical techniques in the work of Jean Brachet, 1938—1952[J]. History and Philosophy of the Life Sciences, 1997(1):27-45.

[38] Böschen S. Modes of constructing evidence: Sustainable development as social experimentation——the cases of chemical regulations and climate change politics[J]. Nature and Culture, 2013(1):74-96.

[39] Calvert S, Arem V, Heikoop D, et al. Gaps in the control of automated vehicles on roads[J]. Institute of Electrical and Electronics Engineers, 2021(4):146-153.

[40] Campbell D. Reforms as experiments[J]. American Psychologist, 1969 (4):409-429.

[41] Cartwright N. The Dappled World: A Study of the Boundaries of Science[M]. Cambridge: Cambridge University Press, 1999.

[42] Clark A. Soft selves and ecological control[M]//Ross D, Spurret D, Kincaid H, et al. Distributed Cognition and the Will: Individual Volition and Social Context. Cambridge: MIT Press, 2007:101-122.

[43] Collingridge D. The Social Control of Technology [M]. London: Frances Pinter, 1980.

[44] Collins H. Changing Order: Replication and Induction in Scientific Practice[M]. Chicago: University of Chicago Press, 1985.

[45] Constant E. Recursive practice and the evolution of technological knowledge[M]//Ziman J. Technological Innovation as an Evolutionary Process. Cambridge: Cambridge University Press, 2000: 219-233.

[46] Cummings L. Lethal autonomous weapons: Meaningful human control or meaningful human certification? [J]. IEEE Technology and Society Magazine, 2019(4): 20-26.

[47] Darling K. Extending legal protection to social robots: The effects of

anthropomorphism, empathy, and violent behavior towards robotic objects[M]//Calo R, Froomkin M, Kerr I. Robot Law. Cheltenham: Edward Elgar, 2016:1-25.

[48] Di Nucci E, Santoni de Sio F. Who's afraid of robots? Fear of automation and the ideal of direct control [M]//Battaglia F, Weidenfeld N. Roboethics in Film. Pisa: Pisa University Press, 2014: 127-144.

[49] Dorst K. The core of design thinking and its application[J]. Design Studies, 2021(6):521-532.

[50] Duhem P. The Aim and Structure of Physical Theory[M]. New York: Atheneum, 1906.

[51] Durkheim E. The Rules of Sociological Method[M]. London: Free Press,1982.

[52] Epley N, Waytz A, Cacioppo T. On seeing human: A three-factor theory of anthropomorphism [J]. Psychological Review, 2007 (4): 864-886.

[53] Frankfurt G. Alternate possibilities and moral responsibility[J]. The Journal of Philosophy, 1969(23): 829-839.

[54] Funtowicz O, Ravetz R. Uncertainty and Quality in Science for Policy [M]. Dordrechet: Klvwer Academic Publishers, 1990.

[55] Giddens A. Runaway World:How Globalization is Reshaping our Lives [M]. London:Profile Books,2000.

[56] Giddens A. The Consequences of Modernity[M]. Cambridge: Polity Press, 1990.

[57] Gross M, Krohn W. Science in a real-world context: Constructing knowledge through recursive learning[J]. Philosophy Today, 2003(5): 38-50.

[58] Gross M, Krohn W. Society as experiment: Sociological foundations for a self-experimental society[J]. History of the Human Sciences, 2005(2):63-86.

[59] Gross M,Krohn W. Society as experiment:Sociological foundations for a self-experimental society[J]. History of the Human Sciences, 2005(2):63-86.

[60] Gundersen L. Tracking, epistemic dispositions and the conditional analysis[J]. Erkenntnis, 2010(3): 353-364.

[61] Hacking I. Representing and Intervening[M]. Cambridge: Cambridge University Press,1983:165.

[62] Hacking I. The self-vindication of the laboratory sciences [M]// Pickering A. Science as Practice and Culture. Chicago: University of Chicago Press,1992:29-64.

[63] Hansson S. Experiments before science. What science learned from technological experiments[M]//Hansson S. The Role of Technology in Science:Philosophical Perspectives. Dordrecht:Springer,2015:81-110.

[64] Hansson S. Experiments: Why and how? [J]. Science and Engineering Ethics, 2016(3): 613-632.

[65] Hausman J,Wise D. Social Experimentation[M]. Chicago:University of Chicago Press,1985.

[66] Hildebrand D L. Pragmatic democracy: Inquiry, objectivity, and experience[J]. Metaphilosophy, 2011(5): 589-604.

[67] Hopkins M M, Crane P, Nightingale P, et al. Moving from non-interventionism to industrial strategy: The roles of tentative and definitive governance in support of the UK biotech sector[J]. Research Policy, 2019(5): 1113-1127.

[68] Horst M. Taking our own medicine: On an experiment in science

communication [J]. Science and Engineering Ethics, 2011 (17): 801-815.

[69] Hosseini Z, Nyholm S, Le Blanc P M, et al. Assessing the artificially intelligent workplace: An ethical framework for evaluating experimental technologies in workplace settings[J]. AI and Ethics, 2023(2): 285-297.

[70] Kaminski M, Rueben M, Grimm C, et al. Averting robot eyes[J]. Maryland Law Review, 2017(76):983.

[71] Kohler R. Landscapes and Labscapes: Exploring the Lab-field Border in Biology[M]. Chicago:University of Chicago Press, 2002:284.

[72] Krohn W, Gross M. Science in a real-world context: Constructing knowledge through recursive learning[J]. Philosophy Today, 2004(5): 38-50.

[73] Krohn W, Weingart P. Commentary: Nuclearpower as asocial experiment——European political "fall out" from the Chernobyl moltdown[J]. Science, Technology & Human Values, 1987(2):52-58.

[74] Krohn W, Weyer J. Society as a laboratory: The social risks of experimental research[J]. Science and Public Policy,1994(3):173-183.

[75] Latour B. From multiculturalism to multinaturalism: What rules of method for the new socio-scientific experiments? [J]. Nature and Culture, 2011(1): 1-17.

[76] Latour B. From the world of science to the world of research? [J]. Science, 1998(5361): 208.

[77] Latour B. Politics of Nature:How to Bring the Sciences into Democracy [M]. Cambridge:Harvard University Press, 2004.

[78] Latour B. Science in Action: How to Follow Scientists and Engineers through Society[M]. Cambridge: Harvard University Press, 1987.

[79] Latour B. We Have Never Been Modern [M]. Cambridge: Harvard University Press,1993.

[80] Laurie G, Bruce A, Lyall C. The roles of values and interests in the governance of the life sciences: Learning lessons from the 'ethics+' approach of UK biobank[M]//Lyall C, Papaioannou T, Smith J. The Limits to Governance. London:Routledge, 2016: 71-114.

[81] Loorbach D. Transition Management: New Mode of Governance for Sustainable Development[M]. Utrecht: International Books, 2007.

[82] Martin W,Schinzinger R. Introduction to Engineering Ethics[M]. New York:McGraw-Hill,2010.

[83] Mecacci G, Santoni de Sio F. Meaningful human control as reason-responsiveness: The case of dual-mode vehicles [J]. Ethics and Information Technology, 2020(2): 103-115.

[84] Mourey J A, Olson J G, Yoon C. Products as pals:Engaging with anthropomorphic products mitigates the effects of social exclusion[J]. Journal of Consumer Research, 2017(2): 414-431.

[85] Nowotny H, Scott P, Gibbons M. Re-thinking Science:Knowledge and the Public in an Age of Uncertainty[M]. Cambridge:Polity Press, 2001.

[86] Peschard I. Participation of the public in science: Towards a new kind of scientific practice[J]. Human Affairs: Postdisciplinary Humanities & Social Sciences Quarterly, 2007(2) :138-153.

[87] Raven P, Heiskanen E, Lovio R, et al. The contribution of local experiments and negotiation processes to field-level learning in emerging (niche) technologies meta-analysis of 27 new energy projects in Europe[J]. Bulletin of Science, Technology & Society, 2014 (6): 464-477.

［88］Ravetz J. How should we treat science's growing pains［J］. The Guardian, 2016(8):107-125.

［89］Rheinberger H. Consistency from the perspective of an experimental systems approach to the sciences and their epistemic objects［J］. Manuscrito, 2011(1):307-321.

［90］Riecken H, Boruch R. Social Experimentation:A Method for Planning and Evaluating Social Intervention［M］. New York:Academic Press, 2013.

［91］Robbins S. A misdirected principle with a catch:Explicability for AI［J］. Minds and Machines, 2019(4):495-514.

［92］Rotmans J, Kemp R, Van A M. Moreevolution than revolution:Transition management in public policy［J］. Foresight, 2001(1):15-31.

［93］Rotmans J, Loorbach D. Complexity and transition management［J］. Journal of Industrial Ecology, 2009(2):184-196.

［94］Russell S. Human Compatible:Artificial Intelligence and the Problem of Control［M］. New York:Viking, 2019.

［95］Sabel F, Zeitlin J. Experimentalist governance［M］//Levi-Faur D. The Oxford Handbook of Governance. New York:Oxford University Press, 2012:17.

［96］Santoni de Sio F, Mecacci G. Four responsibility gaps with artificial intelligence:Why they matter and how to address them［J］. Philosophy & Technology, 2021(4):1057-1084.

［97］Santoni de Sio F, Van den Hoven J. Meaningful human control over autonomous systems:A philosophical account［J］. Frontiers in Robotics and AI, 2018(15):1-15.

［98］Schön D A. The Reflective Practitioner:How Professionals Think in

Action[M]. New York: Basic Books, 1983.

[99] Searle J. How to derive "ought" from "is"[J]. The Philosophical Review,1964(1):43-58.

[100] Siebert M, Lupetti L, Aizenberg E, et al. Meaningful human control: Actionable properties for AI system development[J]. AI and Ethics, 2023(1): 241-255.

[101] Steinle F. Entering new fields: Exploratory uses of experimentation [J]. Philosophy of Science, 1997(64):65-74.

[102] Taebi B, Roeser S,Van de Poel I. The ethics of nuclear power: Social experiments, intergenerational justice, and emotions [J]. Energy Policy, 2012(4):202-206.

[103] Van de Poel I. An ethical framework for evaluating experimental technology[J]. Science and Engineering Ethics, 2016(3): 667-686.

[104] Van de Poel I. Nuclear energy as a social experiment[J]. Ethics, Policy & Environment, 2011(3): 285-290.

[105] Van de Poel I. Why new technologies should be conceived as social experiments[J]. Ethics, Policy & Environment, 2013(3): 352-355.

[106] Van den Bosch S, Rotmans J. Deepening, Broadening and Scaling Up: A Framework for Steering Transition Experiments[M]. Rotterdam: Knowledge Centre for Sustainable System Innovations and Transitions,2008.

[107] Vargas M. The trouble with tracing [J]. Midwest Studies in Philosophy, 2005(29): 269-291.

[108] Verdiesen I, Santoni de Sio F, Dignum V. Accountability and control over autonomous weapon systems: A framework for comprehensive human oversight[J]. Minds and Machines, 2021(1): 137-163.

[109] Weyer J. Actor networks and high risk technologies: The case of the

Gulf War[J]. Science and Public Policy, 1994(5): 321-334.

[110] Worms R. Wesen und Methode der Soziologie (Lateinisch/Deutsch) [M]. Saarbrücken: Verlag der Societas Latina, 1991.

[111] Wynne B. Uncertainty and environmental learning: Reconceiving science and policy in the preventive paradigm[J]. Global Environmental Change, 1992(2):111-127.